高等学校旅游管理专业系列教材

前厅与客房管理

（第五版）

刘 伟 编著

中国教育出版传媒集团

高等教育出版社·北京

内容简介

　　前厅与客房管理是高校旅游管理类专业酒店管理专业的基础课程。目前，我国酒店业在基础建设、规模扩大方面已有一定程度的提升，而酒店业的高质量发展则成为重要方向。本书自第一版开始，以其丰富的内容、通俗的语言、现代化的管理方法、实用的案例等得到好评，先后被评为教育部"面向21世纪课程教材"以及普通高等教育"十五"国家级规划教材、普通高等教育"十一五"国家级规划教材、"十二五"普通高等教育本科国家级规划教材。

　　本次修订旨在为前厅与客房管理课程提供更适应时代变化与行业发展趋势的教学资源内容，提升本书的思政性、先进性、实用性。第五版沿用前几版的框架体系，新增了酒店数字化管理的内容和视频资源，更新了一些数据、案例等，书中二维码资源丰富，除导入问题、经典案例、知识链接、案例分析、拓展阅读、拓展视频等内容外，还有在线测试系统支持下的即测即评，以及配套教学参考使用的课程课件。

　　本书既可作为旅游管理类专业酒店管理专业本科生教材，也可作为酒店业的行业培训用书。

图书在版编目（ＣＩＰ）数据

　　前厅与客房管理 / 刘伟编著. -- 5版. -- 北京：高等教育出版社，2023.12（2024.8 重印）
　　ISBN 978-7-04-060852-6

　　Ⅰ．①前… Ⅱ．①刘… Ⅲ．①饭店－商业管理－高等学校－教材 ②客房－商业管理－高等学校－教材 Ⅳ．①F719.2

　　中国国家版本馆CIP数据核字(2023)第138265号

Qianting yu Kefang Guanli

| 策划编辑 | 姚建婷 | 责任编辑 | 姚建婷 | 封面设计 | 张　志 | 版式设计 | 马　云 |
| 责任绘图 | 邓　超 | 责任校对 | 刁丽丽 | 责任印制 | 存　怡 | | |

出版发行	高等教育出版社	网　　址	http://www.hep.edu.cn
社　　址	北京市西城区德外大街4号		http://www.hep.com.cn
邮政编码	100120	网上订购	http://www.hepmall.com.cn
印　　刷	三河市潮河印业有限公司		http://www.hepmall.com
开　　本	787mm×1092mm　1/16		http://www.hepmall.cn
印　　张	21.5	版　　次	2002 年 7 月第 1 版
字　　数	390千字		2023 年 12 月第 5 版
购书热线	010-58581118	印　　次	2024 年 8 月第 2 次印刷
咨询电话	400-810-0598	定　　价	59.80元

序一

刘伟教授所著《前厅与客房管理》对现代酒店管理做出了重要贡献。旅游者告诉我们，一家酒店所能提供的最重要的产品就是干净的客房。通常，酒店最先与客人接触的就是前台员工。前台员工要确保客人的预订信息准确无误，确保客人在酒店住宿有个良好的开始。本书向你提供了确保客人在你的酒店有一个愉快的住宿经历以及作为管理者进行有效管理所需要的知识和技能。

《前厅与客房管理》一书结构非常合理。它囊括了读者所期待的有关这一话题的所有内容，特别是包括了其他前厅与客房管理的书中不常见的内容。例如，有两章内容涉及客房定价问题和收益管理问题，有一章涉及酒店客房安全管理问题，还有一章则讨论了酒店管理中的沟通问题及宾客关系问题。如此优秀的教材结构组织得益于作者对现代酒店业的理解和把握。作者与国际酒店业保持着紧密的联系与和良好的沟通，书中包括了这些国际酒店集团所采用的最新的管理理念和管理方法。通过阅读此书，读者在当今正经历着快速变化的酒店行业工作，将如鱼得水。

刘伟教授是一位经验丰富的教育家和作者。他对有效教育的理解，在这本书中得到充分体现。为了确保学生们能够实际应用书中的管理原理，作者在每一章都融入了很多案例。除此而外，他还在每章的开头，提出了"经理的困惑"，然后向包括国际洲际酒店集团、香格里拉酒店等在内的前厅经理、客房经理、房务总监、行政管家以及总经理们征集答案，酒店职业经理们对这些问题的答复，使读者们能够更为实际、更深入地了解酒店管理问题。

刘伟教授通过"刘伟酒店网"，与大家分享他的酒店管理知识。该网站为大学老师和同学与酒店经理们交换思想和相互学习提供了很好的平台。大学师生们会在这一网站上找到对他们非常有用的教学资源，同时也可以就本书学习中遇到的任何问题向作者及作为本网站顾问、具有丰富经验的酒店总经理们提问。最后，网站还使刘伟教授能够向大学老师和同学们提供酒店管理的最新趋势。该网站确实是致力于酒店教育的人的一件很好的作品，是一部优秀教材的最佳教学资源。

作为中国酒店管理专业的大学生，你们正在一个伟大的国家进入一个伟大的行业。酒店业为你们提供了不同的工作岗位。如果你喜欢与数字打交道，你可以从事酒店收益管理或会计工作；如果你喜欢创新，酒店餐饮或事件管理可以为你提供创新的机会；如果你喜欢与人打交道，总台管理和销售可能是你喜欢的工作；对于喜欢细节的同学来说，客房管理可能是你喜欢的重要部门和领域。无论你喜欢做什么，你都可以在酒店找到适合你做的工作。事实上，北美及欧洲的酒店业已经成熟，增长缓慢，而中国的酒店业正处于繁荣发展时期，世界上没有一个比在中国从事酒店业更好的地方。中国对于训练有素的酒店经理人的需求是巨大的，作为中国从事旅游与酒店管理专业的大学生，你们的前程无比远大。在此，祝你们学习进步，事业成功！

最诚挚的祝愿

约翰.博文

美国希尔顿酒店管理学院　院长

休斯敦，得克萨斯州

序二

一本难得的酒店房务管理精品教材

酒店业可以说是当今社会发展最快的产业之一，是个充满笑声、充满热情、涌动许多感人故事的行业，也是时时可以感受时尚生活变化、和谐人际关系、最新商务科技氛围的天地。本人从事酒店业40年，都时常为之欢欣鼓舞。为此有机会认识刘教授，并成为挚友，深为其人品、深厚学识折服。

作为刘教授多年的老朋友，有幸先睹了刘教授的著作《前厅与客房管理》，连夜翻阅，掩卷深思，受益匪浅。我感到这本教材是一部融合作者多年思考、理论与实践交融的结晶，是一部把握酒店业发展时尚品质内涵、前瞻发展动向、引导变革潮流的著作，可以说是同类书籍中的精品之作。它不仅仅是广大热爱旅游业、投身酒店业的大学生的优秀教材，而且应该是广大职业经理人的案头书、常备书。事实上酒店业许多职业经理人在多年的实践中，面对诸多的挑战和困难，都渴望着有能够总结成功实践经验又能前瞻性引导，不要花费太多时间，能够吸收到尽可能多的新思想、新启迪的著作，以帮助他们实现快速提升的目的。刘教授的新书可以说是个中的代表，是一本精品佳作。

本人感觉刘教授的著作有几个特点：

首先他有着宽广的大视角，打开了读者的视野，让读者犹如呼吸到新鲜空气一样感悟到酒店业管理的新思维。他以整体酒店运作为基础，以现代网络时代特征为平台，以培养中高层职业经理人为目标，围绕如何实现高层次的经营与服务，理论紧密结合实践，超大广角地为我们展示了一幅酒店房务系统经营与服务运作的画卷。

其次，他吸纳了酒店行业发展的最新理念，总结了实践中的最新成果、成功规律，阐释了许多实践中的疑惑，比如主题客房、人性化服务设计、网络营销、收益管理、计算机管理系统、智能化、员工激励、预算与控制等，提升了人才培训教学的层次。

再次，让理论与实践有机结合，浑然一体。书中安排了大量的实践案例、附加材料，让我们在阅读中时时联想到酒店房务系统实践中的具体运作，进行对比思考，提炼如何改进的思路和方式方法，起到立竿见影的效果。

最后，整个教材借鉴了国际化最新模式，层次清晰，结构新颖，教学方式务实有效。刘教授不仅在书中提供了丰富的教学资源，而且组织了实业界、教学界专家顾问团网上互动，答疑解惑，自然地将他教和自修紧密结合，加快读者领悟、体验实践的步伐。

酒店业是一个充满挑战的行业，为了更好地发挥教材的作用，我感觉刘教授的著作中是否可以结合酒店经营效益最大化与服务满意最大化的核心，增加关于酒店客房产品组合策划、房务职业经理人成长道路、新酒店开业筹划等内容，甚至可以连续追踪房务职业经理人的成长道路，揭示更多成功规律，以便增强学生成才信心，弘扬产业成功人士榜样引导的示范效应，实现锦上添花。

作为一名酒店实业界人士，同时也是专家顾问团成员，愿意与广大同仁共同探讨交流，同时期盼着刘教授有更多佳作出现。

仅以此为序！

徐桂生

（徐桂生：从事酒店业40年，历任南京金陵饭店管理公司副总经理、九寨沟国际大酒店总经理、浙江金马饭店总经理、宁波南苑饭店驻店总经理、重庆贝迪颐园温泉度假酒店总经理、温州天豪君澜大酒店总经理）

第五版前言

党的二十大科学擘画了全面建成社会主义现代化强国的宏伟蓝图，强调指出"必须坚持在发展中保障和改善民生，鼓励共同奋斗创造美好生活，不断实现人民对美好生活的向往"，坚持"以人民为中心"的发展思想，带领全国各族人民继续朝着实现中华民族伟大复兴的宏伟目标奋勇前进。随着"十四五"规划的落实和疫情防控政策的优化调整，文化和旅游行业深入贯彻落实党的二十大精神部署，以弘扬社会主义核心价值观为引领，以不断满足人民日益增长的精神文化需求和美好生活向往为目标，坚持以文塑旅、以旅彰文，不断推进社会主义先进文化、革命文化、中华优秀传统文化和旅游深度融合发展，不断满足广大游客品质化和多样性的旅游需求，重构旅游业高质量发展新格局，旅游业振兴发展的前景一定会更加广阔。

承蒙广大读者及旅游院校师生的厚爱，《前厅与客房管理》一书自出版以来，以其丰富的内容、通俗的语言、前沿的理论、现代化的管理方法、实用的管理案例，得到大家的普遍好评，国内很多旅游院校将其用作酒店管理专业核心课程教材，众多星级酒店及酒店管理知名培训机构也纷纷将其用作培训教材。在一次业界盛会上，有位业界专家说："在上大学时，我们学习的是您的这本《前厅与客房管理》；毕业后，我在高校当老师，仍然选用了您的这本教材；现在，我是拥有2 000多间客房的大酒店总经理，我还在用您这本书作为酒店员工的培训教材，太感谢您了！"

本书由高等教育出版社出版发行，连同其"姊妹"教材《前厅管理》及《客房管理》，已为全国很多设有旅游管理和酒店管理专业的院校（系）选用，总发行量已超过30万册。本书先后被评为教育部"面向21世纪课程教材"以及普通高等教育"十五"国家级规划教材、普通高等教育"十一五"国家级规划教材、"十二五"普通高等教育本科国家级规划教材，并在使用中得到一致好评。

一、修订背景

根据《关于加强和改进新形势下大中小学教材建设的意见》、国家教材委员会对教材建设的基本要求和指导方针、《高等学校课程思政建设指导纲要》等对教材建设有指导意义的文件以及旅游管理类专业相关标准进行本次修订，以及时反映国内外酒店管理最新发展动态，吸收酒店管理专业和课程建设成果。

目前，承载中国优良传统文化的中国酒店服务与管理模式逐渐走向国际舞台，我国酒店业在规模和质量上都取得了长足的进步，在很多方面已经赶上或者超过世界酒店服务和管理水平。酒店业的数字化服务与管理已成趋势，有些院校的酒店管理专业已更名为"酒店管理与数字化运营专业"，这也反映了酒店数字化运营与管理发展的大趋势，在此背景下，本次修订新增了酒店数字化管理的内容。此外，绿色环保和可持续发展理念已深入人心，酒店的前厅与客房管理也要充分贯彻这一理念。

二、修订指导思想

提升本书的思政性、先进性、实用性，是本次修订的总指导思想。

1. 体现《习近平新时代中国特色社会主义思想进课程教材指南》主旨和理念

教材的编著深入贯彻《习近平新时代中国特色社会主义思想进课程教材指南》基本精神，体现习近平新时代中国特色社会主义思想，坚持"四个自信"。在酒店管理方式、方法、理念以及案例内容的选用方面，力求体现和突出中国元素、中国风格。

2. 构建基于弘扬中国文化的中国式酒店管理模式

本书使用了以碧水湾温泉度假村等为代表的国内优秀企业的服务和管理案例，以体现中国服务和管理的理论与实践，弘扬博大精深的中国文化。例如，广州从化碧水湾温泉度假村的"亲情服务"和"积分制管理模式"是基于中国文化的"中国服务"和中国式酒店管理模式的代表（荣获"中国服务"称号），创造了享誉业界和学界的"碧水湾现象"。

3. 体现酒店数字化运营与管理理念和方法

数字化建设是未来经济社会的发展趋势，数字化运营是酒店业的发展方向，本书体现了酒店数字化运营与管理的理念和方法。

4. 强调专业教学与管理实践的实用性

本次修订以努力培养应用型、复合型、技能型、创新型人才为导向，强调实用性，避免空谈理论的现象，不仅符合酒店管理类专业教学的需要，还可以直接应用于指导旅游管理实践。

5. 打造体现先进性的新形态一体化教材

本书的内容和形式，充分体现创新性、先进性，包括先进的理念、方法、和手段。本书提供由国内优秀的酒店、酒店职业经理人及酒店行业领袖拍摄和制作的酒店客房管理视频、图片、案例等多种素材与形式的教学内容，配合"刘伟酒店网"等其他资源内容，力争在理念先进、方法实用、内容丰富的创新性、新形态一体化教材建设方面成为范例。

三、修订主要内容

（1）增加了一些章节内容，并对所有章节内容进行补充和完善。根据国际酒店业发展趋势，考虑到客户关系重要性的不断提高，增加了"宾客服务中心与前厅信息管理"（第七章），并将原"总机服务与管理"并入"宾客服务中心管理"。同时在"礼宾服务管理"（第三章），除了传统的门童和行李员以外，增加了"酒店服务大使"岗位。在第十六章增加了酒店房务管理数字化与智能化一节的内容。

（2）对部分章节的内容进行了调整，在结构上和逻辑上更加合理。例如，从理论和实践的角度，考虑到酒店"贴身管家"的宾客关系性质和对"贴身管家"较高的素质要求，将"贴身管家"内容从客房篇调至前厅篇的第八章"宾客关系管理"。

（3）各章都增加了新颖案例，在思考题后增加了案例分析，以培养学生分析问题、解决问题的能力。

（4）新增了拍摄并制作的酒店管理视频资源，更"接地气"、更直观地反映行业动态和酒店经理人的问题与困惑，并给出一些酒店经理对这些困惑的解决方案。此外，我们组织和邀请了国内具有先进管理理念和管理水平的标杆酒店（如广州白天鹅宾馆、"白金五星级"广州花园酒店、"中国服务"的代表企业广州从化碧水湾温泉度假村等）和一些度假村企业合作录制视频，以加深课堂教学与实践的紧密结合，让读者能聆听和观看关于酒店经营和管理困惑的答复，由此增强本书的鲜活性、可读性和实用性。

四、本书创新之处

本次修订紧跟酒店业发展的潮流，引入酒店业新的管理理念和方法，不仅更加丰富了教材内容，使其更合理、完善、先进与科学，还在以下方面进行了创新。

1. 酒店职业经理人参与

为了增强教材的鲜活性，提高学生的学习兴趣，每章开头部分针对本章的主要内容，以"经理的困惑"，提出与本章内容相关的当前酒店管理热点问题，向全国高星级酒店的房务经理征集回复，并将回复内容和回复者的相关信息嵌入二维码资源附在各章章末，作为对章首的"导入问题解惑"，这使本书更加贴近读者，增强了鲜活性、可读性和实用性。作为管理类图书，更有意义的是，读者会从这些国内外高星级酒店及酒店集团的职业经理人对"经理的困惑"的回复中得到有益启迪。

2. 专家与职业经理人协助建设配套资源

在国内一些著名酒店管理专家及职业经理人的协助下，刘伟酒店网为"前厅与客房管理"课程学习提供了大量立体化教学资源，该网站设有丰富的栏目，提供教学互动支持。学生们可以将其实习案例上传，并能与业界经理人员互动；教师们也可通过网站布置作业，如要求学生上传实习案例及案例分析，并进行评分，从而提高教学的效率和效果。

3. 融入新形态教材网资源

通过嵌入扫描书中的二维码，可以了解相关酒店经营管理信息以及拓展资源，如文档、图片、视频等资源，尤其还可观看相关酒店热点问题与管理视频，这不仅丰富了教材内容的表现形式，提高了读者阅读和学习兴趣。

五、本教材特点

本次修订继承前几版的主要框架内容，与国内同类选题图书相比，本书具有以下特点：

1. 内容先进

教材的先进性首先体现在前厅与客房管理的理念方面。其次本书在编写过程中参考了国内外最新研究成果，以及一些国际酒店集团管理的先进经验，充分体现了内容的先进性。例如，包括了目前较流行的酒店客房的收益管理；主题客房和新概念客房的特色客房设计；客房部个性化服务；贴身管家服务；客房部人力资源管理；客房成本控制与预算管理；酒店客房设计与装修的发展趋势等。此外，我国现行《旅游饭店星级的划分与评定》（国家标准）强调客房舒适度、绿色管理理念、安全管理、计算机等信息化管理，都在本书中得到体现。

2. 数字化特色

在数字化管理方面，本书基于先进的酒店管理软件Opera系统，使得现有教学与未来酒店管理实践演练密切结合，还专门设计了"基于数字化管理的客房管家系统"一节内容。此外，本书的数字化还体现在前厅与客房设计、服务、管理等智能化运营方面。

3. 案例丰富

本书使用了大量案例，提供案例分析和案例点评，以求理论联系实际，增强可读性和实用性。除了文字案例以外，本书还配套了酒店管理案例视频，读者通过扫描二维码即可观看国内顶级酒店管理案例。

4. 平衡管理与服务

本书作为酒店管理专业本科教材，力求突出管理思想的内容，以体现大学本科教育的特点，同时也涉及服务和操作的有关内容，这是因为：（1）酒店前厅和客房管理是一门实操性很强的科学，操作程序和标准体现着管理者的管理思想；（2）前厅与客房管理的内容是基于实实在在的服务，没有服务，管理就无从谈起，就会成为空中楼阁；（3）酒店管理和旅游管理专业的本科生对酒店服务工作缺乏感性认识，如果在大学酒店管理的教科书中不涉及服务的内容，就会脱离实际，使他们难以理解酒店管理的"理论"。基于此，本书较好地把握了酒店管理与服务内容之间的平衡。

5. 增强实用性

实用性一直是本书编写时追求的目标，从前几版的实际使用效果来看，本书不仅得到了酒店管理和旅游管理类专业教师们的喜爱，也得到酒店业界工作人员对其先进性与实用性的高度赞赏。很多酒店经理反映，通过学习本书，自己的经营管理水平得到了提高；还有读者反映，本书帮助自己胜任酒店房务部经理的岗位工作；甚至还有一些经理对本书厚爱有加，大量购买并向下属大力推荐，将其作为行业人员学习、培训必备资料。

六、致谢

为了更好地为"前厅与客房管理"课程提供丰富的教学资源，做好教学配套，我们特别聘请了一些国内外著名酒店管理专家、国际酒店集团和国内高星级酒店的职业经理人担任"刘伟酒店网"的网站顾问，与本书主编一起，帮助回复教师和学生们在相关课程教学中遇到的问题。

在使用本书的过程中，由国内五星级酒店总经理、酒店管理公司CEO、旅游管理类专业教授及骨干教师组成的专业团队，协助大家一起学习酒店管理的相关内容，他们亦为本书的编写提出了很好的意见和建议。在此，我们向他们表示由衷的感谢！感谢他们对本书的编写和中国酒店管理和旅游教育事业的可持续发展做出的贡献！

本书在编写过程中，还得到了文化和旅游部副部长杜江、教育部旅游管理类专业教学指导委员会主任田卫民教授、教育部旅游管理类专业教学指导委员会副主任马勇教授、浙江大学蒋丁新教授、中山大学徐红罡教授以及高等教育出版社编辑团队和专家、学者的指导和支持，在此深表谢意。

此外，还要特别感谢美国希尔顿酒店管理学院院长John. Bowen先生，感谢他对本书的赞赏以及对中国学习酒店管理专业大学生们的期望与祝愿。还要感谢何婉文、莫小诗为本书制作了精美的课程课件，方便大家参考使用，还要感谢广东财经大学岭南旅游研究院研究生吴泽鸿，他对本书定稿进行了认真的文字校对。

最后，我们期望广大读者和师生对本书提出宝贵意见和建议，使本书再次修订时，能够更加完善，更好地满足酒店管理和旅游管理类专业教学和参考的需求。

刘伟

西北大学博导

浙江大学文旅MBA导师

广东金融学院国际旅游与休闲管理研究院院长

2023年5月

第一版前言

前厅部与客房部统称为酒店的房务部(Rooms Division)。前厅部不仅具有接待职能，而且具有销售职能，同时也是酒店的对客服务中心、与其他部门的联络中心和指挥中心，因此被称为酒店的"大脑"和"中枢神经"；而客房部则是酒店主要的营业部门，被喻为酒店的"心脏"。酒店可以没有餐饮部，但不能没有客房部。因此，前厅部和客房部在酒店具有极其重要的地位，并在酒店经营管理中发挥着重要作用，做好前厅部和客房部的管理工作，对于提高酒店的服务质量和经济效益具有重要意义。

与已出版的同类著作和教材相比，本书具有以下特点：

1. 内容新颖、全面、系统。本书在编写过程中参考了国内外最新研究成果，内容涉及前厅部及客房部服务和管理工作的各个领域。

2. 突出前厅与客房管理的内容。近年来，虽然也出版了一些有关前厅部及客房部运作的书籍，但大多偏重于服务，有关前厅与客房管理的内容则论述较少。本书作为旅游管理专业本科教材，力图突出管理的内容，以体现大学本科教育的特点。当然，这并不意味着本书不涉及服务和操作的有关内容。因为其一，酒店前台和客房管理本身就是一门实操性很强的科学，操作程序和标准本身就体现着管理者的管理思想；其二，管理的对象是服务，没有服务，管理就无从谈起，就会成为空中楼阁；其三，旅游专业的本科生来自高中，没有学过这方面的课程，对酒店服务工作缺乏感性认识，如果在大学酒店管理的教科书中不涉及服务的内容，就会脱离实际，使他们难以理解酒店管理的"理论"。基于此，本书力图在管理与服务之间找到一个最佳结合点。

3. 增加案例。本书使用了大量案例，以求理论联系实际，增强启发性、可读性。

本书作为"十五"国家级规划教材，在编写过程中，曾得到北京第二外国语学院院长杜江教授、湖北大学旅游学院院长马勇教授、上海大学旅游系主任刘纯教授、浙江大学旅游学院蒋丁新教授等专家、学者的指点和帮助，同时得到广州市财贸管理干部学院金玉阶、张维峰院长等领导同志的大力支持，在此深表谢意。

本书除可用作大学教材以外，也可用作成人院校等旅游专业大专教材，同时，还可作为酒店管理人员和服务人员培训用书。由于作者水平有限，书中难免存在一些不足之处，敬请读者不吝赐教。

作　者

2002 年 4 月于广州

《前厅与客房管理》（第五版）使用说明

一、使用对象与培养目标

本书主要针对酒店管理专业、旅游管理专业（方向）的本科和应用型本科院校使用。同时，也可用作星级酒店培训及酒店员工自学用书。

本科院校的培养目标是酒店的中、高层管理人员，教学时要在学生掌握房务部组织机构、工作程序和标准的基础上，强调管理理念、管理原理和客房经营管理的发展趋势。应用型本科或高职高专类院校的培养目标是酒店的基层管理人员和中层管理者，因此，要重点讲授客房部的工作程序、标准和管理方法。另外，无论是本科院校还是高职高专院校，都要着重培养学生分析问题、解决问题的能力。

二、课时安排

房务部是酒店的核心部门，也是酒店经营主体，"前厅与客房管理"则是酒店管理专业的核心课程，建议最少课时数为每周3课时（总课时54课时）。

考虑到专业教学的实际需要和旅游管理专业的培养目标，以及学校的教学计划和学时数的总量控制，建议使用《前厅与客房管理》的旅游管理类院校，该课程周课时数为3课时（总课时54课时）。如果将"前厅管理"和"客房管理"分两门课开设，建议每门课分别为周2课时（总课时分别为36课时）。

三、教学方法

1. 实践教学法

"前厅与客房管理"是一门实操性很强的课程，对于这门课程的学习，我们特别强调理论联系实践的学习方法。建议在学习之前，最好由学校组织先去当地的高级酒店参观一次，对酒店的前台和客房部有一些感性的认识，为学好这门课程创造良好的氛围和条件。另外，根据专业的性质和特点，在学习期间，还应安排适当的实习时间（可以安排在学期内，也可以安排在假期），去酒店实习，实际了解酒店的运作与管理，并将所学知识运用于实践中去，对实习酒店房务管理问题进行诊断，并能对酒店提供管理咨询。

2. 实验教学法

21世纪是信息社会，现代化酒店都已采用计算机进行运营管理，因此，"前厅与客房管理"课程中必须增加实验教学的内容，购买国内先进的酒店管理软件，使学生能够在课堂上（或实验室）用计算机亲自模拟操作酒店客房房态控制、酒水管理、信息沟通、失物招领、成本控制等工作过程，了解和掌握客房管理的基本内容和管理方法。

3. 案例教学法

房务管理是一门实践性很强的课程，教师在教学过程中要多采用案例教学法，以激发学生的学习兴趣，同时，通过课堂案例讨论、课后案例分析，培养学生分析问题和解决问题的能力。

四、学习目标

学习"前厅与客房管理"，重点要掌握酒店房务部工作的运作程序和操作规范，并在此基础上学习和掌握必要的管理方法和管理技术。

酒店行业常常体现与时俱进的特点，很多高科技产品，现代化的管理理念、管理技术、方法、手段都能较早在酒店行业得到运用，因此，必须了解行业发展的现状和趋势，既要了解国内外先进酒店及国际著名酒店集团的管理理念和管理方法，又要有创新意识和创新精神。

五、教学支持系统

（1）刘伟酒店网（可从网站下载课件）。

进入"刘伟酒店网"导航栏"院校服务"进行"课件下载"。

（2）微信公众号"伟业文旅"（tourism-hotel）。

（3）其他视频资源包括40个"酒店管理案例解析"视频。

在国家开放大学的支持下，本教材作者与广州花园酒店、广州白天鹅宾馆、上海洲际世茂深坑大酒店、台湾莫奈花园精品民宿、肇庆星语湖居精品酒店等众多高端酒店、民宿度假村开展合作研究，历时一年多，录制了40个"酒店管理案例解析"视频，内容涉及六大模块：酒店投资与建设、酒店品牌与安全管理、酒店经营理念与企业文化建设、酒店人力资源管理、酒店运营管理、酒店市场营销与收益管理。请登录"刘伟酒店网"，进入"院校服务"中的"视频"观看，也可联系本书作者（weiliuw@163.com）获取相关资源。

刘伟

2022年6月28日于

广东金融学院

目　录

前 厅 篇

第一章　前厅部概述

前厅部是酒店对客服务的"前台",既是酒店的接待部门,又是销售部门(销售以客房为主的酒店产品)。它与客房部一起构成酒店的房务部门(Rooms Division)。通过学习本章,能够对酒店前厅部形成基本的认识。

本章学习目标

➢ 了解前厅部的地位、作用及主要任务。

➢ 了解和掌握前厅部的组织机构及其设置的原则。

➢ 了解前厅部各班级的基本职能。

➢ 了解前厅部各级管理人员的岗位职责与素质要求。

关键词

前厅部　组织机构　作用　任务　大堂　总台　前厅经理　前厅主管

Key Words: Front Office/F.O., Organization Chart, Roles, Tasks, Lobby, General Service Desk, F. O. Manager, F. O. Supervisor

导入问题

经理的困惑:酒店前厅部组织架构应该如何设计?

前几年,大家还在讨论酒店前台接待处、问讯处、收银处是否需要合并,短短几年时间,无论是大型酒店还是小酒店,无论是高档酒店还是普通酒店,几乎所有酒店都合并了这几个传统岗位。近几年,酒店前厅部除了传统的大堂副理、GRO等岗位,又出现了"酒店服务大使""大堂大使""酒店小管家"等宾客服务和管理岗位。面对激烈的市场竞争,未来酒店前厅部组织构架到底应该如何设计?大堂副理岗位还有必要保留吗?前厅部还应该设计哪些新的部门(班组)和岗位?

第一节　前厅部的地位、作用及主要任务

一、前厅部的地位和作用

前厅部（Front Office）是招徕并接待客人，推销客房及餐饮等酒店服务，同时为客人提供各种综合服务的部门。前厅部的工作对酒店市场形象、服务质量乃至管理水平和经济效益有至关重要的影响。

第一，前厅部是酒店的营业橱窗，反映酒店的整体服务质量。一家酒店服务质量和档次的高低，从前厅部就可以看出来。有一位顾客曾经说道："每当我们走进一家旅游酒店，不用看它的星级铜牌，也不用问它的业主是谁，凭我们'四海为家'的经验，通常就可以轻而易举地'嗅'出这家酒店是否为外资品牌，是否由外方管理以及大致星级水平……"正是从这个意义上讲，有人把前厅誉为酒店的"脸面"，这张脸是否"漂亮"，不仅取决于大堂的设计、布置、装饰、灯光等硬件设施的豪华程度，更取决于前厅部员工的精神面貌、办事效率、服务态度、服务技巧、礼貌礼节以及组织纪律性。

第二，前厅部是给客人留下第一印象和最后印象的地方。前厅部是客人抵店后首先接触的部门，是给客人留下第一印象的地方。从心理学上讲，第一印象非常重要，客人总是带着这种第一印象来评价一个酒店的服务质量。如果第一印象好，那么即使在住宿期间遇到有不如意的地方，他也会认为这是偶尔发生的，可以原谅的；反之，如果第一印象不好，他就可能认为这家酒店出现这类服务质量差的事是必然的，酒店在他心目中的不良形象就很难改变，而且他还会对酒店服务非常挑剔。此外，客人离开酒店时也是从前厅部离开的，因此，这里也是给客人留下最后印象的地方，而最后印象在客人脑海里停留的时间最长。最后印象的好坏，在很大程度上取决于前厅部服务员的礼貌礼节和服务质量，如果服务员态度不好，办事效率不高，就会给客人留下不良的最后的印象，使其在客人住店期间为客人所提供的良好服务"前功尽弃"。

第三，前厅部具有一定的经济作用。前厅部员工的服务质量、工作效率和销售艺术，直接影响酒店的开房率和客人的回头率。

第四，前厅部的协调作用。前厅部犹如酒店的大脑，在很大程度上控制和协调着整个酒店的经营活动。由这里发出的每一项指令、每一条信息，都将直接影响酒店其他部门对客人的服务质量。因此，前厅部员工，尤其是接待员工作必须认真负责，一丝不苟，并经常联络和协调其他部门的工作，以保证酒店的正常运营，提高酒店对客人的整体服务质量。

第五，前厅部的工作有利于提高酒店决策的科学性。前厅部是酒店的信息中心，它所收集、加工和传递的信息是酒店管理者进行科学决策的依据。比如，在实施收益管理的酒店，管理者就是根据前厅部所提供的客人预订信息来决定未来一个时期内房价的高低。

第六，前厅部是建立和维护良好宾客关系的重要环节。酒店是为客人提供食、宿、娱乐等综合服务的行业，酒店服务质量的高低最终是由客人进行评价的，评价的标准就是客人的"满意程度"。建立良好的宾客关系有利于提高客人的满意度，争取更多的回头客，从而提高酒店的经济效益，而前厅部是客人接触最多的部门，因此是建立良好宾客关系的重要环节。

二、前厅部的主要任务

前厅部的主要任务有：

（一）接受预订

预订是酒店的重要业务之一，大多数酒店将预订工作设在市场营销部，也有一些酒店把预订业务放在前厅部。即便是将预订工作设在市场营销部的酒店，其前厅部也要承担部分工作，如市场营销部员工下班后，预订业务转至前厅部。

（二）礼宾服务

包括在机场、车站和酒店门口迎送客人，为客人提供行李搬运、代叫出租车服务和问讯服务等。

（三）入住登记

总台不仅要接待住店客人，为他们办理住店手续、分配房间等，还要接待其他消费客人以及来访客人等。

（四）房态控制

酒店客房的使用状况是由总台控制的。准确、有效的房态控制有利于提高客房利用率及对客人的服务质量。

（五）账务管理

包括建立客人账户、登账和结账等项工作。

（六）信息管理

前厅部要负责收集、加工、处理和传递有关经营信息，包括酒店经营的外部市场信息（旅游业发展状况、国内及世界经济信息、游客的消费心理、人均消费水平、年龄构成等）和内部管理信息（如开房率、营业收入，客人的投诉、表扬，客人的住店、离店、预订以及在有关部门的消费情况等）。前厅部不仅要收集这类信息，而且要对其加工、整理，并将其传递到客房、餐饮等酒店经营部门和管理部门。

（七）销售客房

除了酒店营销部以外，前厅部的预订处和总台接待也要负责推销客房的工作。受理客人预订，并随时向没有预订的步入客人（Walk-in Guests）推销客房等酒店产品和服务。

三、前厅接待人员的注意事项

如前所述，前厅部是对客人服务的集中地，是给客人留下第一印象的地方，直接影响酒店的形象。前厅接待人员在工作中应注意以下事项：

（一）礼貌待客

要求员工在酒店里与客人迎面相遇时要微笑问好、让客先行，必要时主动向客人提供帮助，对认识的客人要以姓氏或头衔称呼，对电话里的客人也同样对待。广州从化碧水湾温泉度假村要求前台工作人员做到"五米微笑，三米问好，电话铃响三声内接，三分钟内办好入住手续，五分钟内办好退房手续，十分注意力放在客人身上"，取得了良好的服务效果。

（二）贯彻"首问制"

在客人眼里，每个员工都代表着酒店。因此，遇到客人寻求帮助时，如果不是自己职责范围的事，可以请客人稍候，帮助客人打电话联系相关的部门。

（三）规范行为举止

遵守员工手册的礼貌规范，并按礼仪标准培训员工的站立、手势、点头等动作。

（四）使用标准的服务用语

标准的服务用语是酒店统一培训的规范、礼貌的服务用语，要求员工接电话时一律按时段问好并报部门，接待时规范使用服务用语，简洁明了地与客人进行沟通。

（五）做好交接班

建立特殊事情记录本，把本班无法完成的事情交代给下一班次继续完成，确保对客服务的延续性。

第二节　前厅部的组织架构

一、前厅部组织机构设置的原则

每家酒店因其规模、性质等不同有不同的组织架构，但都应遵循以下原则。

（一）从实际出发

前厅部机构设置应该从酒店的性质、规模、地理位置、经营特点及管理方式等酒店的实际出发，而不能生搬硬套。比如，规模小的酒店和以内部接待为主的酒店就可以将前厅部并入客房部，而不必独立设置。

（二）机构精简

机构精简的目的是在不影响服务质量的前提下，提高工作效率，降低人工成本。

（三）分工明确

应明确岗位人员的职责和任务，明确上下级隶属关系及信息传达的渠道和途径。防止出现管理职能的空缺、重叠或相互"打架"现象。

（四）效率优先

前厅部组织机构和工作岗位设置是否合理，重点要看工作效率。要使每一个员工、每一个岗位得到充分的利用，这是判断组织机构设置是否合理的重要原则。

二、前厅部组织架构设置

酒店规模大小不同，前厅部组织机构可以有很大的区别。这表现在以下两个方面。

（一）大酒店管理层次多，而小酒店层次少

如大酒店可能有前厅经理—主管—领班—服务员四个层次，而小酒店可能只有经理—领班—服务员三个层次。不过，21世纪酒店管理的发展趋势是组织机构的扁平化，包括前厅部和客房部在内的酒店各部门将尽可能地减少管理层次，以提高沟通和管理效率，降低管理费用。

（二）大酒店组织机构内容多，而小酒店内容少

如很多大酒店前厅部设有商务中心、车队等，而小酒店则没有。

酒店前厅部与客房部的联系甚为密切，大多数酒店都将其前厅部和客房部合二为一，称为"客务部"或"房务部"（Rooms Division）。也有些酒店考虑到前厅部的销售功能，将前厅部划归酒店的公关销售部，而将客房部设置为独立的部门。

大、中型酒店前厅部的组织机构可参照图1-1进行设置。

前厅部组织机构的设置及定员会影响酒店的成本水平，在与酒店总经理协商后，前厅部经理要准备一份与酒店总体工资水平相一致的前厅部人工预算表。

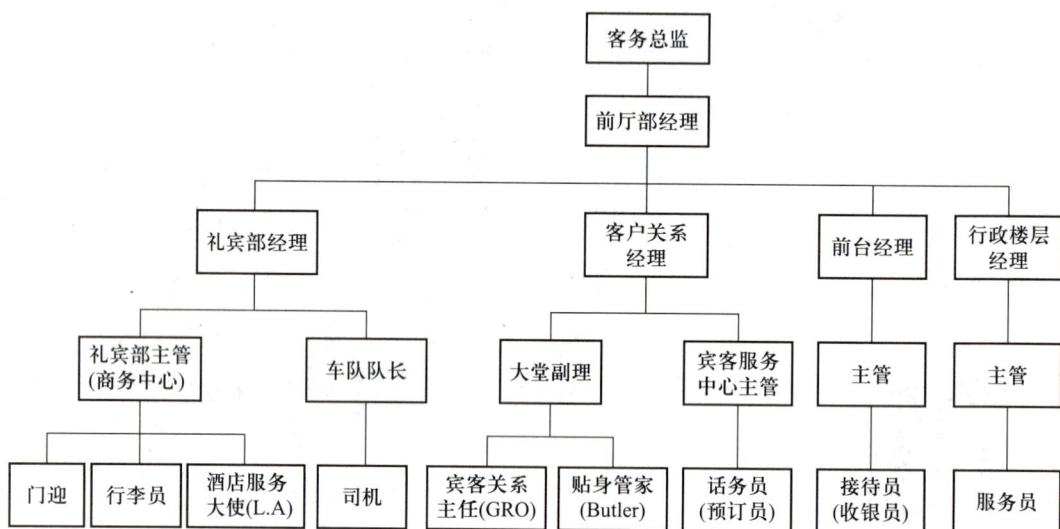

图1-1　大、中型酒店前厅部的组织架构

三、前厅部各班组的职能

(一) 礼宾部

礼宾部（Concierge）主要为客人提供迎送服务、行李服务和各种委托代办服务，故在一些酒店又称为"委托代办处""大厅服务处"或"行李处"。礼宾部主要由礼宾部主管（"金钥匙"）、领班、迎宾员、行李员等组成。其主要职责是：在门厅或机场、车站迎送宾客；负责客人的行李运送、寄存及安全；负责雨伞的寄存和出租；公共部位找人；陪同散客进房和介绍服务；代客召唤出租车；协助管理和指挥门厅入口处的车辆停靠，确保畅通和安全；回答客人问询，为客人指引方向；负责客人其他委托代办事项。

为了进一步提高对客服务质量和酒店的竞争力，一些酒店开始在礼宾部设立酒店服务大使服务岗位，以更好地体现酒店的服务档次，为客人提供热情和有仪式感的服务。

(二) 前台接待 (收银)

前台接待（收银），（Reception/Cashier）主要负责酒店客人的入住登记和结账业务。由传统酒店的接待处和收银处合并而来。

接待业务主要包括销售客房；接待住店客人，为客人办理入住登记手续，分配房间；

掌握住客动态及信息资料，控制房间状态；制定客房营业日报等表格；协调对客服务工作；回答客人问讯等。

收银业务的主要职责是：办理离店客人的结账手续（收回客房钥匙、核实客人的信用卡、负责应收账款的转账等）；有些还提供外币兑换服务；为住客提供贵重物品的寄存和保管服务；管理住店客人的账卡；与酒店各营业部门的收款员联系，催收、核实账单；夜间审核全酒店的营业收入及账务情况等。

（三）宾客服务中心

宾客服务中心（Guest Service Center）主要负责酒店对客服务、话务服务、散客预订等，通常设有总机、预订中心等部门和岗位。

（四）商务中心

商务中心（Business Center）为客人提供打字、翻译、打印、复印、装订、印名片、传真、订票、互联网以及小型会议室出租等商务服务。此外，还可根据需要为客人提供秘书服务。

由于现代通信技术和手段的发展，商务中心业务逐渐萎缩，越来越多的酒店已取消商务中心，或由礼宾部代管。

第三节　前厅部管理人员的岗位职责与素质要求

一、前厅部管理人员的岗位职责

（一）前厅部经理岗位职责

直接上级：房务总监/总经理。

直接下属：前厅部副经理、各主管、大堂副理、宾客关系经理。

岗位职责：

（1）全面主持部门工作，提高部门工作效率和服务质量，力争最大限度地提高房间出租率。

（2）贯彻执行总经理下达的营业及管理指示。

（3）根据酒店计划，制定前厅部各项业务指标和规划。

（4）按照有关要求，制作未来一个星期、一个月或其他时间段的客房销售预测表。

（5）对各分部主管下达工作任务并指导、落实、检查、协调。

（6）组织主持每日主管工作例会，传达酒店例会工作要点，听取汇报，布置工作，解决难题。

（7）确保员工做好前厅部各项统计工作，掌握和预测房间出租情况、订房情况、客人到店和离店情况以及房间账目收入等。

（8）参与制定并最终提交前厅部员工的预算草案。

（9）负责前厅部员工的招聘和培训工作。

（10）在前厅部员工之间建立和发展良好的沟通体系。

（11）检查、指导前厅部所有员工及其工作表现（包括员工的仪容、仪表和制服的卫生情况），对前厅部的日常运作进行监管（包括预订、入住登记和结账离店等过程），保证酒店及部门规章制度和服务质量标准得到执行，确保前厅部各部门工作的正常运转。

（12）每月审阅各部门主管提供的员工出勤情况。

（13）对前厅部员工进行定期评估，并按照奖惩条例进行奖惩。

（14）与酒店其他部门经理之间建立良好有效的沟通与协调制度，以便为客人提供优质的服务。

① 与销售部的协调。每天与进、离店的团队协调配合，在团队到达前七天内及时了解该团队的具体要求，并通过销售部做好团队的善后工作。同时，参与对酒店客房及其他产品和服务的销售计划制定。

② 与客房部及工程部的协作。确保大厅及公共区域的卫生状况良好，设施设备运转正常。

③ 与电脑部经理紧密配合，熟悉电脑程序，确保电脑的安全使用。

④ 就与顾客的账务纠纷与酒店财务总监及有关部门经理沟通。

（15）协助总经理处理发生在大堂的特殊事件。

每日、每月批阅由大堂副理提交的客人投诉记录及汇总表，亲自处理贵宾的投诉和客人提出的疑难问题。

（二）前台主管职责

直接上级：前厅部经理。

直接下属：领班。

岗位职责：

（1）协助前厅经理检查和控制前厅的工作程序，全面负责前厅的接待和问询等日常工作，督导员工为客人提供高效、优质的服务。

（2）主持前厅工作例会，上传下达，与相关部门做好沟通、合作与协调工作。

（3）随时处理客人的投诉和各种要求。

（4）每天检查员工外表及工作情况。

（5）对员工进行培训并进行定期评估。

（6）下班之前与预订部核对当日及次日的房态。

（7）检查有特殊要求客人的房间并保证这些特殊要求得到关照。

（8）及时申领物品，保证前台有足够办公用品。

（9）协助大堂副理检查大厅卫生，陈列酒店介绍等宣传品，并在用餐时间，临时接替大堂副理的工作。

（10）完成前厅经理或其他管理部门交给的任务。

（三）前台领班岗位职责

直接上级：前台主管。

直接下属：接待员。

岗位职责：

（1）协助主管的日常工作。

（2）检查、督导前台员工按照工作程序和标准为客人提供优质服务。

（3）对客人的要求及投诉要尽最大努力答复并重视，遇不能解决的问题及时报告主管。

（4）确保入住登记单详细、准确、清晰，符合有关部门的规定。

（5）通知有关部门关于到店房、换房、VIP房和特殊安排房等情况。

（6）每日检查和准确控制房态。

● 每日定时（9:00、16:00和23:00）根据客房部提供的房态表核对房态。

● 每日定时（12:00、17:00和22:00）认真检查已结账的房间是否已从电脑中销号。

● 如有换房或调价，应记录存档。

（7）详细记录交班事项，如有重要事件或需下一班继续完成的事情都应详细记录，并在交班时签上自己的名字。

（8）确保所有的信件、邮包和留言的发送、存放、记录存档无误。每天10:00、12:00、16:00、21:00，检查邮件、信件、留言；若发现有未送出的，应及时通知或检查留言等。

（9）遇特殊情况，如客人不按期到达、延长住房日期、提前离店、客人投诉以及其他紧急事件，如遇处理不了的，要及时上报主管或大堂副理。

（10）完成经理分派的其他工作。

二、前厅管理人员的素质要求

前厅部被喻为酒店的大脑，作为前厅部管理人员必须具备较高的素质。根据前厅部的工作特点，前厅部管理人员通常应具备以下素质。

（1）头脑灵活，反应快。前厅部随时可能出现各种复杂的情况和事件，要求前厅部管理灵活妥善地加以处理。

（2）熟悉前厅部、客房部、销售部工作，略懂餐饮、工程、财务等知识。

（3）高级英语水平，或至少能用英语处理日常事务。

（4）了解市场状况，掌握酒店经营及管理动态。

（5）了解旅游景点及娱乐等方面的知识和信息。

（6）善于处理各类投诉。

（7）具有协作精神。

（8）善于交际，风度优雅、谈吐大方。

本章小结

■ 前厅部被喻为酒店的大脑，是酒店的中枢神经和对客服务的指挥中心，是酒店的营业橱窗，是给客人留下第一印象和最后印象的地方，因此，对提高酒店服务质量和建立良好的宾客关系，具有重要意义。

■ 前厅部的主要任务是销售客房，接待客人，为客人办理住店和离店手续，并为客人提供问讯服务、预订服务等各种综合服务。其工作目标是：为客人提供热情、高效的服务；控制好房态，提高客房利用率；建立良好的宾客关系。

■ 前厅部的组织机构因规模、性质不同而不同，但组织机构的设置要从实际出发，遵循机构精简、分工明确的原则。为了提高工作效率，减少部门之间的摩擦和矛盾，很多酒店将前厅部与客房部合二为一，通称为"房务部"，设房务总监。还有不少酒店考虑到前厅部所具有的销售性质，将前厅部与销售部合二为一，统一划归销售部管理，这样可以统一客房分配、统一销售政策，减少部门摩擦，防止部门利益冲突和损害酒店利益以及客人利益的情况发生。

■ 前厅部组织建设还有一个发展趋势，就是合并岗位，一专多能。传统的酒店都分设接待处、收银处、问讯处等岗位，但近年来，国内外很多酒店为了节省人力，压缩编制、精简员工，纷纷将上述岗位合二为一，甚至合三为一，服务员既负责接待，又负责问讯，还负责收银工作。

思考题

1. 前厅部的地位和作用表现在哪些方面？

2. 前厅部组织机构设置的原则有哪些？请画一张前厅部的组织机构图。

3. 简述前厅部各班组的职能。

4. 在你实习过的酒店里，你碰到过哪些员工之间发生的个性冲突？对于这些冲突，管理人员是怎样处理的？如果你是经理，你会以不同的方法处理吗？

5. 如果你曾在酒店前厅部工作过，谈谈酒店是如何对你进行培训的？一般而言，让员工接受良好培训对前厅部经理有哪些好处？

案例分析

像要爆发"大战"
——谁之错？

拓展阅读

一位前厅部经理的
"检讨"

即测即评

导入问题解惑

酒店前厅部组织架
构应该如何设计

第二章 预订管理

  预订指在客人抵店前对酒店客房的预先订约。预订在得到酒店的确认后，酒店与客人之间便确立了一种合同关系。据此，酒店有义务以预先确定的价格为客人提供他希望使用且已得到酒店确认的客房。

  预订是酒店一项重要业务，酒店一般都在其前厅部（或销售部）设有预订部，专门受理预订业务。通过预订，可以使酒店提前占领客源市场，提高客房利用率。

  前厅部的预订工作由预订部中心主管负责。为了实施对客房预订的控制，提高酒店的开房率和经济效益，预订经理要与酒店市场营销部进行充分、有效的沟通，掌握预订规律，合理控制团队与散客的预订比例。

本章学习目标

➤ 了解酒店预订的方式、种类和渠道。
➤ 了解国际通行的几种酒店收费方式。
➤ 了解预订业务，学会受理预订。
➤ 了解超额预订及其处理的方法。

关键词

预订　超额预订
Key Words：Reservation Overbooking

导入问题

经理的困惑：面对超订问题，两个主管相互掐架，前厅经理该怎么办？

  前厅部经理最近正在因为自己的两个主管间的矛盾而苦恼。前台主管抱怨说，自从实施超订政策后，预订处订单的超订率总是偏高，为了他们的销售业绩拼命拉高超订，而超爆后总是由前台来收拾局面，安排客人转店，遭客人投诉不说，工作量还大大增加，整个前台意见很大。前厅部经理向主管了解超订情况，他却说适度拉高超订是合理的，这才能最大限度保证开房率，保证客房营业效益，出现超爆也是可以理解的，而且总经理最近也因为连续满房表扬他们做得好，前台之所以抱怨是因为他们是固定工资，不思进取，巴不得超订越少越好。

  两个部门矛盾的根源是什么？应该怎样解决两部门在超订问题上的矛盾与冲突？前厅部经理陷入了沉思。

第一节　预订的方式与种类

酒店预订部的员工要接受客人通过互联网、电话、传真、信函或口头等形式的预订；负责与有关公司、旅行社等提供客源的单位建立业务关系，尽力推销客房并了解委托单位接待要求；密切与总台接待处的联系，及时向前厅部经理及总台有关部门提供有关客房预订资料和数据，向上级提供重要客户抵店信息；参与前厅部对外订房业务的谈判及合同的签订；制定预订报表（包括每月、半月、每周和明日客人抵达预报）；参与制定全年客房预订计划。

一、预订方式

客房预订的方式多种多样，各有特点，客人采用何种方式进行预订，受预订的紧急程度及客人设备条件的制约。

当前，客人的预订方式主要包括以下几种：

（一）口头订房

即客人（或其代理人）直接来到酒店，当面口头预订客房。它能使酒店有机会更详尽地了解客人的需求，并当面回答客人提出的问题。同时，也能使预订员有机会运用销售技巧，必要时，还可通过展示客房来帮助客人做出选择。

对于客人的当面口头预订，订房员应注意下列事项：

（1）书写清楚。客人的姓名要大写，不能拼错，必要时可请客人自己书写。

（2）在旺季，对于不能按约定抵达时间的客人，可以明确告诉客人，预订保留到当日18:00。

（3）如果客人不能确定逗留的确切天数，也要告知最多和最少天数。

（二）电话预订

电话订房较为普遍，它的特点是速度快、方便，而且便于客人与酒店之间的沟通，以便客人能够根据酒店客房的实际情况，及时调整其预订要求，订到满意的客房。但由于语言障碍、电话的清晰度以及受话人的听力水平等的影响，电话订房容易出错，因此，预订员必须将客人的预订要求认真记录，并在记录完毕之后，向对方复述一遍，得到客人的确认。

在接受电话预订时，要注意不能让对方久等。因此，要求预订员必须熟悉本月、本季可提供客房情况，如因某种原因不能马上答复客人，则请客人留下电话号码和姓名，待查清预订情况后，再通知客人是否可以接受预订。

（三）互联网预订

互联网预订是目前国际上最先进也是最主要的订房方式，目前，国内酒店预订中已有超过60%的预订是通过互联网实现的。

为了扩大预订渠道，酒店除了在互联网上建立自己的网站以外，还应将自己的网页与国内、外著名旅游酒店预订网站做友情链接，使客人能够更方便地接触酒店的信息和预订服务。

互联网预订即通过电脑在互联网上进行预订（参见图2-1），也可通过智能手机预订（参见图2-2），其中通过手机预订因其方便、快捷，已成为人们出游时主要的酒店预订方式。

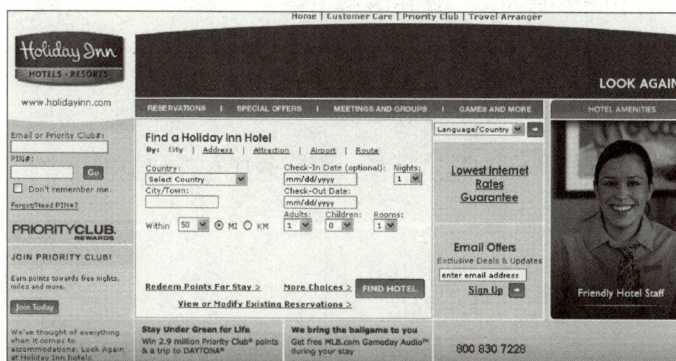

图2-1　假日酒店（Holidayinn）订房　　　　图2-2　手机预订

微信订房是一种非常重要的互联网预订方式，酒店应通过各种方式和途径，推广其微信公众号。

（四）传真订房

传真订房一般为旅行社、团队等单位和组织所采用，是一种较为正式的订房方式，其特点是准确、规范。它可以将客人的预订资料原样地保存下来，不容易出现订房纠纷。随着通信技术的发展，传真订房已逐渐被更为先进、便利的互联网订房所取代。

（五）合同订房

酒店与旅行社或商务公司之间通过签订订房合同，达到长期出租客房的目的。

二、预订的种类

酒店在处理客人的订房时，一般分为非保证类预订和保证类预订，前者又分为临时预订和确认类预订两种。

（一）非保证类预订

1. 临时预订

临时预订指未经书面确认或未经客人确认的预订。通常酒店会与客人约定将客房保留到下午6点，如届时客人未到，该预订即被取消。

这类预订通常是客人在即将抵达酒店前很短的时间内或在到达的当天联系订房。在这种情况下，酒店一般没有足够的时间（或没有必要）给客人寄去确认函，同时也无法要求客人预付订金，所以，只能口头承诺。

2. 确认类预订

通常是指客人已经确认过但尚未支付预订金的预订。对于持有确认函来店登记住宿的客人，可以给予较高的信用，因为这些客人的地址已被验证，向他们收取欠款的风险比较小。

对于确认类预订，酒店依然可以事先声明为客人保留客房至某一具体时间，过了规定时间，客人如未抵店，也未与酒店联系，则酒店有权将客房出租给其他客人。

（二）保证类预订

保证类预订指客人保证前来住宿，否则将承担经济责任，因而酒店在任何情况下都应保证落实的预订。

保证类预订又有三种类型：

1. 预付款担保

即客人通过交纳预付款而获得酒店的订房保证。假如客人预订住房时间在一天以上，并且预付了一天以上的房租，但届时未取消预订又不来入住，那么，酒店只应收取一天的房租，把余款退还给客人，同时，取消后几天的订房。如果客人在临近住店日期时订房，酒店没有足够的时间收取订金，则可要求客人使用信用卡做担保，预订客房。

2. 信用卡担保

除了支付预付款以外，客人还可用信用卡做担保预订酒店客房。这样，如果客人届时既未取消预订，又未登记入住，酒店就可以通过发卡公司收取客人一夜的房租，以弥补酒店的损失。

3. 合同担保

合同担保方法虽不如预付款和信用卡那样被广泛使用，但也不失为一种行之有效的订房担保方式。它是酒店与经常使用酒店设施的商业公司签订合同，当公司的客户要求住宿时，公司就与酒店联系，于是酒店就为其安排客房，即使客人未入住，公司也保证支付房租，同时，房间也被保留一个晚上。

对于保证类预订，酒店无论如何要保证只要客人一到就为其提供房间或代找一间条件相仿的房间。在后一种情况下，酒店要代付第一夜的房费以及其他附带费用，如出租车费等，这就是"第一夜免费制度"。

第二节 预订渠道与酒店计价方式

一、预订渠道

了解客人的预订渠道对促进酒店销售，提高开房率，具有重要意义。客人的订房渠道通常有以下六种：

（1）散客自订房。

（2）旅行社订房。

（3）公司订房。

（4）各种国内外会议组织订房。

（5）国际订房组织订房。如国际著名的SUMMIT订房中心，该组织是全球最大的销售订房中心之一。

（6）网络订房中心。随着互联网技术的发展和普及，国内外出现了网络订房中心，如国内的携程、艺龙等网站。这类订房在酒店销售中所占比重越来越大，呈逐年攀升的趋势。几乎每家大型酒店都与数十家订房中心签署了订房协议。实际上，因为管理成本问题，酒店签署的订房中心并非越多越好，所以，酒店应对订房中心每年梳理一次，淘汰一些，再签约一些新的。

二、国际酒店通行的计价方式

在国际酒店业，通常按照对客人的房费报价中是否包括餐费和包括哪几餐的费用而划分收费方式。参见表2-1。

表2-1 国际酒店通行的计价方式

分区域计价方式	特　　点
欧洲式 （European Plan，EP）	只包括房费，而不包任何餐费的收费方式，为世界上大多数酒店所采用
美国式 （American Plan，AP）	不但包括房费，还包括一日三餐的费用，因此，又被称为"全费用计价方式"，多为远离城市的度假性酒店或团队客人所采用
修正美式 （Modified American Plan，MAP）	包括房费和早餐，除此而外，还包括一顿午餐或晚餐（二者任选一个）的费用。这种收费方式较适合普通旅游客人

分区域计价方式	特　点
欧洲大陆式 （Continental Plan，CP）	包括房费及欧陆式早餐。欧陆式早餐的主要内容包括冷冻果汁、烤面包、咖啡或茶
百慕大式 （Bermuda Plan，BP）	包括房费及美式早餐。美式早餐除包括有欧陆式早餐的内容以外，通常还包括鸡蛋和火腿或香肠或咸肉等肉类

第三节　预订业务管理

一、主要预订业务管理

酒店预订业务主要包括接受预订、确认预订、拒绝预订、候补预订、核对预订、取消预订、变更预订等。参见图2-3。

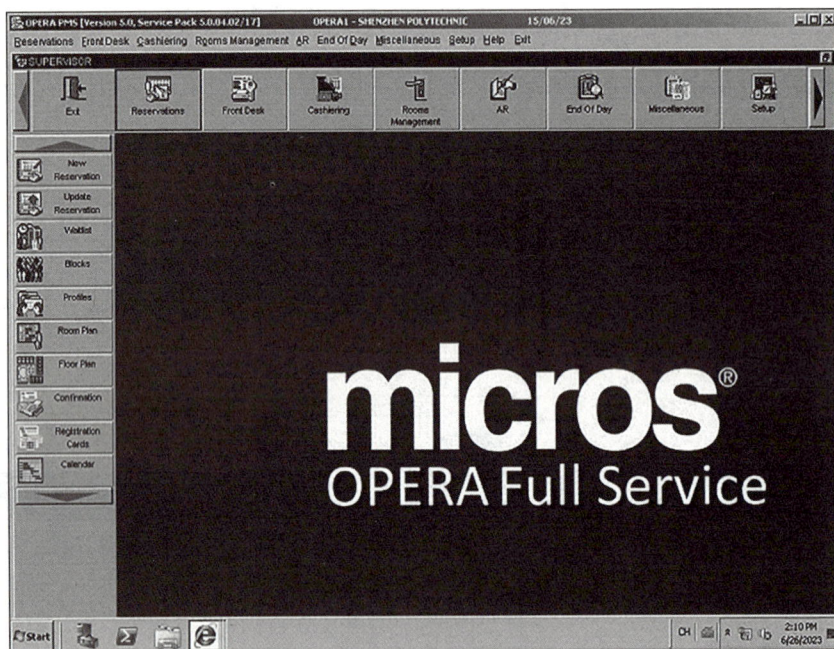

图2-3　前台预订业务

（一）接受预订

订房员接受客人预订时，首先要查看，如有空房，则立即填写"预订表"（参见图2-4）。该表通常印有客人姓名、抵离店日期及时间、房间类型、价格、结算方式、餐食标准（团队）、种类等内容。

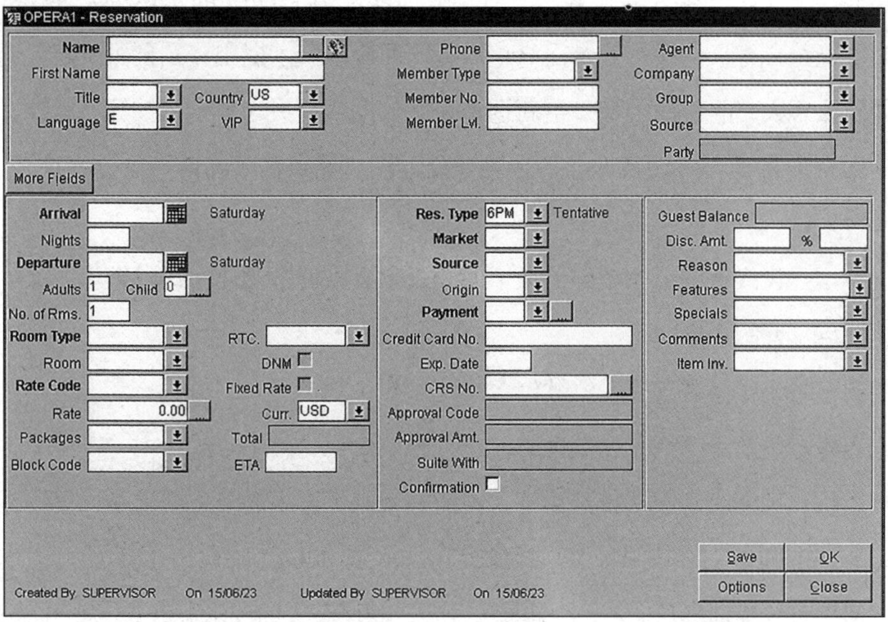

图2-4　预订表

（二）确认预订

预订员在接到客人的预订要求后，要立即将客人的预订要求与酒店未来时期客房的利用情况进行对照，决定是否能够接受客人的预订。如果可以接受，就要通过微信、Email等渠道，对客人的预订加以确认（Confirmation）（参见图2-5）。

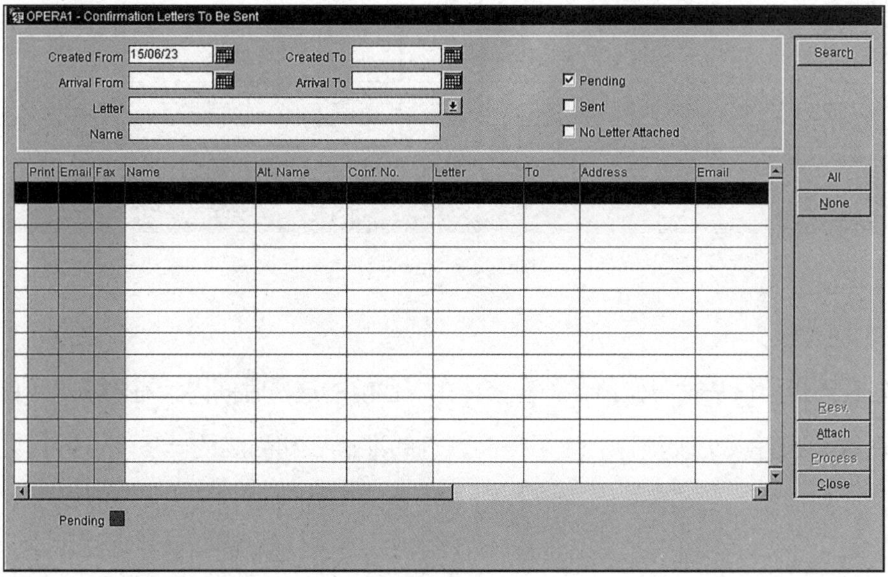

图2-5　预订的确认

（三）拒绝预订

如果酒店无法接受客人的预订，就对预订加以婉拒（Turning Down）。婉拒预订时，不能因为未能符合客人的最初要求而终止服务，而应该主动提出一系列可供客人选择的建议。比如建议客人更改房间类型、重新选择来店日期或变更客房预订数等。此外，还可征得客人的同意，将客人的姓名、电话号码等登记在"等候客人名单"上，一旦有了空房，立即通知客人。

总之，用建议代替简单的拒绝是很重要的，它可以促进酒店客房的销售，又可以在顾客中树立酒店良好的形象。

婉拒预订时，要向客人签发致歉信。

（四）候补预订

在酒店预订客满或者由于超额预订，不能马上满足客人的订房要求时，仍可将客人订房要求记录到电脑中，将其归入"候补预订"（On Waiting List）。一旦有空房空出（如其他客人取消预订或提前离店），可立即通知客人，满足客人的要求。参见图2-6。

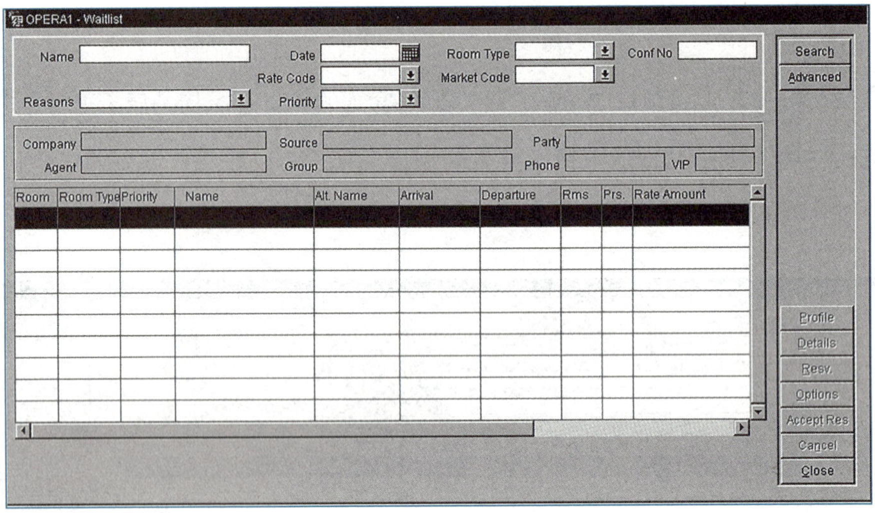

图2-6　候补预订

（五）核对预订

有些客人提前很长时间就预订了客房，在入住前的这段时间内，有的客人可能会因种种原因而取消预订或更改预订。为了提高预订的准确性和酒店的开房率，并做好接待准备，在客人到店前（尤其是在旅游旺季），预订人员要通过电话或电子邮件等方式与客人进行多次核对（Reconfirming，即再确认），确认客人是否能够如期抵店，住宿人数、时间和要求等是否有变化。

根据客房的紧张程度（利用率状况），核对工作通常可进行三次。第一次是在客人预订抵店前一个月进行，具体操作是由预订部文员每天核对下月同一天到店的客人或订房人；第二次核对是在客人抵店前一周进行；第三次则是在客人抵店前一天进行。在核对预订时，如果发现客人有取消或变更订房，则要及时修改预订记录，并迅速做好取消或变更预订后闲置客房的补充预订。

以上是对散客预订而言，针对大型团体客人，核对工作还要更加细致，次数更多，以免因团队临时取消或更改订房而造成大量客房闲置，使酒店蒙受重大经济损失。

（六）取消预订

由于种种缘故，客人可能在预订抵店之前取消订房（Cancellation）。接受订房的取消时，不能在电话里表露出不愉快，而应使客人明白，他今后随时都可光临本酒店，并受到欢迎。正确处理订房的取消，对于酒店巩固自己的客源市场具有重要意义。在国外，取消订房的客人中有90%以后还会来预订。

客人取消预订时，预订员要做好预订资料的处理工作，要及时修改预订资料，并注明取消日期、原因、取消人等，作为重要资料保存。

如果在客人取消预订以前，预订部门（或总台）已将该客人（或团体）的预订情况通知各有关接待部门（如客房部、餐饮部等），那么在客人取消预订后要将这一新的信息通知以上部门。

如客人在原预订入住日期当天未到，则由总台接待员办理有关事项（但仅限住一天的），这时，接待员应即时与旅行社或其他预订单位或个人取得联系，问清是"已取消"，还是"未入住"。如属前者，同样要通知有关部门；如属后者，则要根据实际情况，必要时为客人保留房间（如住一天以上，当转预订员处理）。

为了防止因客人临时取消预订而给酒店造成损失或使酒店工作陷入被动，酒店可根据实际情况，比如在旺季时，要求客人预先支付一定数额的订金，尤其是团体客人，可以预收相当于一天房费的订金，并在客人抵达前一个月通知对方付款，收款后将有关资料送交前台收银处，待客人结账时扣除。

（七）变更预订

变更预订（Update Reservation）指客人在抵达之前临时改变预订的日期、人数、要求、期限、姓名和交通工具等。

在接到客人要求改变预订的申请后，预订员首先应查看预订控制记录，看看是否能够满足客人的变更要求。如果能够满足，则予以确认，同时，填写"变更预订"表，修正有关预订记录。假如不能满足客人的变更要求，则要将酒店空房类型与有空房的日期告知客人，并与之协商解决。

二、超额预订管理

（一）超额预订及其处理

超额预订（Overbooking）指酒店在一定时期内，有意识地使其所接受的客房预订数超过其客房接待能力的一种预订现象，其目的是充分利用酒店客房，提高开房率。

由于种种原因，客人可能会临时取消预订，或出现"未入住"现象，或提前离店，或临时改变预订要求，从而可能造成酒店部分客房的闲置，迫使酒店进行超额预订，以减少损失。

超额预订应该有个"度"的限制，以免出现因"过度超额"而不能使客人入住，或"超额不足"而使部分客房闲置。通常，酒店接受超额预订的比例应控制在10%～20%（根据酒店业的经验，订房不到者占总预订数的5%左右，临时取消预订者约占8%～10%），具体而言，各酒店应根据各自的实际情况，合理掌握超额预订的"度"。

然而，超额预订往往会带来问题。因为酒店接受了客人的预订，就意味着在酒店与客人之间确立了关于客房出租的某种合同关系，而酒店进行超额预订，势必会因此而在某个时间，使某个或某些客人不能按"合同"约定的条件（预订要求）入住，这就相当于酒店单方面撕毁合同，因此，客人有权利进行起诉。对此，酒店经营者应当有清醒的认识，对于因超额预订而不能入住的情况，应该妥善处理。

如果因超额预订而不能使客人入住，按照国际惯例，酒店方面应该：

（1）诚恳地向客人道歉，请求客人谅解。

（2）立即与另一家相同等级的酒店联系，请求援助。同时，派车将客人免费送往这家酒店。如果找不到相同等级的酒店，可安排客人住在另一家级别稍高一点的酒店，高出的房费由本酒店支付。

（3）如属连住，则店内一有空房，在客人愿意的情况下，再把客人接回来，并对其表示欢迎（可由大堂副理出面迎接，或在客房内摆放花束等）。

（4）对提供了援助的酒店表示感谢。

（5）如客人属于保证类预订，则除了采取以上措施以外，还应视具体情况，为客人提供以下帮助：支付其在其他酒店住宿期间的第一夜房费，或客人搬回酒店后可享受一天免费房的待遇。

（6）次日排房时，首先考虑此类客人的用房安排。大堂副理应在大堂迎候客人，并陪同客人办理入住手续。

（二）超额预订数的确定

超额预订数受预订取消率、预订而未到客人之比率、提前退房率以及延期住店率等因素的影响。它们之间存在如下关系式：

$$超额预订房数 = 预计临时取消预订房数 + 预计预订而未到客人房数 +$$

$$预计提前退房房数 - 延期住店房数$$

$$= 酒店应该接受当日预订房数 \times 预订取消率 +$$

$$酒店应该接受当日预订房数 \times 预订而未到率 + 续住房数 \times$$

$$提前退房率 - 预期离店房数 \times 延期住店率$$

（其中，酒店应该接受当日预订房数 = 酒店客房总数 - 续住房数 + 超额预订房数）

假设，X = 超额预订房数；A = 酒店客房总数；C = 续住房数；r_1 = 预订取消率；r_2 = 预订而未到率；D = 预期离店房数；f_1 = 提前退房率；f_2 = 延期住店率，则：

$$X = (A-C+X) \times r_1 + (A-C+X) \times r_2 + C \times f_1 - D \times f_2$$

$$X = \frac{C \times f_1 - D \times f_2 + (A-C)(r_1+r_2)}{1-(r_1+r_2)}$$

设超额预订率为 R，则：

$$R = \frac{X}{A-C} \times 100\%$$

$$= \frac{C \times f_1 - D \times f_2 + (A-C)(r_1+r_2)}{(A-C)[1-(r_1+r_2)]} \times 100\%$$

例如，某酒店有标准客房600间，未来10月2日续住房数为200间，预期离店房数为100间，该酒店预订取消率通常为8%，预订而未到率为5%，提前退房率为4%，延期住店率为6%。试问，就10月2日而言，该酒店：

（1）应该接受多少超额订房？

（2）超额预订率多少为最佳？

（3）总共应该接受多少订房？

解：（1）该酒店应该接受的超额定房数为：

$$X = \frac{C \times f_1 - D \times f_2 + (A-C)(r_1+r_2)}{1-(r_1+r_2)}$$

$$=\frac{200\times4\%-100\times6\%+（600-200）（8\%+5\%）}{1-（8\%+5\%）}$$

$$=62（间）$$

（2）超额预订率为：

$$R=\frac{X}{A-C}\times100\%$$

$$=\frac{62}{600-200}\times100\%$$

$$=15.5\%$$

（3）该酒店总共应该接受的客房预订数为：

$$A-C+X$$

$$=600-200+62$$

$$=462（间）$$

答：就10月2日而言，该酒店应该接受62间超额订房；超额预订率最佳为15.5%；总共应该接受的订房数为462间。

本章小结

■ 接受客人预订是酒店前厅部的一项重要业务，对于提高客房利用率，满足客人需要具有重要意义。

■ 在旺季时，为了提高客房利用率，防止客人订了客房而不来入住或临时取消订房等而给酒店造成损失，酒店常常要进行"超额预订"。酒店根据经验，要确定科学的超额预订率。如因超额预订而使客人不能入住，酒店属于违约行为，对于这类客人酒店要妥善处理。

■ 客人预订的方式和渠道多种多样，前台管理人员应通过调查和统计，掌握客人预订的渠道，这对有针对性地开展营销活动提高客房利用率具有重要意义。

■ 网络订房是目前主要的订房形式和订房渠道，对酒店业的经营已经产生了重大影响，应该引起酒店足够的重视。酒店应将其纳入收益管理的范畴，采取积极的应对措施。

思考题

1. 请问你如何理解下列概念?

（1）保证类预订

（2）超额预订

（3）百慕大式收费方式

（4）候补预订

2. 预订的渠道、方式和种类有哪些?

3. 前厅部预订业务的主要内容是什么?

4. 酒店收费方式有哪几种?

5. 简述超额预订及其处理。

案例分析

酒店现阶段还需要
超额预订吗?

拓展阅读

如何减少"No
Show"造成的
损失?

即测即评

导入问题解惑

面对超订问题,
两个主管相互掐
架,前厅经理该
怎么办?

第三章　礼宾服务管理

前厅部礼宾服务的主要内容包括接机服务、客人迎送、门口迎宾、行李接送、行李寄存、邮件递送、委托代办、物品租借、投诉客人接待、用车安排、停车管理等，是酒店对客服务的重要组成部分，这在很大程度上体现酒店的对客服务质量。

本章学习目标

➢ 了解酒店礼宾部工作的主要内容、业务及其管理。

➢ 认识"金钥匙"理念，了解酒店"金钥匙"的岗位职责与素质要求。

关键词

礼宾部　门童　行李员　"金钥匙"

Key Words：Concierge；Doorman；Bellboy；Les Clefsd'or（Golden Key）

导入问题

经理的困惑：酒店是否应该把车队纳入礼宾部统一管理？

我们酒店是一家新开业的大型五星级酒店，前厅的礼宾部和车队分属两个同一级别的经理管理，各有想法，工作中常常产生矛盾。礼宾部需要车，车队却不愿配合，这导致服务质量受到严重影响，常常引起顾客的投诉。这到底是员工的素质问题，还是管理体制问题？酒店是否应该把车队归入礼宾部统一管理。

第一节　酒店"金钥匙"

一、金钥匙的起源

金钥匙（Golden Keys）是一种委托代办（Concierge）的服务概念。"Concierge"一词最早起源于法国，指古代城堡的守门人，后演化为酒店的守门人，负责迎来送往和酒店的钥匙，但随着酒店业的发展，其工作范围在不断扩大，在现代酒店业中，Concierge已成为为客人提供全方位"一条龙"服务的部门，只要不违反道德和法律，Concierge会尽力满足客人的要求。其代表人物就是他们的首领"金钥匙"。他们见多识广、经验丰富、谦虚热情、彬彬有礼、善解人意。

"金钥匙"通常身着燕尾服，上面有十字形金钥匙，这是委托代办的国际组织"国际金钥匙组织联合会"（Union International Concierge Organization Golden Keys）会员的标志，象征着Concierge就如同万能的"金钥匙"一般，可以为客人解决一切难题。故"金钥匙"又被客人视为"万事通""万能博士"。

国际酒店业委托代办金钥匙组织联合会会徽暨中国金钥匙组织会会徽，分别如图3-1和图3-2所示。

图3-1　国际酒店业委托代办金钥匙组织联合会会徽　　图3-2　中国金钥匙组织会会徽

二、金钥匙的理念

（一）中国金钥匙的座右铭

信念、荣誉、责任、友谊、服务、协作。

（二）金钥匙服务哲学

先利人，后利己；

用心极致，满意加惊喜；

在客人的惊喜中找到自己富有的人生！

（三）金钥匙服务精神

虽然不是无所不能，但一定要竭尽所能！

三、金钥匙的岗位职责

金钥匙通常担任酒店礼宾部主管，其岗位职责主要包括：

（1）全方位满足住店客人提出的特殊要求，并提供多种服务，如行李服务、安排钟点医务服务、托婴服务、沙龙约会、推荐特色餐馆、导游、导购等。

（2）协助大堂副理处理酒店各类投诉。

（3）保持个人的职业形象，以大方得体的仪表、亲切自然的言谈举止迎送抵离酒店的每一位宾客。

（4）检查大厅及其他公共活动区域。

（5）协同保安部对行为不轨的客人进行调查。

（6）对行李员工作活动进行管理和控制，并做好有关记录。

（7）对进、离店客人给予及时关心。

（8）将上级命令、所有重要事件或事情记在行李员、门童交接班本上，每日早晨呈交前厅经理，以便查询。

（9）控制酒店门前车辆活动。

（10）对受前厅部经理委派进行培训的行李员进行指导和训练。

（11）在客人登记注册时，指导行李员帮助客人。

（12）与团队协调关系，使团队行李得以顺利运送。

（13）确保行李房和酒店前厅的卫生清洁。

（14）保证大门外、门内、大厅有人值班。

（15）保证行李部服务设备运转正常；随时检查行李车、秤、行李存放架、轮椅等。

（16）计算机与通信技术支持。

四、金钥匙的素质要求

金钥匙要以其先进的服务理念、真诚的服务思想，通过其广泛的社会联系和高超的服务技巧，为客人解决各种问题，创造酒店服务的奇迹。因此，金钥匙必须具备很高的素质。

（一）思想素质要求

（1）遵守国家法律、法规，遵守酒店的规章制度，有高度的组织纪律性。

（2）敬业乐业，有耐性，热爱本职工作，有高度的工作责任心。

（3）遵循"客人至上，服务第一"的宗旨，有很强的顾客意识、服务意识。

（4）有热心的品质，乐于助人。

（5）忠诚。即：对客人忠诚，对酒店忠诚，不弄虚作假，有良好的职业道德。

（6）有协作精神和奉献精神，个人利益服从国家利益和集体利益。

（7）谦虚、宽容、积极、进取。

（二）能力要求

（1）交际能力。彬彬有礼，善解人意，乐于和善于与人沟通。

（2）语言表达能力。表达清晰、准确。

（3）身体健康，精力充沛。能适应长时间站立工作和户外工作。

（4）有耐心。

（5）应变能力。能把握原则，以灵活的方式解决各种问题。

（6）协调能力。能够建立广泛的社会关系和协作网络，能处理好与相关部门的协作关系。金钥匙除了应具备热心的品质和丰富的知识以外，还应建立广泛的社会关系和协作网络，这是完成客人各种委托代办事项的重要条件。因此，金钥匙必须具备很强的人际交往能力和协作能力，广交朋友，建立广泛的社会关系网。必须以酒店的优势为依托。高档酒店的知名度、社会影响是金钥匙求助各种社会关系，开展委托代办服务的强大后盾。

（三）业务知识和技能要求

金钥匙必须亲切热情、学识渊博，熟悉酒店业务及旅游等有关方面的知识和信息，了解酒店所在地区旅游景点、酒店及娱乐场所的信息。在某种意义上，可充当本地的活地图。

金钥匙必须掌握的业务知识和技能包括：

（1）熟练掌握本职工作的操作流程。

（2）通晓多种语言。金钥匙服务只有在高档酒店才能提供，高档酒店的客人通常来自世界各地，对服务的要求也很高，因此，"金钥匙"应该通晓多种语言（按照中国酒店金钥匙组织会员入会考核标准，申请者必须会说普通话和至少掌握一门外语）。

一位金钥匙常常是这样工作的：他刚送走一位意大利客人，现在又与德国客人用德语交谈，手里握着一封待处理的用葡萄牙文写的信件，两位美国人5分钟后要求来找他解决运输一辆崭新轿车的事情，商务中心正要送一份从西班牙发来的要求安排一次重要社交活动的传真件……

（3）掌握中英文打字、文字处理等技能。

（4）掌握所在宾馆的详细信息，包括酒店历史、服务设施、服务价格等。

（5）熟悉本地区三星级以上酒店的基本情况，包括地点、主要服务设施、特色和价格水平。

（6）熟悉本市主要旅游景点，包括地点、特色、服务时间、业务范围和联系人。

（7）掌握一定数量的本市高、中、低档的餐厅、娱乐场所、酒吧的信息资料，包括地点、特色、服务时间、价格水平、联系人。按照中国酒店金钥匙组织会员入会考核标准，申请者必须掌握本市高、中、低档的餐厅各5家，娱乐场所、酒吧5家（小城市3家）的信息资料。

（8）能帮助客人购买各种交通票据，了解售票处的服务时间、业务范围和联系人。

（9）能帮助客人安排市内旅游，掌握其线路、花费时间、价格、联系人。

（10）能帮助客人实现物品修补，了解包括手表、眼镜、小电器、行李箱、鞋等，掌握这些维修处的地点和服务时间。

（11）能帮助客人邮寄信件、包裹、快件，懂得邮寄事项的要求和手续。

（12）熟悉本市的交通情况，掌握从本酒店到车站、机场、码头、旅游点、主要商业街的路线、路程和出租车价格（约数）。

（13）能帮助外籍客人解决办理签证延期等问题，掌握有关单位的地点、工作时间、联系电话和手续。

（14）能帮助客人查找航班托运行李的去向，掌握相关部门的联系电话和领取行李的手续等。

五、金钥匙的发展历史

（一）国际金钥匙组织的成立

国际金钥匙组织成立于1929年10月6日。在巴黎斯克拉酒店礼宾司捷里特先生的倡导下，在法国巴黎举行了第一届国际金钥匙组织会议，并在此会议上正式成立了国际金钥匙组织。捷里特先生也因此而被誉为"金钥匙"组织之父（参见图3-3）。

图3-3 1929年10月6日，国际金钥匙组织在法国巴黎成立

（感谢中国金钥匙组织提供资料照片）

（二）金钥匙在中国的兴起和发展

金钥匙在中国最早出现在广州的白天鹅宾馆。1982年，在白天鹅宾馆建馆之初，在副董事长霍英东先生的倡导下，宾馆在前台设置了委托代办。嗣后，宾馆总经理意识到中国酒店业的发展必须与国际惯例和标准接轨。1990年4月派人参加了"第一届亚洲金钥匙研讨会"。宾馆委托代办负责人于1993年即率先加入国际金钥匙组织，成为中国第一位国际金钥匙组织成员。1994年初，白天鹅宾馆的金钥匙代表向国际金钥匙组织提出根据中国国情发展"金钥匙"的有关建议，为"金钥匙"在中国的发展奠定了基础。1995年又派人参加了在悉尼召开的国际"金钥匙"年会。同年11月，在全国主要五星级酒店的大力支持和响应下，中国第一届金钥匙研讨会在白天鹅宾馆召开。大会探索了一条既符合国际标准又具有中国特色的委托代办发展之路，同时决定筹建中国委托代办"金钥匙"协会。至此，中国酒店业委托代办的联系网络初步建立。

在1997年1月第44届国际金钥匙年会上，中国区金钥匙被接纳为第31个成员。

2000年1月16—21日，"第47届国际酒店金钥匙组织年会"在中国广州召开，标志着中国区金钥匙组织已发展壮大到一定的规模，在国际金钥匙组织中占据重要地位。

2019年，"国际委托代办金钥匙联盟"（Union International Concierge Organization Golden Keys）在广州成立。该组织将金钥匙理念和金钥匙组织扩展到酒店业以外的物业管理等广泛领域。

目前，中国金钥匙组织已发展到相当大的规模，覆盖全国300多个城市的3 400多家高端企业，拥有5 300多名金钥匙会员。

知识链接

中国金钥匙组织会员资格要求

拓展视频

中国金钥匙入会宣誓

第二节　门童与迎宾服务

门童（Doorman）又称"门迎"，是站在酒店入口处负责迎送客人的前厅部员工。门童值班时，通常身着镶有醒目标志的特订制服，显得精神抖擞，同时，还能创造一种热烈欢迎客人的气氛，满足客人被重视、受尊重的心理需求。

一、门童的岗位职责与素质要求

（一）门童的岗位职责

1. 迎接宾客

客人抵达时，向客人点头致意，表示欢迎。基本要求是：时时刻刻都以标准的站立姿势站在自己的岗位上；细心观察即将通过门庭的客人；当客人距手拉门5米内，面带微笑并用眼神关注客人；在客人距离手拉门1.5米时，迅速用标准规范的动作打开门，当客人在面前经过时，面带微笑示意，并用得体的语言问候客人。

如遇客人乘坐小汽车，则应替客人打开车门，并提醒客人"小心碰头"，同时，要注意扶老携幼。其次，门童要协助行李员卸下行李，查看车内有无遗留物品。为了防止客人将物品遗留在车内，酒店可要求门童记下客人所乘出租车的牌号，并将号码转交客人。对于重要客人及常客的迎送工作，门童要根据通知，做好充分准备，向客人致意时，能礼貌、正确地称呼客人的姓名。此外，住店客人进出酒店时，门童同样要热情地招呼致意，如遇雨天，门童还应打伞为客人服务。

2. 指挥门前交通

门童要掌握酒店门前交通、车辆出入以及停车场的情况，准确迅速地指示车辆停靠地点。大型车辆会阻挡门口，故应让其停在离酒店正门口稍远的位置。

3. 做好门前保安工作

门童还要做好酒店门前的安全保卫工作。注意门前来往行人、可疑分子，照看好客人的行李物品，确保酒店安全。另外，对于衣冠不整，有损酒店形象的人，门童可拒绝其入内。

4. 回答客人问讯

因其工作岗位的特殊位置，经常会遇到客人有关店内、外情况的咨询，如酒店内有关设施和服务项目、有关会议、宴会、展览会及文艺活动举办的地点、时间等，以及市区的交通、游览点和主要商业区情况，对此，门童应以热情的态度，给予客人以正确、肯定的答复。

5. 送客

许多优秀的酒店管理人员认为：送客比迎客更重要，礼貌而深情有仪式感地送客更能感动客人，给客人留下终生难忘的印象（如图3-4）。

图3-4　广州从化碧水湾温泉度假村门童及管理人员为离店客人送行（刘伟 摄）

对结账完要离店的客人，打开大门，门童一边帮助运装行李一边说"多谢您了"。当客人上车时，预祝客人旅途愉快，并感谢客人的光临，同时，汽车启动后带着感谢的心情深鞠躬，目送客人离开视线。对逗留中暂时外出的客人，妥当地问好就够了。客人是要离店，还是暂时外出，从行李和气氛中基本可以判断出来。

不管是什么样的服务，只按条条框框做是乏味的，向客人问候也是如此。对于门童而言，仅"读"条文上的句子会很不自然。最好添加一些饱含真情的话。盛夏时节加一句"今天好热呀"；对深夜才到的客人问一声"您累了吧"；向要离店的客人送上一句"祝您一路平安"。听上去是些平常的话，但正是这些平常的话，有时却能触动客人的心弦。

当然，问候不能给客人嘈杂的感觉，要是让客人感到啰唆就是服务出格了。作为酒店员工既要保持适当的矜持，又能以短短的问候，给客人留下有人情味儿的温暖的印象，这是服务的要点。

（二）门童的素质要求

为了做好门童工作，管理人员可选用具有下列素质的员工担任门童。

（1）形象高大、魁梧。与酒店的建筑、门面一样，门童的形象往往代表了整个酒店的形象，因此，要求门童身材较好、挺拔。

（2）记忆力强。能够轻易记住客人的相貌、行李件数以及出租车的牌号。

（3）目光敏锐、接待经验丰富。门童在工作时，可能会遇到各种各样的人或事，必须妥善地、灵活机智地加以处理。

（4）知识面广。能够回答客人有关所在城市的交通、旅游景点等方面的问题。

做一个优秀的门童并不容易，一般培养一个出色的门童往往需要很多年的时间。这说明了门童的重要性和其应具备很高的素质。

二、门童的选择

1. 由女性担任门童

酒店的门童通常由男性担任，所以在英语中被称为"Doorman"，但使用女性也未尝不可。由女性担任门童不仅具有特殊的魅力，而且能够突破传统，标新立异，而受到客人的欢迎。

然而由女性担任门童的不足之处在于：很多酒店为了节约人力资源，要求门童在负责迎送宾客的同时，也要为客人拎行李，担负起行李员的职责，此时，女性门童可能会显得有些"力不从心"。

2. 由长者担任门童

虽然称之为"门童"，但这一岗位并非一定要青年人担任，有气质、有特色的老年人同样可以做好门童工作（参见图3-5），而且可以成为酒店的一大特色和吸引客人、扩大影响的一大"卖点"。济南有一家大酒店曾经登报向社会公开招聘了几位学识渊博、气质高雅的离、退休老教授担任门童，这些老教授面目慈祥、热情礼貌、微笑服务，赢得了社会的赞许和广大顾客的好感，起到了良好的广告效应，同时，也为酒店赢得了生意。

图3-5　瑞士日内瓦某五星级酒店门童与本书作者在一起

3. 雇用外国人做门童

除了考虑用女性和长者担任门童以外，还可以考虑雇用外国人做门童，使酒店具有异族情调，树立酒店的国际化形象，可增强对国内外客人的吸引力。

知识链接

极富特色的深圳威尼斯酒店的门童

三、门童迎接工作的注意事项

1. 注意仪容仪表，始终保持饱满的精神状态

良好的仪容仪表及饱满的精神状态会使客人产生一种受到欢迎的尊贵感，不会对你的服务产生怀疑，同时，这也代表酒店的形象，能够给客人留下良好的第一印象。

2. 为客人拉关车门时的一些注意事项

当客人乘坐的轿车到店时，先示意司机开到门前适当的位置，然后上前以左手拉门，右手放在车门框下（此时车头朝门童的右手），或根据车门朝向换一下手，站在车门之后。在拉车门的同时礼貌地向客人问好（如果知道客人的姓名，则用客人的姓氏称呼，这样客人会有亲切感）。但遇到佛教、伊斯兰教教徒时不可把手放在车门框处，遇到泰国客人也应如此（许多泰国人认为人的头部是神圣不可侵犯的），否则是不礼貌的，这种情况也适用于客人离店时。

知识链接

Doorman 为什么穿显眼的制服？

第三节　行李服务管理

酒店的行李服务是由前厅部的行李员（Bellman）提供的。行李员在英语中又称为Bellboy、Baggage Handler、Bellhop和Porter。将行李员称为Bellman，是因为过去很多酒店前台呼叫行李员时，采用按一下放在前台上的铃的方法（现在仍有酒店采用这种传统的方法呼唤行李员为客人提供服务）。

行李员是酒店与客人之间联系的桥梁，通过他们的工作使客人感受到酒店的热情好客，因此，对于管理得好的酒店而言，行李员是酒店的宝贵资产。

一、行李部员工的岗位职责

行李员的工作位置一般是在酒店大堂一侧的礼宾部（行李服务处）。礼宾部主管（或"金钥匙"）在此指挥、调度行李服务及其他大厅服务。每天早上，礼宾部主管要从电脑上查询或认真阅读、分析由预订处和接待处送来的预计"当日抵店客人名单"（Expected Arrivals）和"当日离店客人名单"（Expected Departures），以便掌握当日客人的进出店情况，做好工作安排。以上两个名单中，尤其要注意"VIP"和团体客人的抵离店情况，以便做好充分准备，防止出现差错。在此基础上，做出当日的工作安排计划，并召集全体行李员布置。

（一）行李员的职责

行李员工不仅负责为客人搬运行李，还可向客人介绍店内服务项目及当地旅游景点，帮助客人熟悉周围环境，递送物品，替客人预约出租车等。

（二）行李领班的职责

行李领班的职责是支持和协助主管的工作，管理并带领行李员、门童为客人提供服务。

（1）协助主管制定工作计划。

（2）准备好部门员工的排班表。

（3）完成上级管理部门和人员下达的所有指令。

（4）监督、指导、协助行李员和门迎完成其工作任务。

（5）确保抵、离店客人及时得到优质的行李服务。

（6）对抵、离店客人分别表示欢迎和欢送，必要时为客人提供行李等各种服务。

（7）督促行李员认真做好行李的搬运、记录工作。

（8）为住店客人提供各种力所能及的帮助。

（9）引导客人参观房间设施。

（10）适时地向客人推销酒店的其他设施。

（11）重视客人的投诉，并把这些投诉转达给相关部门，以便迅速解决。

（12）协助酒店有关部门和人员为住店客人过好生日、周年纪念等。

（13）每天检查行李部设施，确保良好的工作状态。

（14）做好行李部设备的保管、清洁和保养工作。

（15）留意宴会指南和大厅内其他布告，保持其正常放置。

（16）认真填写交接班本，记下已完成的工作内容及有待下一班继续完成的工作，写上日期、时间和姓名。

二、行李部员工的素质要求

行李部的领班及行李员须具备一定的素质，掌握一定的知识，了解店内外诸多服务信息。

（1）能吃苦耐劳，眼勤、嘴勤、手勤、腿勤，和蔼可亲。

（2）性格活泼开朗，思维敏捷。

（3）熟悉本部门工作程序和操作规则。

（4）熟悉酒店内各条路径及有关部门位置。

（5）了解店内客房、餐饮、娱乐等各项服务的内容、时间、地点及其他有关信息。

（6）广泛了解当地名胜古迹、旅游景点和购物点，尤其是那些地处市中心的购物场所，以便向客人提供准确的信息。

一些酒店要求行李员在看到提行李的客人要走进大门时，应立即帮他打开大门，接过行李。看到大厅内的客人脸上出现迷惑的表情时，应尽快以自然温和的态度询问有什么可以帮忙的事情。行李员在任何情况下都要注意观察，学会在一瞬间"读出"客人心理，以便准确地为其提供服务。

三、行李服务注意事项

行李服务不当，常常引起客人的投诉。在为客人提供行李服务时，行李员及其管理人员应特别注意以下事项。

（一）搬运行李时的注意事项

（1）认真检查行李。为客人提供行李服务时，要清点行李件数（特别是团队行李），并检查行李有无破损。如有破损，必须请相关人签字证实，并通知团队陪同及领队，以免日后引起客人的投诉。

（2）搬运行李时，客人的贵重物品及易碎品，如相机、手提包等要让客人自己拿。

（3）装行李车时，要注意将大件、重件、硬件放在下面，小件、软件、轻件装在上面。

（4）搬运行李时必须小心，不可用力过大，更不许用脚碰触客人的行李。

（5）照看好客人的行李。客人办理住宿登记手续时，行李员站在总台一侧等候客人并照看好客人的行李。

（6）引领客人时，要走在客人的左前方，一般距离两三步（或与客人并行），拐弯处或人多时，要回头招呼客人。

（7）引领客人进房途中，要热情主动地问候客人，与客人交谈，向客人介绍酒店服务项目和设施，推荐酒店的商品。

（8）介绍房内设施及使用方法。在介绍房内设施时，主要介绍客房内各种现代化设备的使用方法、客房上网的方法等，不必进行过多介绍，因为客人经过长途旅行和舟车劳顿，此时最需要的是尽早休息。另外，介绍时要因人而异，由于客人消费层次和住宿经验不同，对某些客人介绍的项目，对另一些客人则可能不需要。

（9）离房前要问客人是否还有其他吩咐，并祝客人住店愉快，随后将房门轻轻拉上。

（10）将离店客人的行李搬运至大厅后，要先到结账处确认客人是否结账，如客人还未结账，应有礼貌地告知客人结账处的位置。

（11）做好行李搬运记录。为客人提供行李服务时，要做好各种行李搬运记录（如表3-1、表3-2、表3-3）。

表 3-1 散客入住行李搬运记录
日期（Date）:

房号 （Rm. No.）	上楼时间 （Up Time）	行李件数 （Pieces）	行李员 （Bellman）	预计离店时间 （Depart. Time）	备注 （Remarks）

表 3-2 散客离店行李搬运记录
日期（Date）:

房号 （Rm. No.）	离店时间 （Depart. Time）	行李件数 （Pieces）	行李员 （Bellman）	车号 （No.）	备注 （Remarks）

房号 (Rm. No.)	离店时间 (Depart. Time)	行李件数 (Pieces)	行李员 (Bellman)	车号 (No.)	备注 (Remarks)

表 3-3　团队行李进出店登记单

团体名称						人数		
抵达日期				离店日期				
进店	卸车行李员			酒店行李员		领队签字		
离店	装车行李员			酒店行李员		领队签字		
行李进 店时间		车号		行李收取 时间		行李出店 时间		车号

房号	行李箱		行李包		其他		备注
	入店	出店	入店	出店	入店	出店	
总计							

入店行李主管：_____　　　　出店行李主管：_____
日期/时间：_____　　　　　　日期/时间：_____

（二）善于发现服务信息

行李员要善于发现服务信息，以便为客人提供针对性服务。

有经验的行李员，一看到行李箱，大概就能猜测客人是从什么国家或地区来的。法国人大多喜欢用名牌提包；美国人喜爱结实的布制旅行包；东南亚人常带着装有小轱辘的箱子，行李上无不各具不同国家、地区的风韵。还有，行李员从大门迎来客人时，顺便看一眼行李牌，就可能知道客人的姓名，当把客人带领到前台，向前台员工介绍客人时就可以说："×××先生，欢迎光临！"

（三）行李寄存时的注意事项

（1）确认客人身份。客人要求寄存行李时，要先问清是住店客人还是外来客人，外来客人的行李一律不予寄存。

（2）检查行李。客人寄存行李时，行李员要认真检查每件行李是否已上锁，并告诉客人行李内不能放贵重物品或易燃、易爆、化学腐蚀剂、剧毒品、枪支弹药等。如客人执意要寄存未加锁的行李，要把寄存行李的规章给客人看，发现有未上锁的行李或购物袋无法上锁时，要马上通知领班，向客人说明后，把行李放在安全的地方。

（3）如客人丢失"行李领取卡"，行李员一定要凭借足以证实客人身份的证件放行行李，并要求客人写出行李已取的证明。如不是客人本人来领取行李，一定要请他出示证件，并登记证件号码，否则不予放行。

经典案例

行李牌

（4）行李员在为客人办理行李的寄存和提取业务时，一定要按规定的手续进行，绝不可因为与客人"熟"而省略必要的行李寄存手续，以免引起不必要的纠纷，或给客人造成损失或带来不必要的麻烦。

本章小结

■ 酒店礼宾服务通常包括迎宾服务、行李服务、机场接送服务以及"金钥匙"服务等。

■ 门童是酒店大门口的迎宾员，一般只有高级酒店才会设有这一专职岗位，中档酒店可由行李员兼任。门童的主要职责是指挥门前交通、迎宾、回答客人咨询。酒店可以选聘外国人或女性担任门童，以体现酒店的特色。

■ 行李员是酒店工作中的一个重要岗位，他不仅要帮客人搬运行李，还要与客人交流，适时地向客人推荐酒店的服务项目。因此，担任行李员工作，不仅要有健康的体魄，还要心细（否则，会出现行李差错和纠纷），要热情、有礼貌，善于与人沟通。

■ "金钥匙"是高档酒店能够为客人提供"无所不能"的各种服务的岗位和人员，能够充分体现酒店全心全意为客人服务的服务理念。成为酒店的金钥匙必须具备很高的素质，包括丰富的知识、良好的人际沟通能力、较高的外语水平（最好是多种语言）、助人为乐的品格等。

思考题

1. 简述门童及行李员的岗位职责。

2. "金钥匙"应具备哪些素质？

3. 行李服务应注意哪些事项？

案例分析

行李丢失，谁来
承担责任？

拓展阅读

行李服务的若干法
律问题

即测即评

导入问题解惑

酒店是否应该把车
队纳入礼宾部统一
管理？

第四章 总台接待与销售管理

　　总台接待与销售工作是前厅部的核心工作内容。总台员工不仅要为客人提供主动、热情、礼貌和微笑服务，还要增强销售意识，掌握销售工作的艺术与技巧，并尽可能地缩短客人办理入住登记的等候时间，提高工作效率和客人的满意度。

　　总台销售工作的最佳境界是：将合适的客房，卖给合适的客人。而非将最高价格的客房卖给客人，否则客人即使勉强接受了，心里也不舒服，不满意，以后就不会再来，也不会将酒店推荐给亲友，这样，酒店失去的不仅是一位客人，还有许多潜在的客人。

本章学习目标

➤ 了解总台接待工作的各项业务及工作程序。
➤ 学会控制房态，提高客房利用率和服务质量。
➤ 掌握总台销售艺术与技巧。
➤ 掌握客房分配的艺术。
➤ 学会处理接待工作中的常见问题。

关键词

住宿登记　房态　销售艺术　客房分配
Key Words：Check-in，Room Status，Upselling，Room Assignment

导入问题

经理的困惑：总台员工忙于"工作"，无暇顾及客人怎么办？

　　酒店要求员工接待客人要热情、有礼貌，就前台接待人员而言，更加强调热情、主动。有客人来时，要面带微笑主动向客人问好，主动打招呼。但总有很多前台接待员只集中精神在他们面前的忙碌的工作：记录客人资料及制作房卡等。这一来便忽略了与客人之间的接触及服务行业的核心宗旨：以殷勤好客的服务态度接待客人。对此，总台接待人员和收银人员却辩解说，很多时候她们都很忙：忙于接听电话；忙于处理手头的工作；忙于接待前一位客人……所以，根本顾不上招呼其他客人！她们说得似乎也有道理，这是一对矛盾，我不知道该怎么对她们说，难道前台的服务质量标准该降低吗？

第一节 总台接待业务流程

一、总台接待的主要工作内容

总台接待的主要工作内容包括为客人办理住宿登记手续、修改客单、更换房间、调整房价、客人续住、取消入住、延迟退房等。本章内容以Opera系统为例。参见图4-1。

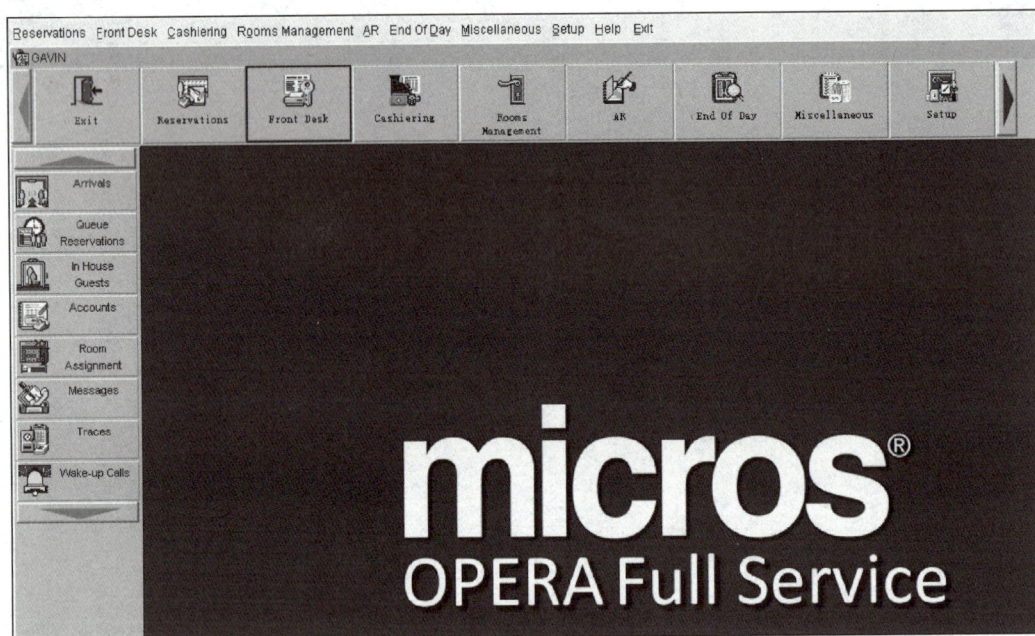

图4-1 总台接待的主要工作内容

二、总台接待程序

（一）散客接待流程

总台接待业务（Checking-in）主要指为客人办理住宿登记工作。客人的住宿登记工作是由总台接待员（Receptionist）负责办理的。接待员负责查验客人有关证件，为客人开房，并指示行李员引领客人进客房。

总台接待业务流程如下：

1. 向客人问好，对客人表示欢迎

这是向客人提供礼貌服务的第一步。表示对客人的欢迎，是对前台接待人员最基本的要求。

2. 确认客人有无预订

办理住宿登记时，要先确认客人有无预订。如果站在你面前的是一位预订客人，可对客人说："欢迎您，××先生（小姐），我们正等候您的光临！"以示酒店对客人的关心和重视。

3. 查验证件

查验客人的身份证明（身份证、护照等）。

4. 办理入住

（1）预订客人。如客人为预订客人，找到客人的预订信息，直接为客人办理入住登记手续。参见图4-2。

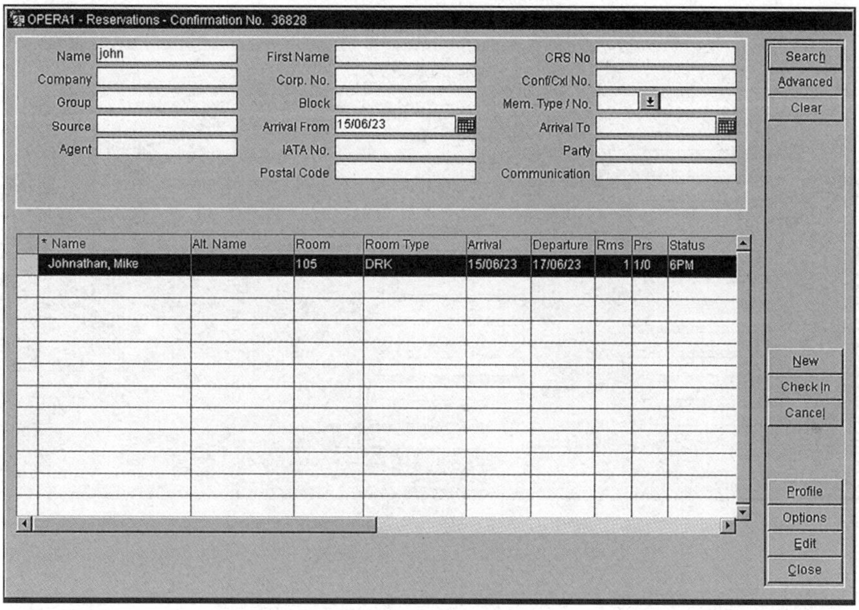

图4-2　在系统上找到客人的预订信息，为客人办理入住登记手续

点击右侧功能键："Check in"，系统会弹出支付方式对话框。参见图4-3。

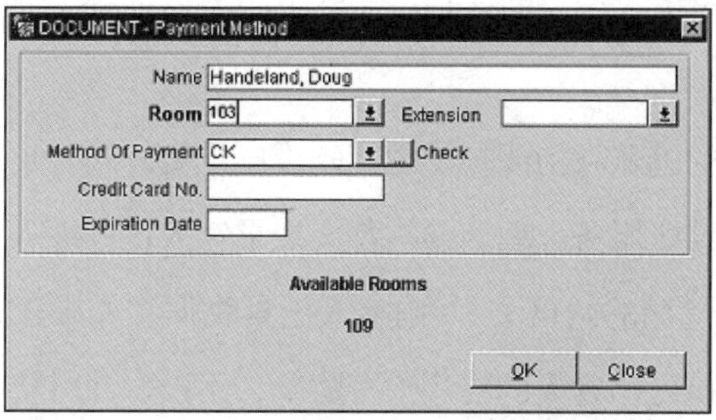

图4-3　为客人办理入住手续

如果客人接受系统自动分配的房间，则点击"OK"按钮；如果要更改房间号码，则从"可用房间搜索"界面（Available Room Search Screen）重新选择新的房间号。再点击"OK"键。

（2）非预订客人。如果客人没有预订（"Walk in Guest" or "Chance Customer"），在有空房的情况下，应尽量满足客人的住宿要求，为客人排房，办理入住手续（参见图4-4点击图右侧功能键"Walk in"），并注意艺术地向客人推荐酒店提供的包价项目以及餐厅、酒吧、游泳池、桑拿等其他服务项目。

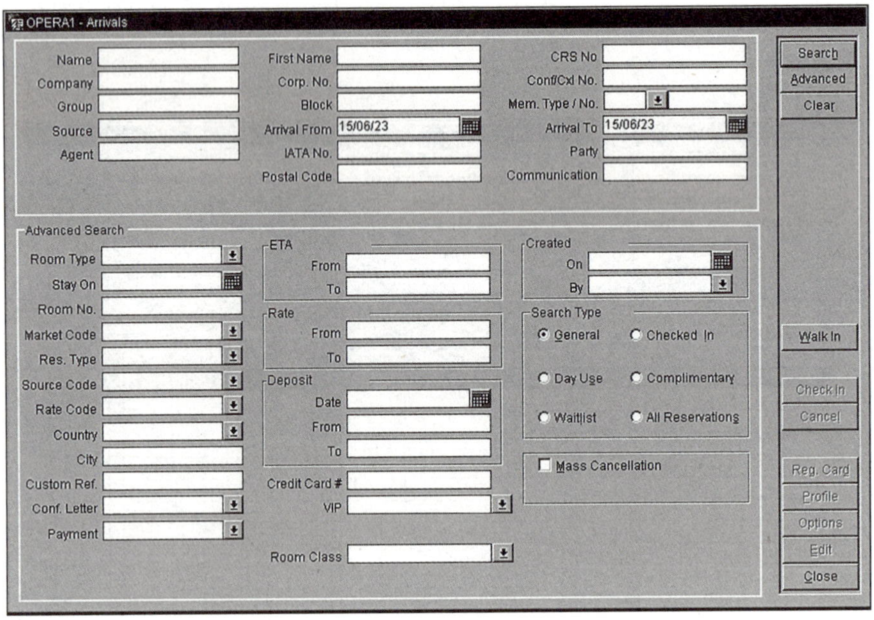

图4-4　为非预订客人办理入住登记手续

对于未经预订而抵店的客人，如果客满，可以拒绝其留宿。不过，这时如果帮他在同等级的其他酒店联系客房，客人会很感动，如有机会，下次还会来酒店投宿。

5. 打印住宿登记表

安排好房间后，为客人打印住宿登记表（参见图4-5），请客人签名。

6. 收取押金

为了防止不良客人的逃账行为或损坏酒店的设施设备，同时也为了方便客人在酒店消费，为客人提供一次性结账服务，酒店通常都会要求客人在办理入住登记手续时，预付房费或押金（通常为房费总额的两倍），并向客人出具收据。如果客人采用信用卡结账，则接待员要用信用卡压印机压印客人的信用卡签购单，不过，此时接待员必须首先确认客人所持信用卡是酒店所接受的信用卡，且信用卡完好无损，并在有效期内。

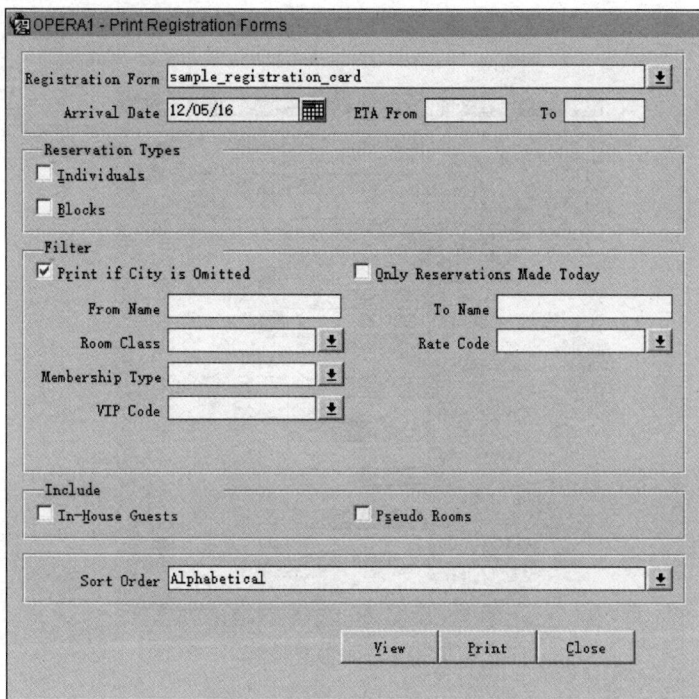

图4-5 打印住宿登记表

7. 询问客人是否需要贵重物品寄存服务

与此同时,向客人解释相关规定。如客人需要寄存贵重物品,则按相关规定和程序办理。

8. 将房卡(房间钥匙)双手递给客人

将制作好的房卡放在房卡套(又称"欢迎卡")内,双手递给客人。

在办理入住登记手续时,总台接待人员还应询问客人是否需签单消费。如果客人需要,则办理相关手续,并提醒客人在消费前出示"欢迎卡"或房卡,以免引起不必要的麻烦。

9. 指示客房或电梯方向,或招呼行李员为客人服务

在将房卡交给客人后,要向客人指示客房或电梯方向,或招呼行李员为客人服务,同时祝愿客人入住愉快。

10. 将客人的入住信息通知客房部

在客人办理完入住登记手续离开柜台后,接待员要将客人的入住信息通知客房部,以便服务员做好接待准备。

11. 为客人设立账户

在账户设置表格中输入客人姓名、抵达日期、结账日期、房号、房间类型及房费等,然后将账单(一式两联)连同一份住宿登记表和客人的信用卡签购单一起交前台收款员保

存。参见图4-6。

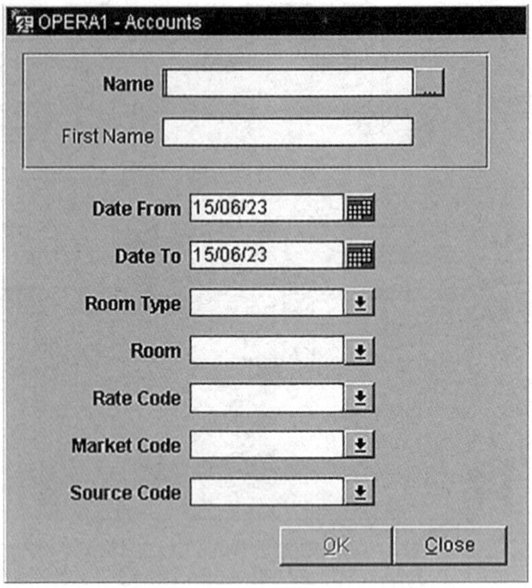

图4-6 开设账户

对于使用转账方式结账的客人，一般须制作两份账单：一份（A单）记录应由签约单位支付的款项（如房费和餐费等），是向签约单位收款的凭证。另一份（B单）记录客人须自付的款项。

团队客人同样需要两种账单：团队主账单和分账单。团队主账单用来记录与全团有关的费用，这部分费用由组团单位或接待单位支付（备注栏内应注明单价与人数、使用客房数及转账单位名称）。分账单用来记录需由个人支付的款项，分账单的数量可根据用房数和团队人数确定。一般来说，中小型团队只需开立一个分账单即可，但应注意将个人账目区分开来，把客人房号登记在账单上，以便核对。

（二）团体客人接待流程

（1）团体客人抵店前的准备工作。在一些酒店，团体接待与散客接待是分开的，团体入住登记由团体接待部门负责。

团体客人抵店前，团体接待员的准备工作有以下内容。

① 根据团体订房要求，查看房态资料，安排团体客房，打印团体用房分配表。团体分房单，必须送至管家部、礼宾部等部门，让他们做好准备工作。

② 准备好团体客人信封。信封上标有房号，信封内有客房钥匙及酒店促销品等。

③ 随时与客房部联系，了解房间卫生清扫状况。

④ 准备好住宿登记表、团体客人资料及团体入住确认表。团体客人资料的印发是为

了将团体客人到达信息通知给相关对客部门。团体入住确认表即账单。

⑤ 如果团体客人的行李已到，则应吩咐礼宾部妥善保管。

（2）团体客人登记。

① 团体客人到达后，由团体接待员迎接。如团体人数较多，大堂副理或宾客关系主管要出面维持秩序。

② 弄清团体名称，找出订房资料，确认人数、房间数，掌握付款方式。

③ 请团体陪同人员，如导游、领队或会议组织人员等，协助填写入住登记表（很多情况下，该表在团体客人抵店前，陪同人员已事先准备好）。参见表4-1。

表4-1 团体客人住宿登记表

Registration Form of Temporary Residence for Group

团队名称：　　　　日期　　　年　　月　　日至　　年　　月　　日
Name of Group　　　　Date　　Year　　Mon.　Day Till　Year　　Mon.　Day

房号 Rm No.	姓名 Name in full	性别 Sex	出生年月日 Date of Birth	职业 Occupation	国籍 Nat.	护照号码 Passport No.
何处来何处去						
留宿单位： 接待单位：						

（3）协助团体陪同人员分配客房、分发房卡。

（4）与团体陪同人员确认房间数、房间类型、司陪床位数、餐饮安排、叫醒时间及出行李时间等，填写确认单。

（5）了解付款方式。团体订房单上会标明付款方式——现付或转账。如现付，则应请收银员收款；如转账应由地陪签名确认，最后将账单送交前厅收银员。团体入住，接待单位大多只负责房租和餐费，其他费用客人自理。

（6）将标明房号的团体客人名单交一份给行李员。

（7）制作相关表格，传递信息。

① 填制"团客资料单"。对于团体客人，除了填写"团体人员住宿登记表"以外，接待员应在该团陪同的配合下填写"团客资料单"（Group Information Sheet），分别发送至总机、前厅收银员、礼宾部、餐饮部、客房部、大堂副理等相关部门。它是这些部门为该

团客人提供服务的重要依据。"团客资料单"的内容包括团体名称、抵店日期、离店日期、行李件数、搬运行李时间以及叫早时间等（参见表4-2）。

② 更改房间状况。

③ 填写"在店团体一览表"。

④ 团队抵店后，如需要改变预订要求或有其他特殊要求，则接待员要制作"更改通知单"和"特殊要求通知单"。

表 4-2　团客资料单

团队会议名称＿＿＿＿＿＿＿＿＿＿＿＿＿　　编号＿＿＿＿＿＿＿＿＿＿＿＿＿＿＿＿＿＿

抵店日期＿＿＿＿＿＿＿＿　时间＿＿＿＿＿＿＿＿　由＿＿＿＿＿＿＿＿＿＿＿＿＿＿＿＿

离店日期＿＿＿＿＿＿＿＿　时间＿＿＿＿＿＿＿＿　赴＿＿＿＿＿＿＿＿＿＿＿＿＿＿＿＿

陪同/会务组人员＿＿＿＿＿＿　房号＿＿＿＿＿＿　领队＿＿＿＿＿　房号＿＿＿＿＿＿＿＿

人数＿＿＿＿（其中：外宾＿＿＿＿　内宾＿＿＿＿　男＿＿＿＿　女＿＿＿＿　夫妇＿＿＿＿）

编号	房号	姓名	编号	房号	姓名	编号	房号	姓名
1			11			21		
2			12			22		
3			13			23		
4			14			24		
5			15			25		
6			16			26		
7			17			27		
8			18			28		
9			19			29		
10			20			30		

用房总数＿＿＿＿　标准房＿＿＿＿　三人房＿＿＿＿　其他用房＿＿＿＿

接待单位＿＿＿＿＿＿＿＿＿＿　支付方法＿＿＿＿＿＿＿＿＿＿＿＿

名称	日			日			日			日			日			日		
	餐别	标准	地点	餐别	标准	地点	餐别	标准	地点	餐别	标准	地点	餐别	标准	地点	餐别	标准	地点
早餐																		
午餐																		
晚餐																		

备注＿＿＿＿＿＿＿＿＿＿＿＿＿＿＿＿＿＿＿＿＿＿＿＿＿＿＿＿＿＿＿＿＿＿＿＿

行李进店总数＿＿＿＿＿＿　经手人＿＿＿＿＿＿　行李离店时间＿＿＿＿＿＿＿＿

行李出店总数＿＿＿＿＿＿　经手人＿＿＿＿＿＿　运输工具＿＿＿＿＿　去＿＿＿＿＿＿

送：接待　总机　前台收款　餐饮部　客房部　留存　　制表人＿＿＿＿＿＿

日　期＿＿＿＿＿＿＿

（三）重要客人接待流程

对于酒店重要的客人（如VIP客人），依据级别，要由前厅经理、公关部经理甚至总经理出面接待，前厅接待处负责配合。贵宾入住登记可在客房内进行。

第二节　总台销售艺术与技巧

如果说客房部和餐饮部是酒店的生产部门，那么前厅部就是酒店的销售部门，尤其是在没有设立独立的市场营销部门的酒店，前厅部要承担起酒店全部销售任务。因此，前厅部员工，特别是总台员工一定要掌握总台销售艺术与技巧。

一、总台销售的一般工作要求

总台员工要表现出良好的职业素质，良好的职业素质是销售成功的一半。

总台是给客人留下第一印象的地方。客人初到一家酒店，对该酒店可能不甚了解，他对该酒店的了解和产品质量的判断是从总台员工的仪表仪容和言谈举止开始的，因此，总台员工必须面带笑容，以端正的站姿、热情的态度、礼貌的语言、快捷规范的服务接待每一位客人。这是总台销售成功的基础。

总台销售的一般工作要求具体内容如下：

（一）销售准备

（1）仪表仪态要端正，要表现高雅的风度和姿态。

（2）总台工作环境要有条理，服务台区域干净、整齐，不零乱。

（3）熟悉酒店各种类型的客房及其服务质量，以便向潜在客人介绍。

（4）了解酒店所有餐厅、酒吧、娱乐场所等各营业场所及公共区域的营业时间与地点。

（二）服务态度

（1）要善于用眼神和客人交流，要表现出热情和真挚。

（2）要常带微笑，对客人表示欢迎。

（3）要用礼貌用语问候每位客人。

（4）举止行为要恰当、自然、诚恳。

（5）回答问题要简单、明了、恰当，不要夸张地宣传住宿条件。

（6）不要贬低客人，要耐心地向客人解释问题。

二、总台销售艺术

（一）把握客人的特点

不同的客人有不同的特点，对酒店也有不同的要求。比如，商务客人通常是因公出差，对房价不太计较，但要求客房安静、光线明亮（有可调亮度的台灯和床头灯），办公桌宽大，服务周到、效率高，酒店及房内办公设备齐全，有娱乐项目；旅游客人要求房间景色优美、干净卫生，但有些人的预算有限，比较在乎房间价格；度蜜月者喜欢安静、不受干扰且配有一张大床的双人房；知名人士、高薪阶层及带小孩的父母喜欢套房；年长的和行动不便的客人喜欢住在靠近电梯和餐厅的房间……因此，总台接待员在接待客人时，要注意从客人的衣着打扮、言谈举止以及随行人数等方面把握客人的特点（年龄、性别、职业、国籍、出行动机等），进而根据其需求特点和心理，做好有针对性的营销。

（二）销售客房，而非销售价格

接待员在接待客人时，一个常犯的错误就是只谈房价，而不介绍客房的特点，结果常常使很多客人望而却步，或者勉强接受，心里却不高兴。因此，接待员在销售客房时，必须对客房做适当的描述，以减弱客房价格的分量，突出客房能够满足客人需要的特点。比如，不能只说："一间500元的客房，您要不要？"而应说："一间装修精致的、宽畅的房间……""一间舒适、安静，能看到美丽的海景的客房""一间具有民族特色的、装修豪华的客房"等，只有这样才容易为客人所接受。

要准确地描述客房，必须先了解客房的特点。这是对总台员工的最基本要求之一，比如带领一些客人参观客房，并由专人讲解客房的特点，以加深印象。

（三）提供选择菜单，从高到低报价

从高到低报价，可以最大限度地提高客房的利润率和客房的经济效益。当然，这并不意味着接待每一位客人都要从"总统间"报起。而是要求接待员在接待客人时，首先确定一个客人可接受的价格范围（根据客人的身份、来访目的等特点判断），在这个范围内，从高到低报价。根据消费心理学，客人常常会接受先推荐的房间，如客人嫌贵，可降一个档次，再向客人推荐，这样就销售给客人所能接受的最高房价的客房，从而提高酒店经济效益。

前台接待人员在销售客房时，还要注意不要一味地向客人推销高价客房，否则，会使客人感到尴尬，甚至产生反感情绪，或者，即使勉强接受了，日后也不会再次光顾。因此，最理想的状况是将最适合客人消费水平和特点的房间推荐给客人，即：将最合适的房

间，推荐给最合适的客人。

（四）选择适当的报价方式

根据不同的房间类型，客房报价的方式有三种：

（1）"冲击式"报价。即先报价格，再提出房间所提供的服务设施与项目等。这种报价方式比较适合价格较低的房间，主要针对消费水平较低的客人。

（2）"鱼尾式"报价。先介绍所提供的服务设施与项目，以及房间的特点，最后报出价格，突出物美，减弱价格对客人的影响。这种报价方式适合中档客房。

（3）"夹心式"报价。"夹心式"报价又称"三明治"式报价，即：在所提供服务的项目中间进行报价，能起到减弱价格分量的作用。例如，"一间宽敞、舒适的客房，价格只有600元，这个房价还包括一份早餐、服务费、一杯免费咖啡……"这种报价方式适合于中、高档客房，可以针对消费水平高、有一定地位和声望的顾客。

（五）注意语言艺术

总台员工在推销客房、接待客人时，说话不仅要有礼貌，而且要讲究艺术性。否则，虽没有恶意，也可能会得罪客人，至少不会使客人产生好感。比如，应该说："您运气真好，我们恰好还有一间漂亮的单人房！"而不能说："单人房就剩这一间了，您要不要？"

（六）客人犹豫不决时，要多提建议，直到带领客人进客房参观

客人犹豫不决时，是客房销售能否成功的关键时候，此时，总台接待员要正确分析客人的心理活动，耐心地、千方百计地去消除他们的疑虑，多提建议，不要轻易放过任何一位可能住店的客人。要知道，这种时候，任何忽视、冷淡与不耐烦的表现，都会导致销售的失败。

前厅部员工应该明白，自己的职责不仅是销售酒店客房，而且要不失时机地销售酒店其他服务产品。比如餐饮、娱乐等。很多酒店服务设施和项目，如不向客人宣传，就有可能长期无人使用，因为客人不知道。其结果，客人感到不方便，酒店也蒙受了损失。

在向客人推荐这些服务时，应注意时间与场合。若客人傍晚抵店，可以向客人介绍酒店餐厅的特色和营业时间、酒店娱乐活动的内容及桑拿服务；若深夜抵店，可向客人介绍24小时咖啡厅服务或房内用餐服务；若客人经过通宵旅行在清晨抵店，很可能需要洗衣及熨烫外套，这时应向客人介绍酒店洗衣服务。

三、上销客房

上销客房（Upselling）就是针对预订客人，向客人推荐比已预订房间更高级的客房。

这种方法是针对已经做了预订的客人而言的。有些客人虽然已经做了预订，但预订的房间价格较为低廉，当这类客人来到酒店住宿登记时，总台接待员有对他们进行二次销售的机会。即告诉客人，只要在原价格基础上稍微提高一些，便可得到更多的好处或优惠。比如，"您只要多付50元钱，就可享受包价优惠，除房费外，还包括早餐和午餐。"这时，客人常常会听从服务员的建议。结果，酒店不仅增加了收入，客人还享受到了更多的优惠和在酒店更愉快的经历。

上销客房是酒店提高收益的重要途径和环节，也是酒店对前台接待人员的基本要求，前台接待人员必须具备上销客房意识，掌握上销客房的技巧，努力提高酒店收益水平和客人的满意度。

上销客房时，接待人员要站在客人的角度，说明所推荐的客房更适合客人，因而也更能满足客人的需要。

上销客房是一种双赢策略，在提高客人满意度的同时，也提高了酒店的收益，因此，酒店前厅管理者应制定相关激励措施，激励接待人员上销酒店客房。

知识链接

上销客房技巧

第三节　客房状态的控制

一、客房状态类型

酒店客房状态通常有如表4-3所示类型。

表4-3　酒店常见房态中英文对照

房态	英文	中文	备注
OC	Occupied & Clean	已清洁住客房	
OD	Occupied & Dirty	未清洁住客房	
VC	Vacant & Clean	已清洁空房	已完成清扫整理工作，尚未检查的空房
VD	Vacant & Dirty	未清洁空房	
VI	Vacant & Inspected	已检查空房	已清洁，并经过督导人员检查，随时可出租的房间
CO	Check out	走客房	客人刚离店，房间尚未清洁

房态	英文	中文	备注
OOO	Out of Order	待修房	硬件出现故障，正在或等待维修
OOS	Out of Service	停用房	因各种原因，已被暂时停用的房间
BL	Blocked Room	保留房	为团体客人、预订客人以及重要客人等预留的房间
SK	Skip	走单房	一种差异房态。前厅房态为占用房，而管家房态为空房
SL	Sleep	睡眠房	指前厅房态为空房，而管家房态为占用房
S/O	Sleep Out	外宿房	住店客人外宿未归
LL	Occupied with Light Luggage	携少量行李的住客房	
NB	No Baggage	无行李房	
DND	Do Not Disturb	请勿打扰房	客房的请勿打扰灯亮着，或门把手上挂有"请勿打扰"牌
DL	Double Locked	双锁房	酒店（或客人）出于安全等某种目的而将房门双锁

二、房态的控制

做好房态的控制对提高客房利用率以及对客服务质量，都具有重要的意义，是前台工作的重要任务之一。现代酒店基本上都采用计算机管理，控制房态则相对比较容易。房态控制的关键是员工工作要细心，同时，要做好信息的沟通。

房态的控制主要采取两种方法：一是设计和制作房态控制的各种表格；二是房态信息的沟通。

控制房态，酒店的 PMS 系统要能够方便明了地显示酒店当前及未来一段时间，酒店各个房间以及各类房间的预订和使用状况。

（一）房间利用状况

1. 当前房态

当前房态图实时显示酒店全部客房的当前状态，包括房号、当前房态、在住客人、预计抵达、预计离店等，可使用不同颜色和图例标志不同的房态。员工操作时，可按区域、楼层、房类、房号、房态等多项指标进行筛选、查询。参见图4-7。

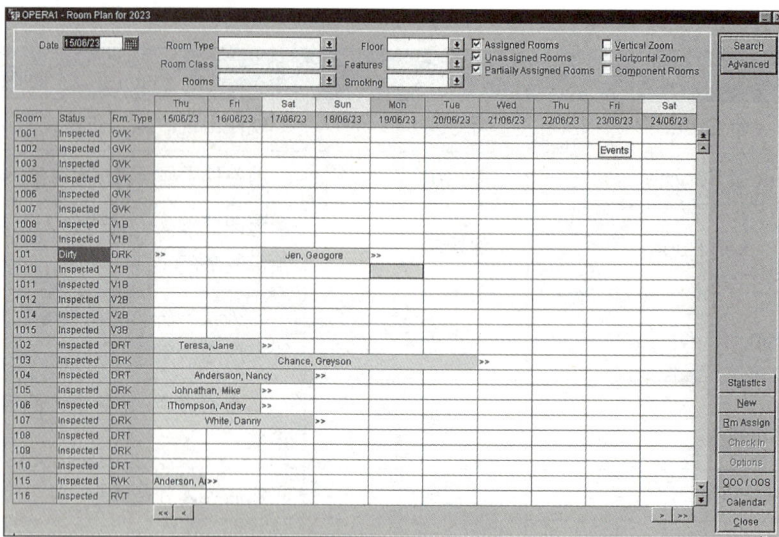

图4-7　某酒店当前房态图

（1）客房图片及特征描述。点击图中的房号或房间类型，就会显示该房间（或房型）图片及其描述（参见图4-8）。

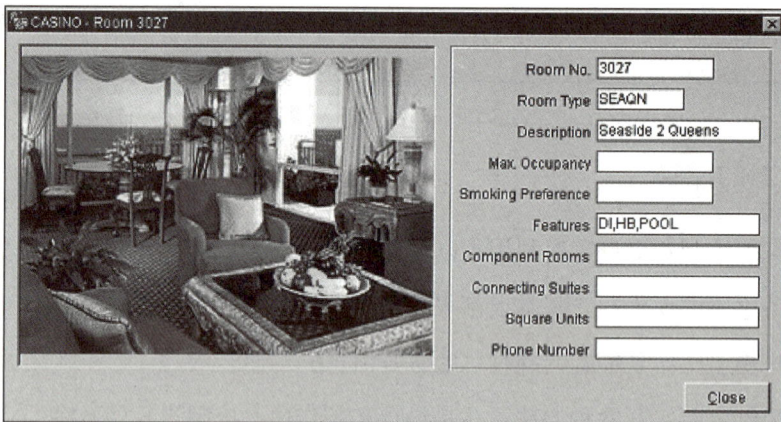

图4-8　房间图片及特征描述

（2）客房统计数据。点击房态图右侧"Statistics"键，就会显示当日酒店预订房总数、客房利用率：当日客房使用数除以扣除OOS和OOO房以外的酒店客房总数、当日预订抵店房数、当日续住房间数、当日预计离店房数等（参见图4-9）。

Total Rooms Reserved		15	6	3	5	1	0	0	0	11	11
Occupancy %		9.68	3.80	1.90	3.16	0.63	0.00	0.00	0.00	6.96	6.96
Arrival Rooms	>>	11	1	1	4	0	0	0	0	11	0
Stayovers	>>	15	6	3	5	1	0	0	0	11	11
Departure Rooms	>>	7	10	4	2	4	1	0	0	0	0

图4-9　客房统计数据

（3）编辑（Edit）。点击图右侧"Edit"键，就可查看并编辑房间预订内容。

（4）客房分配（Rm Assign）。点击图右侧"Rm Assign"键，系统就会带你进入客房分配页面，并根据预订情况自动分房。

（5）入住登记（Check In）。点击图右侧" Check In"键即可为预计抵店客人办理入住登记手续。

（6）选项（Options）。选项一栏指"预订选项"（Reservation Options），比如"取消""No Show"等。

（7）待维修房与停用房设置（OOO/OOS）。点击图右侧"OOO/OOS"键，你可以根据实际情况，设置酒店"待维修房"及"停用房"。

（8）日历（Calendar）。由此可进入酒店日历页面，员工可以在此界面创建新的预订。

通过"日历"，前台员工可以快速了解酒店在一定时期内要发生的事件（或与酒店有关的事件），也可以快速了解某日酒店总的抵店人数与离店人数、可用客房数、开房率以及日常事务等。通过使用酒店日历，可以管理事件以及能够影响房价的特殊时期。在此，管理人员也可以输入能够影响酒店预订情况的事件，包括所在城市的节事活动、音乐会以及在酒店内发生的事件。

2. 利用好楼层平面图

按酒店建筑平面布局设计的楼层房态图，方便以楼层为对象的客房管理。参见图4-10。

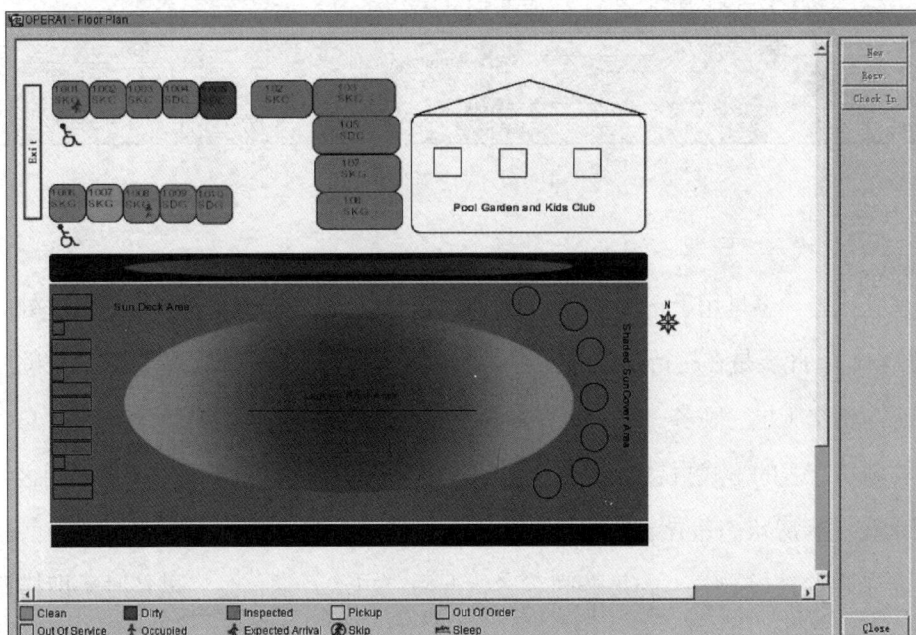

图4-10　楼层平面图

3. 酒店当前状况统计表

酒店当前状况统计表反映酒店当前客房利用总体状况、免费房及酒店内部用房、当日客人抵离店及续住情况、当日酒店客房利用预测、管家部客房状态以及做夜床状况等。参见图4-11。

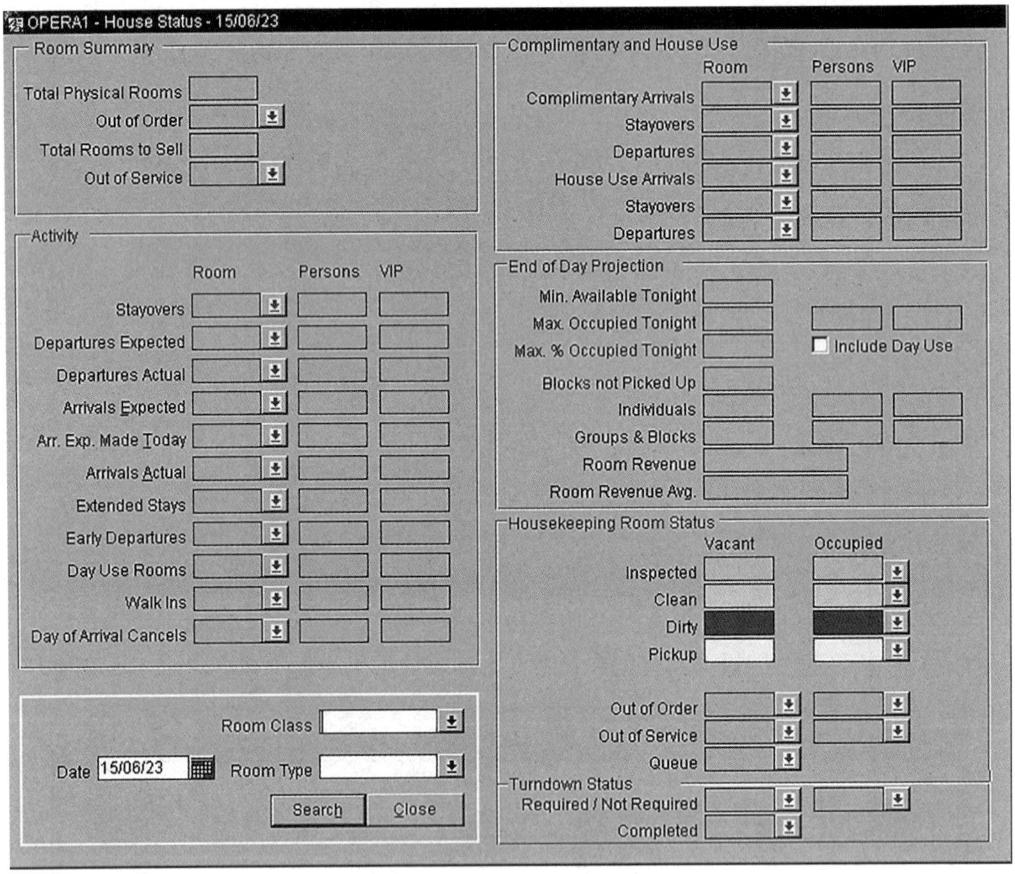

图4-11　酒店当前状况

（二）客房状态差异表

客房状况差异表是用于记录总台显示的客房状况与客房部查房结果不一致之处的表格（参见表4-4）。此表是在接待员核对了客房部送来的检查报告后填写的。客房部的服务人员每天至少两次（早、晚各一次）检查客房自然状况，并将检查结果经客房部汇总后，以楼层报告或房态表的形式报总台。接待员应将其与房态表进行核对，如发现不同之处，应逐一记录在"客房状态差异表"上。前台应将差异表反馈至客房部，客房部与前厅部主管在各自亲自检查差异表上的每一间客房状况后，再次互通信息，以及时采取措施纠正错误。

表 4-4　客房状况差异表

分送

财务部：

前厅部：

客房部：　　　　　　　　　　　　　　　　　日期_____　　时间_____

房号	客房部状况	前厅部状况	备注

（三）房态信息的沟通

为了控制房态，前厅部管理人员必须做好部门间及部门内部的信息沟通。

1. 做好销售部、预订处、接待处之间的信息沟通，确保客房预订显示系统的正确性。

（1）销售部与前厅部的接待处、预订处之间的信息沟通。销售部应将团体客人（包括会议客人）、长住客人等订房情况及时通知前厅部预订处。预订处、接待处也应将零星散客的订房情况和住房情况及时通知销售部。销售部与前厅部的管理人员应经常一起研究客房销售的预测、政策、价格等事宜；旺季来临时，还应就团体客人、零星散客的组成比例达成初步协议，以最大限度地提高客房使用的经济效益。

（2）接待处与预订处之间的信息沟通。前厅部的接待处与预订处之间的信息沟通对于正确显示和控制房态具有同样重要的意义。接待处应每天填写客房状况调整表，将实际到店客房数、临时取消客房数、虽预订但未抵店的客人用房数、换房数等信息通知预订处。预订处据此更新预订汇总表等预订资料。

2. 做好客房部、接待处（收银处）之间的信息沟通，确保客房现状显示系统的正确性。

总台接待处应将客人的入住、换房、离店等信息及时通知客房部；客房部则应将客房的实际状况通知总台，以便核对和控制房态。两个部门的管理人员还应就部门沟通中存在的问题，客人对客房的要求，客房维修、保养计划安排等事宜进行经常性的讨论、磋商。

第四节　客房分配

一、客房分配的艺术

（一）排房的顺序

客房分配应按一定的顺序进行，优先安排贵宾和团体客人等。通常可按下列顺序进行：

（1）团体客人。

（2）重要客人。

（3）已付订金等保证类预订客人。

（4）要求延期之预期离店客人。

（5）普通预订客人，并有准确航班号或抵达时间。

（6）常客。

（7）无预订之散客。

（8）有不确定性的预订客人。

（二）排房艺术

为了提高酒店开房率和客人的满意程度，客房分配应讲究一定的艺术。

（1）要尽量使团体客人（或会议客人）住在同一楼层或相近的楼层。这样，一则便于同一团队客人之间的联系和管理；二则团队离店后，空余的大量房间可以安排给下一个团队，便于管理，也有利于提高住房率。此外，散客由于怕干扰，一般也不愿与团队客人住在一起。因此，对于团队客人，要提前分好房间或预先保留房间。

（2）对于行动不便的、年老的、带小孩的客人，尽量安排在离服务台和电梯较近的房间。

（3）把内宾和外宾分别安排在不同的楼层。内宾和外宾有不同的语言和生活习惯，因此，应尽量安排在不同的楼层，以便提高客人的满意程度。

（4）要注意房号的忌讳。如西方客人忌"13"，我国港澳台及一些沿海地区的客人忌"4""14"等带有"4"（同"死"）字的楼层或房号，因此，不要把这类房间分给上述客人。例如，一位客人来到某酒店，当发现服务员给他安排的房间是"1444"号时，非常气愤，认为很不吉利，愤然离去。考虑到这些忌讳，一些酒店连"13"层楼都没有标出，而用"12A"或"14"层代替。

（5）晚到的客人，应尽量安排隔壁无人的房间。每天凌晨，酒店都会迎来一些客人。这些客人抵达后，在走廊内边走边聊天，洗漱、看电视、打电话等都会产生一些人为的噪声，可能会对周边的客人产生影响。因此，酒店在为此类型的客人排房时，应尽量安排在隔壁无人的房间。如果房间出租率比较高，应在靠近电梯边的角落安排房间，将其影响降至最低。

（6）对于常客和有特殊要求的客人，予以照顾。回头客是酒店的宝贵资源。为把回头客塑造成忠诚顾客，酒店一般会收集回头客的消费习惯，形成客史档案。一旦有回头客预订，预订中心要及时查看客史档案，根据其喜好的房间号码、朝向、楼层、房型等安排房间。如果因房间较满等无法满足其个性化需求，应在客人未抵达前电话通知客人，并采取一些弥补措施，取得客人的谅解。一旦其他客人退房，能满足其要求，应及时征询其意见是否调换房间。

二、预订排队

预订排队（Queue Reservations/Queue Rooms）指因客房尚未准备好而不能为客人办理入住时，暂时先将客人记录登记，并根据客人预订的等候时间决定为客人办理入住手续的先后顺序的一种前台管理方法（参见图4-12）。其目的是公平快捷地做好前台接待工作。

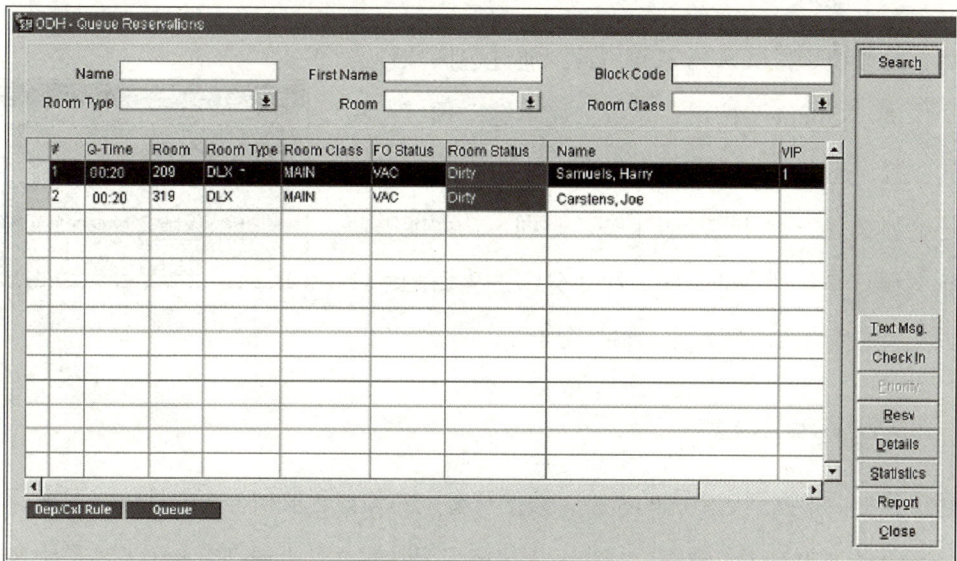

图4-12 预订排队

其中：

（1）Queue指示灯。点击其中的"Queue"指示灯，系统会自动更新所选队列中所有预订的最新排队时间。

（2）Text Msg.（短信）。"Text Msg."功能键允许前台员工向即将住店的客人手机发送短信，以便通知他们其所预订的房间已经准备好，可以办理入住了。这一功能还可与发给管家部员工的通知短信结合使用，通知管家部员工某位客人正在等待入住某个特定房间，请客房部员工尽快准备好房间。

（3）Check In（入住）。点击"Check In"，系统将会出现"支付界面"（Payment Screen）

（4）Details（细节）。点击"Details"键，系统将进入预订客人的"客房编辑界面"（Rooms Edit Screen）

（5）Statistics（统计数据）。点击"Statistics"，系统将显示当前排队队列中的详细预订信息。

有时，客人可能会在所预订的房间（或房间类型）准备好之前抵达酒店（比如，客人需要的房间有人占用，或前一位客人已经离店，但尚未打扫）。出现这种情况时尽量使客人得到迅速公平的处理，否则就会引起客人的不满。前台的预订排队系统会显示房间在排队中并提示是继续办理入住，还是暂时停止办理入住并将客人的预订放在等待分房的队列中。这一系统可以帮助酒店公平地分房，并通过协调前台与管家部的工作，使客人快速入住客房。

对于已经位于排队队列中的预订，通过选择预订选项菜单中的"Queue"按钮，系统会显示这一预订在队列中的位置，还会允许将这一预订从队列中取消。同时，系统还会显示这一预订已经排了多长时间，从而能够使员工根据预订在队列中的时间，决定分房的先后顺序或者应该先为哪些客人办理入住。参见图4-13。

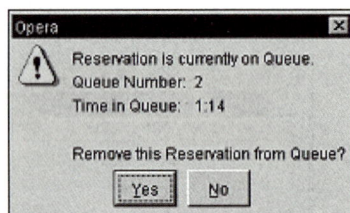

图4-13 系统的"排队预订"功能

三、客房分配过程

客房分配要根据酒店空房的类型、数量及客人的预订要求和客人的具体情况进行。参见图4-14。为了提高工作效率，减少客人住宿登记时间，对于预订客人（尤其是团客）应在客人抵达前预分配房间（Pre-assign Room），通常在客人抵达的前一天晚上进行。分好后，将客房钥匙、房卡装在写有房号和客人姓名的信封内，等客人抵店并填完住宿登记表后交给客人。

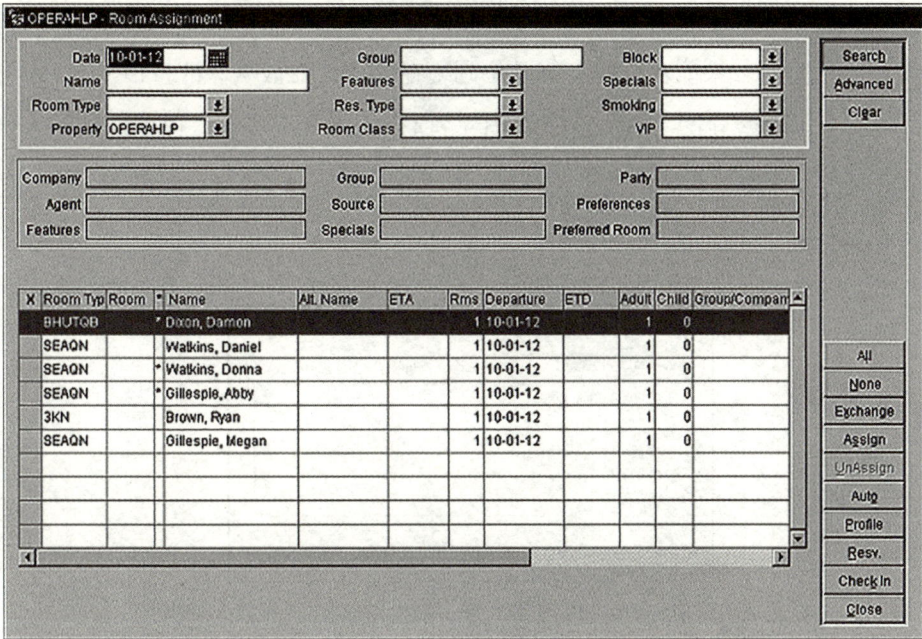

图 4-14　客房分配

在系统中，"Room"（房间号）一栏是可以编辑的，在"Room"一栏输入房间号，点击右侧"Assign"（排房）按键，即可为该预订分配房间。选择"Assign"按键，即可为单个预订分配房间，点击"Assign"按钮，所有符合该预订条件的房间列表将出现在屏幕上。

点击右侧"All"按钮，即可选择客房分配表中显示的所有预订，然后点击右侧"Auto"按钮，系统将自动为所选预订分配房间。再点击右侧"Check In"按键，系统将为所选预订办理入住。

需要说明的是，团体客人的房间存在两次分配，由于接待员不了解团员之间的关系，因此，不便提前确定哪两位客人住在哪个房间，所以，在装有钥匙的信封上只能注明房号或团名，而不能写上客人姓名。对于每个房间的具体安排，要等到团队到达后，由熟悉团队情况的领队（Group Leader）或导游（Tour Guide）落实。

四、房间控制

很多时候，在分配客房时，为了满足客人的需求，前台员工要对客房"实施控制"（Placing a Room on Hold），随后，又要"解除控制"（Taking a Room off Hold）。在对房间实施控制期间，除了控制设定者本人以外，其他前台员工则不能对这些房间进行分配。控制期过后，房间将自动解控。

对房间实施控制的原因很多。比如，你在为即将到店的4位客人分房，他们要求住在相邻的房间。这时，如果前台同时有好几位同事在分房，就很难保证将相邻的4个房间安排给这4位客人，要做到这一点，就要将相邻的4个房间加以控制。以保证其他人将不能对这4个房间进行分配。假如所设定的控制时间为5分钟，那么，5分钟以后，这些房间将自动解控，其他同事才能进入分配操作。参见图4-15。

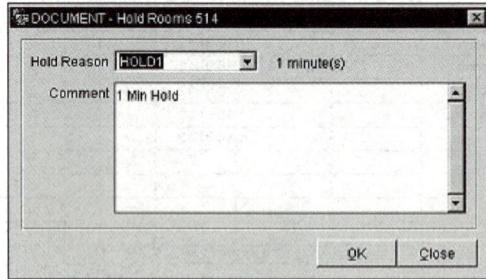

图4-15　对房间实施控制（要在表中给出控制原因、简单说明情况）

第五节　住客管理

一、住客管理概述

本书以Opera的住客管理为例。通过前厅部的住客管理系统，我们可以了解和修改客人的预订信息以及住店客人的客档。除了住店客人的抵达日期、取消入住以外，其他预订信息都可以加以修改或更新。可以为客人换房，也可以变更客人预订菜单中的其他内容，包括客人的结账方式、留言以及添加固定费用等。

二、调换房间与更改离店日期

（一）调换房间

客人在住店过程中可能要求换房或更改离店日期，尽管这会在一定程度上给酒店的服务、接待和管理工作带来不便，酒店还是应尽量满足客人的要求，使客人在住店期间一切称心如意。

调换房间有时是按客人的要求进行的，有时则是酒店单方面要求的。

客人要求调换房间通常出于以下几种原因：

（1）正在使用的房间在其价格、大小、种类、噪声、舒适程度以及所处的楼层、朝向等方面不合客人的心意。

（2）住宿过程中人数发生变化。

（3）客房设施设备出现故障。

客人提出要求调换房间时，首先要了解有无空房？能否满足客人的要求？如有空房，且只住一天，接待员自行安排；如需连住，则要通知预订员，并请其查阅有关预订资料。如能满足客人的要求，则请服务员或行李员带客人进新房间，并立即填写"换房单"，通知客房、贵重物品保管员、收银员、预订员、电话总机等有关部门和人员。如不能马上满足客人的换房要求，则要向客人说明，请其谅解。同时，要在"换房申请簿"上记录客人的换房要求，待有空房时，按客人提出申请的先后顺序予以满足。

酒店单方面要求客人换房，往往是由出现超额预订或房间设施设备发生故障等造成的，这属于酒店的过错，而房间的调换又会给客人带来很多不便，容易使客人产生抱怨情绪，因此，在这种情况下，有关人员应对客人表示道歉，并耐心地做好解释工作，求得客人的谅解与合作。必要时，可将客人搬往规格较高的房间。

（二）离店日期的变更

客人在住宿过程中，由于情况发生变化，可能会要求提前结账离店或推迟离店。

客人要求提前离店时，应通知预订处修改有关预订记录，并通知客房部尽快打扫房间。

如客人要求推迟离店，则要与预订部门联系，检查一下能否满足其要求，如果可以，则须通知客房部、结账处等各有关部门。

第六节　提高前台服务质量的途径

一、加快办理入住登记的速度

办理入住登记（Check in）的速度是体现酒店服务质量和服务标准的重要环节，每一家酒店都在力图提高前台入住登记工作的效率，减少客人的等候时间。

加快客人入住登记的速度不外乎有三种方法：

（1）提高前台接待人员的服务技能和工作效率。

（2）引入自助登记设备。

（3）改善工作流程。如为了加速有预订客人的入住速度，应该在客人抵店前做好相关的准备工作，如预先打印好入住登记表，制好电子钥匙，准备好欢迎卡或房卡、早餐券等。另外，为了加速登记过程，在接待客人填写客单时，通常只填写客人姓名、房号等基本的必需资料，尽快完成入住手续，待客人入住后，再回头补充输入客人的完整资料。

二、掌握与客人的沟通技巧

（一）多行注目礼

在客人进入酒店大堂朝总台走来时，就是接待员为客人提供服务并从内心引起足够重视的时候了。重视的表达方式是内晓房态，外行注目礼。内晓房态指在客人询问之前，将现实房态了然于胸，外行注目礼就是面呈微笑，眼神亲和地看着客人走向自己。切忌一味地盯着人看，否则客人会不自在。恰当的对视总时长应不足10秒。大致为：与客人对视的时间是6秒，间断游离的时间是4秒。当然这个时间也不是绝对的，还要看大门与服务台的距离等因素而定。注目礼行至客人站在接待员面前时结束。第二次注目礼是在客人办理离店手续走出大门的这段时间。这个注目礼一定要专注，不要游离，不要分心，要让客人感觉你一直在目送他。一旦客人回头，你除了仍旧微笑着注视外，再配一个点头致意，道一声"您慢走"。有时给客人行离店注目礼比进店时的注目礼还重要，因为它渗透了更多的情感因素，令客人难以忘怀。小小注目礼不是接待员的小小行为，而是代表酒店对客人的诚心的尊重。

（二）主动交流

主动交流指客人在办理手续过程中接待员（包括行李员、收银员）如何打破冷场局面，让客人不感到无聊的一种有意识的行为。通常情况下，客人在办理入住手续的过程中只是静静地等待，这其实不是客人希望的。每一声如家人的问候、对本地风土人情的介绍、商务环境的推荐等，都是客人希望从交流中得知的。前台接待员作为酒店与客人的第一接触人，理应担起这份责任。另外，在主动交流中还有一个时机配合的问题。如行李员还在搬运，接待员还在操作，收银员则可乘机与客人交流，适时得体的言行会减少客人等待的焦急感，更重要的是让客人感觉酒店对自己的重视。

（三）见面熟

在大多数情况下，前台接待对客人（特别是一些常客）采取"一回生二回熟、三回四回成朋友"的做法极具效果。只要客人住过一次，第二次入住时，接待员就可以热情地招呼：×先生，您好，很高兴又能为您服务。要亲近客人，打动客人，让他觉得很有面子，要千方百计熟记客人的体貌特征、习惯嗜好、姓名职位等，只有把他当老朋友一样看待了，他才肯回头，才肯消费；不然，一个陌生、没留下任何念想的地方他会回头吗？这需要前台接待员在实践中去体会，去锻炼提高自己与客人"见面熟"的功夫。

三、妥善处理前台接待中的常见问题

在总台接待工作中，常常会遇到下列情况，要求接待人员应妥善处理：

（一）预订引出的麻烦

接待预订客人时，可能会遇到下列情况，应灵活处理：

1. 预订单上没有客人的名字。

出现这种情况的可能性有两种：一是客人没有预订；二是由预订员或接待员工作疏忽造成的。无论属于哪种情况，如有空房应尽量满足客人的需要。如已客满，可请客人出示酒店发出的确认函；如果客人有确认函，则向客人道歉，同时为客人提供一间价格稍高于客人所预订房间的客房，并告诉客人，高出的房价由酒店承担，不用客人支付。如果高档客房已售完，则可将稍低档次的客房以优惠价格出租给客人。假如本酒店已无空房，则要将客人介绍到其他同档次的酒店，其处理方法与前面所讲"超额预订"时的处理方法相同。

如客人没有确认函，应向客人解释清楚，并表示歉意，同时可以建议为客人在附近同等级的酒店找一间客房。

2. 确认已预订，但已无同等价格的客房。

这种情况与上述客人有酒店的确认函，但在当天预订单上并没有该客人的名字时的处理方法相同。

3. 停留天数与预订不符。

预订客人抵店登记时，一定要获得客人对离店日期的确认。假如客人提出的离店日期与其最初预订的不同，而那时酒店已客满，可告诉客人："等过两天再说，有些客人可能会提前离店，那样您就可以保留房间了。"

4. 预订客人提前抵店。

酒店一般规定中午12点为结账离店时间，如果预订客人在此之前抵店，这时应向来客解释清楚，并建议客人在大堂等候，或把行李留在酒店，先去咖啡厅喝杯咖啡或出去散散步。但如果是对于重要客人或其他特殊客人，可以建议其先在另一间客房等候，不过这

"另一间"客房的标准不应高于所预订或分配房间的标准，以免使客人住进原预订的房间时产生失落感。

如果客人在深夜抵店，并住进客房，可加收半天房费。

（二）客人办理完入住登记手续进房间时，发现房间已有人占用

此时，应立即向客人道歉，承认工作疏忽，同时，带客人到大堂或咖啡厅，等候重新安排客房。此时应为客人送上一杯茶（或咖啡），以消除烦恼。等房间分配好后，要由接待员或行李员亲自带客人进房。

（三）来访者查询住房客人

查到房号后，应先与住客电话联系，须征得住客的同意后，再告诉访客："客人在××房间等候。"

（四）旅游旺季，住店客人要求续住

旅游旺季，住店客人要求续住，而当天酒店已订满。遇到这种情况，前厅工作人员应妥善处理，以免得罪客人：

（1）向客人解释酒店困难，求得客人的谅解，为其联系其他酒店。

（2）如果客人不肯离开，前厅人员应立即通知预订部，为即将到店的客人另寻房间。如实在无房，只好为即将来店的客人联系其他酒店。

总之，处理这类问题的原则是：宁可让即将到店的客人住到别的酒店，也不能赶走已住店客人。

（五）客人离店时，带走客房物品

有些客人或是为了留作纪念，或是想贪小便宜，常常会带走毛巾、茶杯、书籍等客房用品，这时应礼貌地告诉客人："这些物品是非纪念品，如果您需要，可以帮您在客房部联系购买。"或巧妙地告诉客人："房间里的××东西不见了，麻烦您在客房找一下，是否忘记放在什么地方了。"这时切忌草率地要求客人打开箱子检查，以免使客人感到尴尬，下不了台，或伤了客人的自尊心。

四、经理跟班

负责前台事务的经理跟班有几点好处：① 能及时发现问题及时处理。② 能了解员工工作状况，鼓励员工保证接待质量。③ 能让客人感觉酒店对自己的重视。不同身份的人出面接待，客人表面不说，心理感受可不同。经理在跟班时适时给客人一些问候、一声祝愿、一点介绍，客人都会心存感激，极易对酒店产生良好的印象。对有些常客，经理现场执行一些优惠政策，更能保持常客对酒店的忠诚，对稳定客源、扩充客源有极其重要的现实意义。因此，跟班应成为前厅经理一项经常的重要工作。

本章小结

■ 总台接待工作最基本的要求是热情、礼貌、高效、准确。总台的管理工作也是围绕这些要求进行的，管理人员要求总台接待人员努力为客人提供热情、礼貌、高效、准确的服务。要做到这一点，总台员工要比其他部门员工具有更高的素质，如良好的外部形象、流利的外语水平和语言表达能力、细心的工作作风，还要做好与其他部门特别是客房部、销售部的沟通，保证各种信息流畅通。

■ 销售客房是总台接待人员的主要任务之一。总台销售工作的目标有两个：一是提高客房的利用率；二是使客人满意。为此，总台接待人员必须掌握必要的销售技巧，这样，既能提高酒店的开房率，又能使客人满意。那种试图将最高价格的房间"推销"给客人的做法，只能引起客人的反感和不满，会把客人吓跑，即使做成了，也只能是"一次性买卖"，因而是不值得提倡的。

思考题

1. 解释概念：Chance Customer、OOO房、"冲击式"报价、"鱼尾式"报价、"夹心式"报价。

2. 总台接待工作中经常出现的问题有哪些？如何解决？

3. 客房状态通常有哪几种？

4. 总台员工应该掌握哪些销售艺术与技巧？

5. 如何做好客房分配工作？

 案例分析

小周错了吗？

 拓展阅读

开重房引来大麻烦

即测即评

导入问题解惑

总台员工忙于"工作"，无暇顾及客人怎么办？

第五章　收银业务与行政楼层管理

收银系统（或称前台账务系统）的主要功能是为客人、团体建立账户、收取押金、日常消费的记账、收款、结账等账务处理，覆盖客人预订、入住、在店、离店各个期间的与账务相关的工作。

总台员工每天负责核算和整理各业务部门收银员送来的客人消费账单，为离店客人办理结账退房手续，编制各种收银报表，及时反映酒店营业情况。从业务性质来看，前台收银一般由财务部直管，但由于它又处于接待客人的第一线，所以必须接受前厅部的指挥和管理。

总台员工在为客人办理结账退房时，还应征求客人对酒店的意见，良好、快速的服务和临别问候将会为客人留下美好的最后印象。

本章学习目标

➢ 了解并掌握总台收银业务及有关账务处理方法。

➢ 了解总台结账退房手续。

➢ 了解总台夜审业务的主要内容。

➢ 了解行政楼层的运作情况。

关键词

结账　夜审　账单　财务报表　行政楼层

Key Words：Check out，Night Audit，Folio，Financial Reports，Executive Floor

导入问题

经理的困惑：面对这样的客人，该怎么办？

王先生是我们酒店的常客，其之前押金基本都能及时交纳，就算当时未能交付，之后也能补上。

但自从今年年初长包一房间后，渐渐开始交付押金不及时，往往要前台催过好几遍才肯来交，而且每次都比应补足金额少交了一部分，每次都说他是长住客、老客人，不用怕他逃账的。一两个月后其欠款已有好几千元。总台将情况报告给前厅经理，要求他们加大催款力度。但此客人常常是半夜才抵达，而且经常不是本人入住。打其电话，他又说要找老总重谈折扣，要不就说自己在外地有事，或是在电话里破口大骂说酒店员工不信任他。由于该酒店是园林式酒店，该房位置离总台比较远，而且是老式客房，还是用的钥匙，无法刷卡封门。如此又一两个月过去其欠款已达上万元。

面对这样的客人，我们该怎么办？

第一节　收银业务概述

在 Opera 系统，收银员可以从客人的当前预订界面进入收银页面，也可以从收银页面（Cashiering Section）进入。

进入前台收银系统，需要输入收银员身份号码（the Cashier ID）。

一、账务处理

"Billing"（结账）是 Opera 系统为客人结账活动的起始处。在这里，我们可以看到客人的完整账单，进行过账、修改当前收费，或者调整以前的交易为客人结账以及处理很多其他与客人相关的账务活动。

该图标题栏显示结账客人的姓名和房号。上半部分显示该客人预订的详细资料，包括客人的当前账户余额、抵离店日期、客房价格、房价代码、与预订有关的公司或团队名称、客人数以及房间类型等；窗口部分则显示客人住店期间所发生的所有交易和费用。

（1）"Post"（入账）。选择这一功能，可以手工将各种费用输入客人账户，如房费、税金、食品费、饮料费等。参见图5-1。

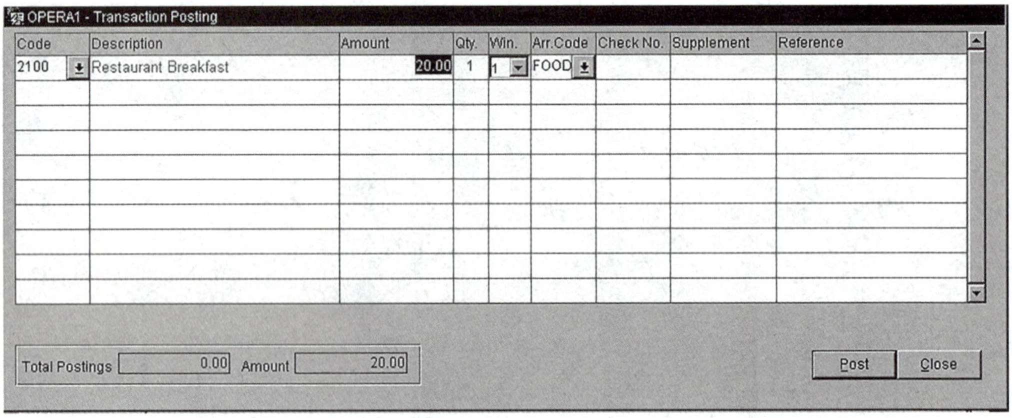

图5-1　入账

（2）"Edit"（编辑）。显示交易的详细信息。如果这笔交易还没有经过夜审，那么，点击"Edit"不仅可以预览交易详情，还可以对交易的价格、数量等进行更正。如果交易已过夜审，则应该使用系统的"调整功能"（Adjustment Function）。

（3）"Folio"（账单）。预览、打印账单。系统默认从客人抵店日到当前日期的费用账单。

（4）Payment（付款）。支付账款。参见图5-2。

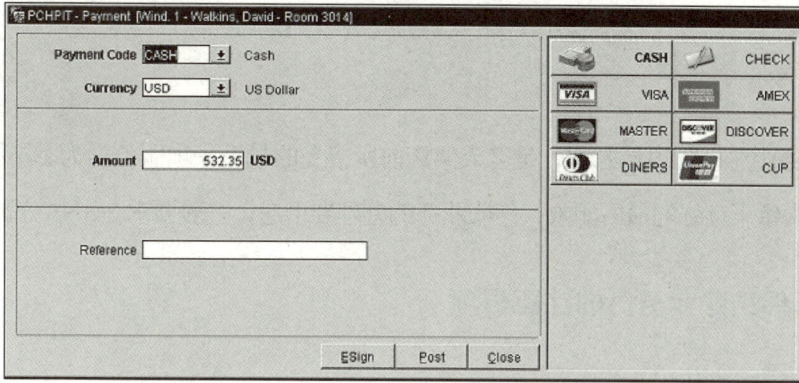

图5-2 付款方式

（5）Check Out（退房）。点击该按钮，即表示已为客人办理完结账退房手续。

二、收银报表

收银员的收银报表主要包括现金收入报表、支票收入报表、外汇收入报表、信用卡收入报表、应收账款结算报表（AR Settlements Report）、杂项收入报表以及押金报表（Deposit Transfer Report）等。参见图5-3。

三、"非住客"消费

"非住客"消费功能（Passer By）主要用于处理非住店客人的交易。比如一位商务客人到前台想要给他的办公室发一份传真。他会现场支付传真费用，但要求打印一份账单。同样，前台人员也可以利用这一功能来处理一些住店客人的"请勿入账的、可单独支付的"消费。参见图5-4。

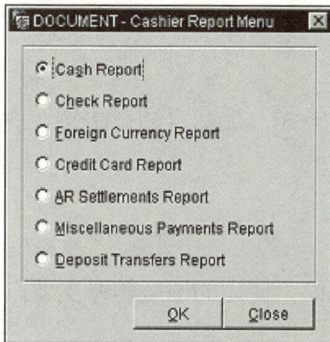

图5-3 收银报表

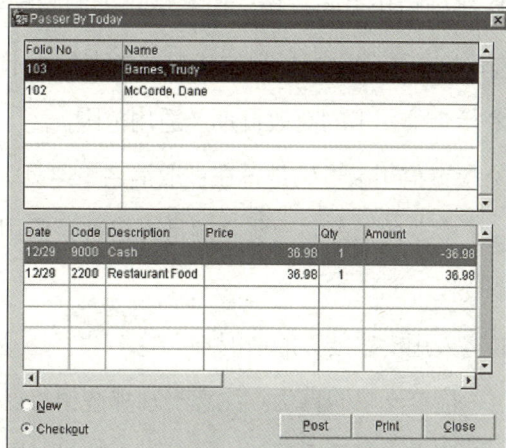

图5-4 "非住客"（Passer By）消费

第二节　结账业务管理

结账业务由总台收银员办理，是客人离店前所接受的最后一项服务。为了不影响客人的事务，给客人留下良好的最后印象，结账业务的办理要迅速，一般要求在3～5分钟内完成。

一、办理结账业务时的注意事项

（一）散客结账时的注意事项

1.客人结账时，要注意收回房卡

如客人暂不交房卡，要通知和提醒楼层服务员收回房卡，并记下楼层接话人工号。

2.通知楼层服务员迅速检查客房

客人结账时，要通知楼层服务员迅速检查客房，以免有客人的遗留物品或房间物品有丢失或损坏现象。

为了提高工作效率，同时避免当着客人面电话要求客房服务员"查房"而引起客人不悦，很多酒店的电脑管理系统中有这样一个功能，即收银员通过输入电脑房号结账，信息会发到房务中心（声音提醒），中心值班人员立即通知楼层服务员查房，楼层再报中心由中心把房间的检查结果输入电脑。

3.委婉地问明客人是否还有其他临时消费（如早餐费等）

这样做的目的是防止出现漏账现象，以免给酒店造成损失。

4.注意做好"验卡"工作

（1）检查客人信用卡的安全性。

① 辨别信用卡的真伪。检查信用卡的整体状况是否完整无缺，有无任何挖补、涂改的痕迹；检查防伪反光标记的状况；检查信用卡号码是否有改动的痕迹。

② 检查信用卡的有效日期及适用范围。

③ 检查信用卡号码是否在被取消名单之列。

（2）检查持卡人的消费总额是否超过该信用卡的最高限额。如超过规定限额，应向银行申请授权。

5.客人用支票结算的情况

（1）检查支票的真伪。注意辨别那些银行已发出通知停止使用的旧版转账支票。

（2）检查支票是否过期，金额是否超过其限额。

（3）检查支票上的印鉴是否清楚、完整。

（4）在支票背面请客人留下联系电话和地址，并请客人签名。如有怀疑要及时与出票单位联系核实，必要时请当班主管人员解决。

收银员在为客人办理结账业务时，一定要按照酒店规定的程序和要求进行，否则将会造成管理混乱，影响对客人的服务质量。

造成这种情况的部分原因，是总台收银员没有严格按照结账程序要求客人在结账时交回房门钥匙，也没有通知楼层服务员查房。

（二）团客结账时的注意事项

团队结账时应注意以下问题：

（1）结账过程中，如出现账目上的争议，及时请结账主管人员或大堂经理协助解决。

（2）收银员应保证在任何情况下，不得将团队房价泄露给客人，如客人要求自付房费，应按当日门市价收取。

（3）团队延时离店，须经销售经理批准，否则按当日房价收取。

（4）凡不允许挂账的旅行社，其团队费用一律到店前现付。

（5）团队陪同无权私自将未经旅行社认可的账目转由旅行社支付。

二、一些特殊情况的处理

（一）住店客人的欠款不断增加。

有些客人在住店期间所交预付款（押金）已经用完，还有的客人入住酒店后，长期未决定离店日期，而其所欠酒店款项金额在不断上升。在这种情况下，为了防止客人逃账，或引起其他不必要的麻烦，必要时可通知客人前来付款。催促客人付款时，要注意方式方法和语言艺术，可用电话通知，也可用备好的通知书，将客人房号、姓名、金额、日期等填妥后，装入信封，交总台通知客人。一般客人收到此通知后会主动前来付款，如遇特殊情况，客人拒不付款时，应及时处理。

（二）客人A的账单由客人B支付。

若干人一起旅行，由一人付款，或者甲的账单由乙支付，而甲则已先行离店，人多事杂，这时往往会发生漏收的情况，给酒店带来损失。为了防止出现这种情况，应在交接记录上注明，并附纸条在甲、乙的账单上，这样，结账时就不会被遗漏，接班的人也可以看到。处理这种情况时，还有一种较为简单的办法：如乙替甲付款，甲先走，可将甲的账单全部转入乙的账单上，甲的账单变为零来处理，但此时必须通知乙，并有乙的书面授权（参见表5-1），以免出现不必要的纠纷。

表 5-1 承诺付款书

广州××大酒店
××HOTEL GUANG ZHOU
承诺付款书
GUARANTEE OF PAYMENT

我承诺支付_____房_____先生/小姐的

ⅰ）全部费用

ⅱ）房费　　　　　　　　　　　付款方式为现金/信用卡（信用卡号码：　　　　　）

ⅲ）其他费用（请特别说明）

	ⅰ）total charges	Mr. _____
I will guarantee pay the	ⅱ）room charges	for Mrs. _____
	ⅲ）others（please specify * ）	Ms. _____

of room number_____during the stay from_____to_____

By Cash/My Credit Card Number_____

客人姓名　　　　　　　　　　　　　　签　名

Guest Name　　　　　　　　signature_____

房　号　　　　　　　　　　　日　期_____

Room Number_____　　Date_____

*特别费用说明：　　　　　　　　　　经办人：

Please specify the other charges：　　Prepared By：_____

（三）过了结账时间仍未结账

如过了结账时间（一般为当天中午 12:00）仍未结账，应催促客人。如超过时间，可根据酒店规定，加收房费（下午3点以前结账者，加收一天房费的三分之一；下午3点到6点结账者，加收二分之一；下午6点以后结账者，则可加收全天房费）。

关于加收房费问题，如果客人是常客或者该公司为酒店提供的间夜量很大，只要客人给前台打电话申请晚推迟2~3个小时退房即可，而且不是在酒店的旺季时，酒店通常不向客人收取任何费用。

（四）退账处理

客人在结账时才提出要折扣优惠，而且也符合优惠条件，或者结账时收银员才发现该房间的某些费用是由于某种原因而输入错误。此时，收银员应填写一份"退账通知书"（一式两联，第一联交财务，第二联留结账处），然后，要由前厅部经理签名认可，并要注明原因，最后在电脑上将差额做退账。

三、"诚信退房"与"快速结账"服务

为了加快退房速度，提高客人的满意度，国内一些高星级酒店开始推行"诚信退房"和"快速结账"服务，为宾客开辟了快速退房通道。

（一）"诚信退房"服务

"诚信退房"服务，就是宾客在退房时，自报在客房的消费情况，收银员据此结账退房，无须等待服务员查房，加快了结账时间，让宾客享受"无等待"服务。倘若没有其他消费，立刻就可以办完结账手续，时间不会超过3分钟，目的是营造宾客与酒店、员工间宽松、互相信任的感觉。诚信退房制度的实施，不仅会加快客人的退房速度，提高客人的满意度，还会进一步提升酒店员工的服务意识、质量意识、品牌意识。

（二）"快速结账"服务

一些国际酒店集团管理的高星级酒店还针对持有国外信用卡的外国客人提供"快速结账"服务，客人离店时，无须在前台等候办理结账业务，只要填写放在前台的"快速结账卡"，并将其置于大堂的"快速结账表"收集箱即可，表明客人同意授权酒店将本人入住酒店期间发生的所有费用从本人入住时出示的信用卡中收取，此后，酒店会将客人的账单明细及发票寄给客人指定的地址。

四、防止客人逃账

防止客人逃账是酒店前厅部管理的一项重要任务，总台员工应该掌握防止客人逃账的方法，以保护酒店利益。

（一）收取预订金

收取预订金不但可以防止因客人临时取消预订而给酒店造成损失，同时，如果客人如期抵达，则预订金也可以当作预付款使用，从而有效地防止客人逃账。

（二）收预付款

对初来乍到、未经预订、信用情况不了解或信用情况较差的客人，要收取预付款。但对重要客人及某些常客，则可免收预付款。

（三）对持信用卡的客人，提前向银行要授权

对持信用卡的客人，可采取提前向银行要授权的方法，提高客人的信用限额。如信用卡公司拒绝授权，超出信用卡授权金额的部分，要求客人以现金支付。

（四）制定合理的信用政策

信用政策包括付款期限、消费限额、折扣标准等。如某大酒店规定对住店5次以上的客人给予较高的信用政策。

（五）建立详细的客户档案

通过建立详细的客户档案，掌握客户企业的性质和履约守信程度，据此决定给予客人

什么样的信用政策。

（六）从客人行李多少、是否列入黑名单等发现疑点，决定是否接待

在很多国家，酒店如发现有逃账、赖账等不法客人，就会立即将这类客人的名单送交酒店协会，协会将其列入黑名单，定期通报属下酒店，酒店可以拒绝接待这类客人留宿。中国旅游协会信息中心网在北京地区也设立了反逃账信息网，会员酒店将每个逃账者和公司的资料输入信息中心，中心汇总后，每半个月向会员通报一次。在尚未开展这项服务的城市，酒店应促使并协助酒店协会为会员酒店提供这项服务。

（七）加强催收欠款的力度

催账是防止逃账的一项重要手段，尤其对那些行将倒闭而被迫赖账或准备赖账的公司客户，要加强催收力度。这些客户通常会表露出以下迹象：

（1）付款速度放慢，以种种理由要求延期付款。

（2）改变或推翻协议，要求改变汇率或折扣，如不同意则拒绝付款。

（3）与其联系不接电话或以种种理由拒绝会面。

（4）转换付款银行或开空头支票。

（5）频繁搬迁公司地址。

（6）一反常态，突然大笔消费。

催收时，要注意方式方法，以免得罪客人。

（八）与楼层配合，对可疑宾客密切注意其动向

总台要与楼层配合，对可疑宾客密切注意其动向，以防逃账发生。

（九）不断总结经验教训

总台员工要善于从接待实践中，不断总结经验教训，防止逃账事件的发生。

经典案例

客人即将"溜走"

第三节　前台夜审

酒店通过夜审，结束和平衡当日的经营活动。除了其他活动以外，夜审的内容包括调整客人账单、处理信用卡交易活动、固定费用入账、计算并打印当日统计数据、提供累积应收账余额数据。夜审结束当日经营活动，同时确保次日经营数据的准确性。通过一系列报表，夜审工作帮助管理者解释经营活动，同时，为可能出现的各种问题做好准备。夜审工作可以通过与酒店各营业终端、会计系统以及其他收入中心相连，为酒店客人和非酒店客人的电子账单提供快捷、准确和自动化的入账。这样夜审工作可以重点审查各项交易活动，分析前厅部各种经营活动。

夜审工作是按照规定的流程进行的。按照设计好的流程，更新宾客账单、平衡和关闭酒店当天经营记录、准备和分发一系列报表。其中包括发给经理人员的"夜审报告"（Night Auditor's Report）。夜审报告包含酒店长期应收账款清单，告诉经理人员当日应收账款金额、当日收回多少应收账、产生了多少应收账款，以及在当日结束时，应收账款余额是多少。

Opera系统有自己的系统日期，它会在半夜结束夜审活动后自动转换。因此，前台员工也可以在第二天早上运行夜审程序。不过，在这种情况下，在夜审前入账的收支都应算作前一天的统计数据。

一、夜审员的岗位职责

（1）核对各收款机清机报告。

（2）审核当天各班次收银员送审的账单、原始单，核查数据是否准确，并核对该班次营业报表。

（3）核对餐厅、客房的账目及其他挂账数与报表金额是否一致，是否按有关规定或协议执行。

（4）核查各班组送审的转账单据所列单位有无串户。

（5）审查总台开房组输入电脑的房价是否正确。

（6）复核各类统计表的数字，核实是否与收款员输入电脑数一致，并负责跟踪。

（7）将当日酒店各营业点的营业收入过账。

（8）根据各营业点的营业情况，制作当日全酒店营业日报表，并于此日早上9点以前呈送财务经理和总经理。

（9）对每天稽查出的问题和未按规定办理的内容和数据，做出详细的稽核报告，及时向上级领导汇报。

（10）负责保管各班组的营业日报表及其附件单据。

（11）负责保管各种票据及收发领用工作。

（12）负责夜间前台收银工作。

二、夜审流程

（一）准备夜审

为当日预计离店的客人办理退房或办理延期退房。把所有在夜审前尚未抵店的客人列入"No Show"名单，而无须为其办理入住。此时，应确保为所有已经抵店的客人办理了入住，所有收银活动都暂时关闭。

系统要求除夜审员以外的所有用户（包括前台收银人员）在开始夜审前退出系统。否则，系统会提示出错。

（二）登录夜审系统

选择 End of Day>Night Audit，登录夜审系统。

登录成功后，出现如图5-5所示夜审界面。

（三）开始夜审

夜审应该按图5-5所示流程进行。点击图5-5夜审界面的"Start"（开始）按钮，将出现以下界面。如果酒店执行的是"收入审计"（Income Audit）流程，则可以在关闭当前营业日之前，选择执行临时程序和报表（Interim Procedures and Reports）、过账、调整和更正账目。参见图5-6。

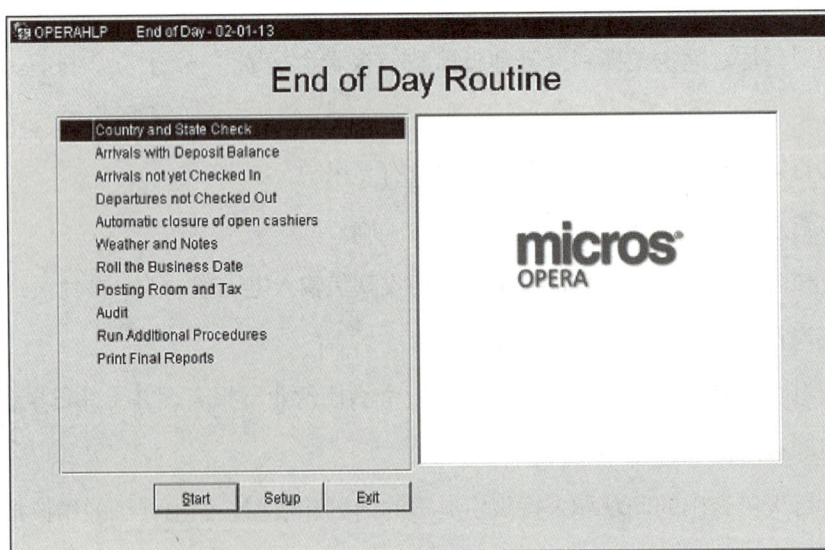

图5-5 夜审界面

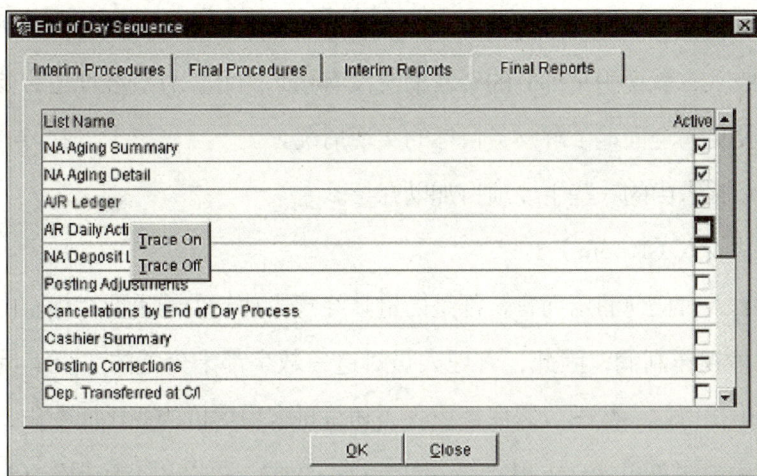

图5-6 夜审流程示意图

1. 执行临时程序与临时报告

在对房费和税金、利润（或亏损）过账（Posting the Room and Tax，Profit and Loss）后，酒店就可以使用审计功能（Audit）来平衡每一项交易，并确保交易没有被遗漏。这是首先要执行的操作程序，这项工作将平衡当天所有手工入账内容，包括当天晚上入账的房费和税金项目，特殊情况下，增加临时报告。

2. 执行程序

无论酒店是否进行"收入审计"（Income Audit），夜审工作（包括尚未办理入住的抵店客人、尚未退房的预计离店客人、收银员自动退出系统、天气与注意事项、营业日期等）都会按照夜审流程，在审计之前运行。

3. 最终程序

每家酒店在夜审时，都会运行最终程序。对此，Opera系统没有设置更改权限。所有统计数据和相关报表只有在夜审结束后才能生成。

三、准备夜审报告

夜审报告（Night Audit Report）反映并记录当天酒店所有财务活动情况。酒店不同，总经理对夜审报告的详细程度的要求可能也会有所不同。

夜审报告是管理人员了解酒店当天经营情况的很好的工具。夜审报告表面上看起来比较复杂，夜审报告的每一部分内容都会提供当日经营状况的反馈信息。每天查看报告中的有关数据，会让管理人员在实现计划中的财务目标时更加灵活。

夜审报告中的"预算"（Budget）和"目标"（Goal）栏中，"预算"指当日计划销售额，而"目标"则反映预算的实现情况，即实际营业额在预算收入中所占比例。如果实际收入小于预算收入，就说明某部分的经营情况没有预想的好。有些经理还会要求报告中有累计数据，以便更为全面地了解财务目标的实现情况。

下面对夜审报告中的一些主要项目加以介绍。

1. 客房销售收入（Room）

客房销售收入对任何酒店而言，都是衡量其经营成功与否的重要指标。由于客房收入中的大部分都被视作利润，因此，管理人员对这一数字都十分关注。夜审员可以从前台登账机或电脑中获得这一数据。客房销售收入随每日客房房价的变化而变化，如果前台员工弄错了，客房销售总额就会出现错误。对于这一数据，可以用客房报告（Housekeeping Report）和电脑中的当日客房利用状况进行核对。

2. 餐厅营业总额（Total Restaurant Sales）

餐厅营业总额由酒店所有餐厅的营业额构成，可以依据酒店各餐饮销售点的每日营业报表（Daily Sales Reports）进行核实。

3. 房餐服务（Room Service）

一些酒店会将客人房内用餐销售额独立计算。如果酒店为了提高房内用餐销售额而专门进行了一系列营销活动，或者认为有必要对这一具有很高利润率的服务进行监控，夜审员就应该在夜审报告中反映这一数字。

Opera系统中Room Service #1、Room Service #2、Room Service #3可以分别代表早餐销售额、午餐销售额和晚餐销售额。

4. 宴会营业额（Banquet Sales）

在宴会活动较多的酒店，其营业额应从餐厅营业额中分离出来。为了确保所有宴会活动都已入账，夜审员还应检查每日宴会活动单。

总经理可以从宴会营业额中看出餐饮部经理在控制有关宴会费用方面成效如何。这些数据还可以反映市场营销总监在开拓业务方面的业绩。早餐宴会、午餐宴会和晚餐宴会收入应分别统计，因为它们提供了有价值的市场营销信息，比如，哪一类宴会做得比较成功，哪一种还可以做得更好一些？宴会营业额与客房销售收入提供了酒店有关现金流量的信息。如果酒店预订在周末有10万元的宴会收入和15万元的客房收入，它就可以满足星期一必须支出的财务款项需要。因此，财务总监会非常关注酒店的客房和宴会收入情况。

5. 宴会吧及休息厅营业额（Banquet Bar and Total Lounge Sales）

上述营业额来自各营业点的收款机。每个提供酒水服务的营业点的每个班次在下班时要将该班的营业额数据连同收款机打出的原始记录一起交到总台。

上述营业额数据要在夜审报告中分别列项，因为餐饮部经理要了解成本控制的成效如何，而营销总监则可能要了解某些营销活动的效果如何。

6. 会议室及多功能厅租金收入（Room Rental）

这些费用会反映在租用这些场地的客人的账单上，夜审员要根据当日会议记录单反复核对客人的账单，以确保宴会经理没有将会议租金记录在别人的账上。

在客人不要求提供食品和饮料而只租用房间的酒店里（如客人租用宴会厅召开各种会议、举办商品展示会及各种演出活动等），各会议室及多功能厅的租金收入要分别填报。由于房间出租是一个潜在的、大的盈利领域（特别是在宴会销售淡季），总经理要了解酒店市场营销部在扩大场地出租方面所做工作成效如何。

7. 现金收入与应收账余额（Cash Sales and Accounts Receivable Balance）

总收入代表现金收入和应收款。每天的现金收入都有一个独立的数字予以反映，这一数字是各部门上报的现金收入的总和。

今日应收账（Today's Outstd A/R）指有待从客人那里收回的账款。将今日应收账与昨日应收账（Yesterday's Outstd A/R）相加，就会得到累积的应收账余额，即应收账总额（Total Outstd A/R）。

8. 应收账分析（Analysis of Accounts Receivable）

前厅部经理要对应收账余额进行分析，说明应收账的种类和来源。财务总监会利用这一资料了解应收账的历史状况，并据以制定应收账催收计划。

9. 收银员报告（Cashier's Report）

在一些酒店，前台收银员要负责收集和核对部门日报，此时，现金和信用卡收入（Credit Card Voucher）就被记录在收银员每班的报表中。该表还包括已经收回之应收账款（包括现金和信用卡）。每班收银员报告可以用部门日报、现金和信用卡收入、现金和信用卡交易之应收账款等加以核实。

收银员报告也要记录所有实际数额与机器统计数额之间的差异。针对出现这种差异时前台接待员或收银员应负的责任，酒店通常会制定相关的政策。比如，如果实际数额比收银员报告中的数额少了不到1元钱，就可以免除前台接待员或收银员的责任。如果远远大于1元钱，就应该进行调查，看看这种情况是否经常出现。如果实际收入大于收银员报告中的数字，多余的钱将被放入酒店基金中，用来补偿未收回的款项。当然，对多出来的这笔款项也应当就其发生的频率和原因进行调查。

10. 经营情况统计（Operating Statistics）

夜审员要为总经理和有关部门经理提供当日酒店经营情况统计资料。这一概要反映当日经营活动及实现财务预算目标的情况。这些数据也是酒店历史经营记录的组成部分，为管理人员提供了是否有必要修改现行经营程序的信息。

制作夜审报告需要较长的时间，但通过通力合作、计划和组织，再加上与各营业点相连的计算机管理系统，这一时间可以被大大缩短。准确的夜审报告为管理人员提供了有效地进行控制和沟通的工具。

四、夜审人员核查收款报表时的注意事项

（一）核查前台收款

（1）房租折扣要有相关人员的签字认可，免费房必须有总经理或副总经理的批准并签名。

（2）退款须有客人和主管的签名，而陪同退款需经总经理的批准。其他职务代批的，须有经财务经理签名确认。

（3）客人拒付须有大堂副理签名认可。

（4）输单必须单据齐全，少单要说明原因。

（5）团体的房租一定要当天输入电脑，如发现有未输入的房租，要立刻通知团体收款采取补救措施。

（二）核查餐厅收款

（1）营业日报表要与纸带一致，各项数目要准确，左右要相等，单据齐全并盖有餐厅的收款专用章，收款员签名。挂账或收信用卡要有客人签名。

（2）报账的账单要有签名并附有报账单位订单，或点菜单，报总经理室经总经理或有关部门经理签名批准。

（3）开三联发票和收预付款单据要附上副本，充预付款要三联单齐全。

（4）餐单改数后，要有原因说明及主管签名。

（5）作废的账单，要有原因说明及主管签名，且三联单要齐全。

（三）商场收款核查

（1）售货登记表要与营业表及收款机纸带相等。

（2）商品价格的折扣须有柜长或经理签名，发票上也要注明并签名。

（3）凡退货减数或按错收款机的减数均要有两人签名并在售货登记表上注明发票号。

第四节 行政楼层管理

行政楼层（Executive Floor）是高星级酒店（通常为四星级以上）为了接待高档商务客人等高消费客人，为他们提供特殊的优质服务而专门设立的楼层。

行政楼层被誉为"店中之店"，通常隶属于前厅部。住在行政楼层的客人，不必在总台办理住宿登记手续，客人的住宿登记、结账等手续，可直接在行政楼层由专人负责办理，以方便客人。另外，在行政楼层通常还设有客人休息室、会客室、咖啡厅、资料室、商务中心等。行政楼层集酒店的前厅登记、结账、餐饮、商务中心于一身，为商务客人提供更为温馨的环境和各种便利，让客人享受更加优质的服务（参见图5-7）。

由于行政楼层为客人提供了更加周到的服务，而且很多服务项目是免费的，如免费洗衣、熨衣，免费早餐和下午的鸡尾酒会及全天免费享用咖啡和茶，还有每天两个小时免费使用会客室等，所以，行政楼层的房价一般要高出普通房价的20%~50%。

图5-7 行政楼层的行政酒廊

一、行政楼层员工的素质要求

为了向商务客人提供更加优质的服务，要求行政楼层员工，无论是管理人员还是服务人员，都必须具备较高的素质：

（1）气质高雅，有良好的外部形象和身材。

（2）工作耐心细致，诚实可靠，礼貌待人。

（3）知识面宽，有扎实的文化功底和专业素质，接待人员最好有大专以上学历，管理人员应有本科以上学历。

（4）熟练掌握行政楼层各项服务程序和工作标准。

（5）英语口语表达流利，英文书写能力达到高级水平。

（6）具备多年之酒店前厅、餐饮部门的服务或管理工作经验，掌握接待、账务、餐饮、商务中心等的服务技巧。

（7）有较强的合作精神和协调能力，能够与各业务部门协调配合。

（8）善于与宾客交往，掌握处理客人投诉的技巧艺术。

二、行政楼层员工的工作描述

（一）行政楼层经理岗位职责

直接上级：前厅部经理。

直接下属：行政楼层主管。

岗位职责：全面负责对行政楼层所属员工的日常培训和督导工作，确保为住行政楼层的客人提供高效率的优质服务。

（1）掌握与行政楼层有关的各种信息，掌握房间状态和客人的情况。

（2）组织迎接所有住在行政楼层的客人。

（3）检查下属的工作准备情况。

（4）与销售部沟通信息，协调工作。

（5）与餐饮部沟通协调有关行政楼层所涉及的餐饮问题。

（6）与工程部协调，确保设备设施时刻处于良好状态。

（7）与客房部保持联系，确保为客人提供高标准的优质服务。

（8）与采购部协调，确保酒单及酒水的供应。

（9）处理客人的投诉及紧急情况。

（10）主持班前、班后的例会。

（11）督导员工的培训，定期对下属进行工作绩效评估。

（二）行政楼层主管岗位职责

直接上级：行政楼层经理。

直接下属：行政楼层领班。

岗位职责：协助行政楼层经理管理并督导下属的工作。

（1）了解有关行政楼层的各种信息，客房的状态及客人的情况。

（2）检查出勤及员工的仪容仪表。

（3）安排下属的班次，布置任务。

（4）检查接待员、服务员的工作程序、标准。

（5）直接参与接送所有住行政楼层的客人，为客人提供入住、结账、餐饮及商务服务。

（6）与管家部、行李房、采购供应部、计财部、销售部、餐饮部、工程部保持联系，协调合作。

（7）处理客人投诉及紧急情况。

（8）有时代替行政楼层经理主持例会。

（9）组织并实施对下属的培训。

（10）完成行政楼层经理指派的工作。

（11）合理使用员工，并对员工的工作进行评估。

（12）了解市场和宾客需求。

（三）行政楼层领班岗位职责

直接上级：行政楼层主管。

直接下属：行政楼层接待员。

岗位职责：协助行政楼层经理及主管做好服务接待工作。

（1）了解客人、客房的情况及有关的信息。

（2）做好客人到店前的准备工作。

（3）迎接到店的客人并介绍行政楼层提供的服务项目及设备设施的使用。

（4）组织并为客人提供早餐、下午茶和鸡尾酒服务。

（5）检查客房状况，督导员工做好休息厅清扫工作，保持其清洁卫生。

（6）保管好各类物品。

（7）提出每周的酒类库存及每日鲜花、水果申请。

（8）完成经理或主管分派的其他工作。

（四）行政楼层接待员岗位职责

直接上级：行政楼层领班。

直接下属：无。

岗位职责：为行政楼层客人提供高效优质服务。

（1）每日检查预抵与预离客人的名单、VIP名单、房间数和一些特殊的要求。做入住登记准备工作。

（2）当客人到来时，准确、礼貌地问候客人。

（3）客人登记进入房间后，热情地问候客人，并向客人介绍房间的设施及服务项目。

（4）为客人提供欢迎茶。

（5）将每个客人的具体情况记入电脑，以了解客人的特殊要求。

（6）把客人投诉反映给主管。

（7）保证所有设施、设备和器具处于良好状态。

（8）与所有行政楼层人员保持有效的联系并在交班日志上做精确的记录。

（9）与管家部保持联系，确保行政楼层公共区域处于最佳状态。

（10）协助经理、主管准备账单，结账。安排交通工具送行。

（11）负责早餐、下午茶、鸡尾酒服务工作。

（12）为客人提供烫衣、票务以及会议、商务等服务。

（13）在班次结束后，与下一班做好交接工作。

三、行政楼层日常工作流程

（1）7:00，行政楼层接待员到前厅签到，收取有关邮件；与夜班交接班。

（2）7:00—7:30，打印房态状况报表，包括当日到店客人名单、在店客人名单。在客人名单上将当日预计离店客人用彩笔标出，以便对当日离店客人做好相应服务。行政楼层当班人员按职责分工完成以下工作：① A组负责接待、收银、商务中心等工作。② B组负责早餐、送鲜花、水果工作。

（3）准备鲜花、水果。检查前一天夜班准备的总经理欢迎卡、行政楼层欢迎卡，根据当日到店客人名单逐一核对。鲜花、水果及两个欢迎卡要在客人到店之前送入预分好的房间内（此项工作要由专人负责）。

（4）早餐服务，7:00—10:00。早餐后开当日例会，由主管传达酒店信息及酒店近期重要活动。

（5）为到店客人办理入住手续及呈送欢迎茶，为离店客人办理结账并与客人道别。

（6）检查客人是否需要熨衣、商务秘书、票务等服务，随时为客人提供主动的帮助，并告知哪些服务是免费的。A组、B组员工要根据当时的情况互相帮助，相互配合。

（7）10:00—15:00。GRO（Guest Relations Officer）查房并将鲜花、水果、欢迎卡送入每位预计到店的客人房间。

（8）中班于13:30报到，打印报表（内容同早班）、检查房间卫生及维修工作。15:30与早班交接班。负责服务下午茶和鸡尾酒。中班还要做第二天的准备工作，如打印第二天的欢迎卡、申领水果和酒水等。

（9）夜班时前厅、客房将代理行政楼层服务工作。

四、行政楼层客人入住服务程序

（1）当客人走出电梯后，服务员将微笑地迎接客人，自我介绍，陪同客人的大堂副理、GRO或销售经理将回到本岗。

（2）在行政楼层接待台前请客人坐下。参见图5-8。

（3）替客人办理入住登记手续，注意检查客人身份证（护照）、付款方式、离店日期与时间，收"到店客人行李卡"。

（4）在客人办理入住登记过程中呈送欢迎茶。此时，应称呼客人姓名，并介绍自己，同时将热毛巾和茶水送到客人面前。如果客人是回头客，应欢迎客人再次光临。要求整个过程不超过5分钟。

（5）在送客人进房间之前应介绍行政楼层设施与服务，包括早餐时间、下午茶时间、鸡尾酒时间、图书资料赠阅、会议服务、免费熨衣服务、委托代办服务、擦鞋服务等。

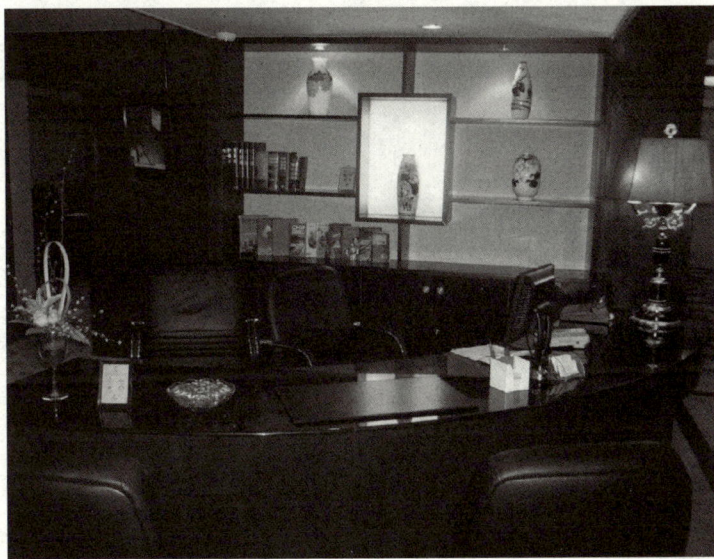

图5-8　行政楼层接待台：客人可以坐着办理入住登记手续

（6）在客人左前方引领客人进房间，与客人交谈，看是否能给客人更多的帮助。

（7）将房卡和欢迎卡一同给客人，介绍房间设施，并预祝客人居住愉快。

（8）通知前厅行李员根据行李卡号和房间号在10分钟之内将行李送到客人房间。

（9）在早餐、下午茶、鸡尾酒服务时间，接待员应主动邀请新入住的客人参加。

本章小结

■ 收银是酒店前台的主要工作之一，是一项较为复杂而又细致的工作，要求收银员有高度负责的精神和细致的工作态度。

■ 收银工作又是一项非常特殊的工作，工作地点位于酒店前台接待第一线，而业务性质又属于财务工作，这就决定了收银人员在业务上要受酒店财务部门的指导，而在行政上又要接受前台管理人员的指挥和领导。收银人员不仅要掌握财务知识和技能，还要具备接待人员的素质和修养，即：不仅收银业务要熟练，而且要有良好的服务态度和服务意识，能够为客人提供高效、优质的服务。

■ 总台收银处除了为客人提供结账服务以外，还要负责酒店的夜审、贵重物品保管等工作和服务。

■ 随着经济的发展，商务活动日趋频繁，为了满足商务客人的特殊需求，提升对商务客人的服务质量，很多酒店纷纷设立专为高档客人服务的行政楼层，行政楼层一般隶属前厅部，由前厅部负责接待和管理工作。

思考题

1. 什么是夜审？

2. 什么是行政楼层？

3. 总台收银工作的主要工作内容有哪些？

4. 办理结账业务时，应注意哪些事项？

5. 怎样才能有效地防止客人逃账？

案例分析

王董事长不愿为住
客支付杂项费用

拓展阅读

"0秒"退房

第六章　宾客服务中心与前厅信息管理

　　服务是酒店核心产品，而宾客服务中心是全酒店对客服务中心，负责酒店所有部门对客服务工作，其工作质量的好坏，决定了酒店整体对客服务质量，从而决定了客人满意度。除了满足住客的服务需求以外，酒店的话务中心和预订中心通常也设在这里。

　　信息是管理的资源，总台是酒店的神经中枢，是酒店的信息中心，担负着收集、加工、处理和传递酒店各种经营信息的职能。这项职能发挥得好与坏，直接影响酒店对客人的服务质量，影响酒店各部门的管理效率。

本章学习目标

> 了解前厅部与其他部门信息沟通的重要性及沟通内容。

> 了解信息沟通的主要障碍及纠正方法。

> 认识建立客历档案的必要性和主要内容。

> 了解酒店宾客服务中心的工作内容和要求。

关键词

信息　报表　沟通　客历档案　宾客服务中心　话务人员

Key Words：Information，Reports，Communication，Guest History Card，Guest Service Centre（GSC），Operator

导入问题

经理的困惑：前厅部与客房部缺乏沟通怎么办？

　　房务总监突然辞职了，这是近几天的事情。到目前为止还没有新总监上任。总监辞职，前厅部和客房部也分家了，两个部门之间随即出现了矛盾，沟通成了问题，各做各的工作，没有相互配合。

　　广交会期间，前厅部非常忙碌。前厅部本和客房部同属于房务部。客人在前台 C/I 或 C/O 后，前厅部应告知客房部，二者要达成一致，信息要交流，以方便两部门都能更好的工作，提高工作效率，可现在前厅部却与客房部缺少了信息的交流。比如，4月21日晚，由于前厅部不知道2409房间是坏房，而让一位客人住了进去，后来只有让客人换房，幸好客人嫌麻烦，愿意将就一下。这就是两个部门没有进行及时有效的沟通的结果，这无疑损坏了五星级酒店的形象。

　　客房部和前厅部分家了，两个有密切联系的部门缺少沟通，在遇到问题时，大家又都从自己的利益考虑，没有顾及酒店的名誉和利益，做事情敷衍了事，推脱责任，这真是一个大问题。

　　我不知道这种状况还要持续多久，作为前厅部经理的我，真不知该怎么办。

第一节　宾客服务中心管理

宾客服务中心是由传统的酒店总机房演化而来的，扮演着全酒店对客服务信息的收集、传递和协调中心的作用。

随着客户关系重要性不断提高，从国际酒店集团开始，传统的酒店总机房逐渐演变为酒店"宾客服务中心"（Guest Service Centre），除了为客人提供总机接线服务以外，承担了更多的对客服务工作，包括传统的客房服务中心的很多职能也转移到酒店宾客服务中心，服务内容覆盖酒店所有部门，满足客人在住店期间所有需求。

除了为客人提供全方位服务以外，作为酒店的总机房，宾客服务中心还承担着接受客人预订的业务。

一、宾客服务中心的职能

酒店宾客服务中心主要承担以下职能。

（一）话务服务

宾客服务中心扮演着酒店总机房的角色。其主要业务范围如下：

（1）电话转接及留言服务。

（2）电话叫醒服务。

（3）回答咨询和电话查询服务。

（4）"免电话打扰"服务。

（5）播放背景音乐。

（6）火警通报。

（二）对客服务协调中心

除了话务服务和预订业务以外，宾客服务中心还统一负责酒店对住店客人的协调工作，并应客人的要求，为客人提供房内用餐、物品租借等服务。

客人有服务需求时，通常都会通过客房电话呼叫宾客服务中心，然后宾客服务中心员工通过酒店管理系统通知客房服务人员或相关部门和人员满足客人的服务需求，并予以跟进。

拓展视频

机器人为客人提供服务

（三）接受客人预订

宾客服务中心的预订业务主要针对散客。接受客人以电话、互联网、传真、信函或口头等形式的预订；与总台接待处密切联系，及时向前厅部经理及总台有关部门提供客房预订资料和数据，向上级提供重要客人抵店信息；制定预订报表（包括每月、半月、每周和次日客人抵达预报）；参与制定全年客房预订计划。

二、宾客服务中心的组织架构

宾客服务中心提供24小时服务，以满足客人的服务需求。

宾客服务中心的组织架构如图6-1所示。

```
            宾客服务中心经理
         (Guest Services Manager)
                   │
         ┌─────────┴─────────┐
    宾客服务领班            预订领班
(Guest Service Operator   (Reservation Team Leader)
    Team Leader)
         │                   │
    宾客服务员              预订员
(Guest Service Operator)  (Reservation Clerk)
```

图6-1　某酒店宾客服务中心组织架构

（一）宾客服务经理

直接上级：前厅部经理。

直接下级：总机领班。

岗位职责：负责宾客服务中心的全面管理工作，保证设施设备运转正常，并为客人提供优质高效的话务服务。

（1）制定宾客服务中心工作条例和宾客服务员行为规范。

（2）确保宾客服务中心清洁卫生。

（3）制定宾客服务中心工作计划。

（4）做好宾客服务员的考勤工作。

（5）随时掌握客房利用情况，并据此安排和调整班次。

（6）负责酒店电话号码单的编辑，并及时提供给各部门使用，对有变化的电话号码要及时更改。

（7）每天更换、调整信息栏的内容，为宾客服务员提供有关服务信息。

（8）对宾客服务员进行业务培训，确保员工掌握话务工作程序（包括紧急报警程序）和工作技能，培养员工的高度责任感，使员工的工作质量时刻保持最佳状态。

（9）周期性检查并保持电脑终端运转正常。

（10）保存一份所有行政人员及部门经理的手机号码。

（11）定期对本部门员工进行评估，按照制度实施奖惩。

（12）完成前厅经理和管理部门临时交办的事情。

（13）有重要宾客接待任务时，提醒当班人员予以重视，并布置检查。

（14）处理客人有关电话服务的投诉。

（15）协调宾客服务班与酒店其他部门之间的关系，与各部门保持良好的沟通与联系。

（16）监督当班员工的服务态度、服务质量及劳动纪律。

（17）了解当班员工的思想情况，帮助员工处理好各项关系。

（二）宾客服务员

1. 宾客服务中心员工的岗位职责

（1）转接电话。根据致电客人的需求转接电话到不同的部门（如客人清楚自己需要哪个部门的帮助，则为客人直接转接）。

（2）为客人解惑。客人会咨询会员积分福利相关信息、酒店房型及房间设备相关信息、酒店疫情政策等，如遇太细致的问题无法为客人解惑，则要为客人找到可以解答问题的相关部门。

（3）接收客房预订。为电话预订客房的客人提供服务，包括报酒店的门市价、帮客人转接电话到酒店销售部或预订中心，以及在预订中心下班后直接接收客人预订。

（4）接收餐饮预订。在接收客人客房预订的同时，也接收客人餐饮预订。

（5）满足住店客人服务需求。接听住店客人电话，需求一般为客房点餐和客房用品补给，由宾客服务员记下客人的需求，然后在系统中下单，客房点餐会由送餐部员工跟进，客房用品补给会由客房部员工跟进。

（6）记录投诉客人的相关信息。如接到投诉电话，须安抚客人，并记录客人描述的事件，记下客人的相关信息后找到相关部门的负责人处理投诉。

（7）为客人提供电话叫醒服务。宾客服务中心同时为客人提供"叫醒服务"。

2. 宾客服务员的素质要求

根据话务工作的特点，宾客服务中心的员工须具备以下素质：

（1）口齿清楚，语音甜美。

（2）听写迅速，反应敏捷。

（3）工作认真，记忆力强。

（4）有较强的外语听说能力，能用外语为客人提供话务服务。

（5）有酒店话务或相似工作经历，熟悉电话业务。

（6）能熟悉使用计算机进行文字处理工作。

（7）掌握旅游景点及娱乐等方面的知识和信息。

（8）有很强的信息沟通能力。

3. 宾客服务中心工作的基本要求

宾客服务员在酒店对客服务中扮演着重要角色，宾客服务员的音容笑貌代表"酒店的形象"，宾客服务员是"只听其悦耳声，不见其微笑容"的幕后服务员。因此，宾客服务员必须以热情的态度、礼貌的语言、悦耳的嗓音、娴熟的技能优质高效地为客人提供服务，使客人能够通过电话感觉到微笑，感到热情、礼貌和修养，甚至感受到酒店的档次和管理水平。

对宾客服务中心员工服务工作的基本要求如下：

（1）宾客服务员须在总机铃响三声之内应答电话。

（2）宾客服务员应答电话时须礼貌、友善、愉快且面带微笑。这时，客人虽然看不到，但能够感觉到，在微笑时，话务员能表现出礼貌、友善和愉快。

（3）接到电话时，宾客服务员首先熟练准确地自报家门，并自然亲切地使用问候语。有时须使用英语和汉语，至于先用英语说，还是先用汉语说，要视酒店规定或致电客人而定。如果酒店的接待对象主要以内宾为主，则先用汉语，后用英语；反之，则先说英语，后说汉语。

（4）宾客服务员遇到无法解答的问题时，要将电话转接领班、主管处理。

（5）宾客服务员与客人通话时，声音必须清晰、亲切、自然、甜美，音调适中，语速正常（如音调偏高或偏低，语速偏快或偏慢，则应通过培训加以调整）。

（6）宾客服务员应能够辨别主要管理人员的声音，接到他们的电话时，须给予恰当的尊称。

（7）为了能迅速、高效地转接电话，宾客服务员必须熟悉本酒店的组织机构、各部门的职责范围、服务项目及电话号码，掌握最新的、正确的住客资料。

（8）如遇查询客人入住情况的电话，须注意为客人保密，不能泄露客人房号，应先联系客人本人。

（9）接到火警电话时，要了解清楚火情及具体地点。然后按下列顺序通知有关负责人。

① 总经理。

② 驻店经理。

③ 工程部。

④ 保安部。

⑤ 医务室。

⑥ 火灾区域部门领导。

进行以上通知时，宾客服务员必须说明火情及具体地点。

第二节　客历档案的建立

酒店前厅接待人员在接到客人的客房预订要求时，也许想知道：

- 该客人以前住过本店吗？

- 如果来过，是什么时候来的？来过几次？

- 他（她）对酒店重要吗？

- 客人是否有不良客史且不宜再次接待？

- 客人有哪些爱好、习惯，喜欢哪个房间？

前厅销售人员也许需要客人的联系方式，以便：

- 在圣诞节和新年给客人寄贺年卡；

- 将酒店新的娱乐项目和节日菜单寄给可能感兴趣的客人；

- 给多次住店的客人寄送感谢信。

酒店须知道自己的客人是谁？客人在哪里？如何与他们取得联系？因此，酒店应该建立客历档案。

一、建立客历档案的意义

建立客历档案是酒店了解客人，掌握客人的需求特点，从而为客人提供针对性服务的重要途径。建立客历档案对提高酒店服务质量，改善酒店经营管理水平具有重要意义。

（一）有利于为客人提供个性化服务

服务的标准化、规范化，是保障酒店服务质量的基础，而个性化服务则是服务质量的灵魂，要提高服务质量，必须为客人提供更加富有人情味的、突破标准与规范的个性化服务，这是酒店服务的发展趋势。

（二）有利于市场营销

有一位客人之所以每次入住××酒店都能享受到"一大杯胡萝卜汁"的待遇，因为酒店基于客历档案掌握了该客人的需求资料，正是客历档案帮助酒店赢得了客人，争取了回头客。

客历档案的建立，不仅能使酒店根据客人需求，为客人提供有针对性的、更加细致入微的服务，而且有助于酒店做好促销工作。比如，通过客历档案，了解客人的出生年月、通信地址，与客人保持联系，向客人邮寄酒店的宣传资料、生日贺卡等。

（三）有助于提高酒店经营决策的科学性

任何一家酒店，都应该有自己的目标市场，通过最大限度地满足目标市场的需要来赢得客人，获取利润，提高经济效益。客历档案的建立有助于酒店了解"谁是我们的客人""客人的需求是什么"和"如何才能满足客人的需求"，因此，建立客历档案能够提高酒店经营决策的科学性。

二、客历档案的内容

客历档案应包括以下五方面的内容：

（一）常规档案

包括客人姓名、性别、年龄、出生日期、婚姻状况以及通信地址、电话号码、公司名称、职务等，收集这些资料有助于了解目标市场的基本情况，了解"谁是酒店的客人"。

（二）预订档案

包括客人的订房方式、介绍人，订房的季节、月份和日期以及订房类型等，掌握这些资料有助于酒店选择销售渠道，做好促销工作。

（三）消费档案

消费档案包括报价类别、客人租用的房间、支付的房价、餐费以及在商品、娱乐等其他项目上的消费，客人的信用、账号，喜欢何种房间和酒店设施等，由此了解客人的消费水平、支付能力以及消费倾向、信用情况等。

（四）习俗、爱好档案

这是客历档案中最重要的内容，包括客人出行的目的、爱好、生活习惯，宗教信仰和禁忌，住店期间要求的额外服务。了解这些资料有助于为客人提供有针对性的个性化服务。

（五）反馈意见档案

反馈意见档案包括客人在住店期间的意见、建议，表扬和赞誉，投诉及处理结果等。

根据以上内容，可以设计客历档案卡如表6-1所示。

表6-1　客历档案卡（参考式样）

姓名：		性别：		国籍：					
出生日期及地点：				身份证号：					
护照签发日期与地点：				护照号：					
职业：				头衔：					
工作单位：									
单位地址：				电话：					
家庭地址：				电话：					
其他：									
住店序号	住宿期间	房号	房租	消费累计	习俗、爱好、特殊要求	表扬、投诉及处理	预订信息（渠道、方式、介绍人）	信用卡开户行及账号	备注

三、客历档案的收集

客历档案的建立已得到绝大部分酒店管理人员的重视和支持，并将其纳入有关部门和人员的岗位职责，使之常规化、制度化、规范化。

客历档案的有关资料主要来自客人的订房单、住宿登记表、账单、投诉及处理结果记录、宾客意见书及其他平时观察和收集的有关信息和资料。客历档案的建立依靠前厅员工的努力，以及其他有关部门和接待人员的大力支持和密切配合。

四、客人分类与排序

为了加强对客关系的管理，提高酒店的竞争力，酒店还应对客历档案进行归类、整理，按照客人的重要性及地理来源等指标对客人进行分类，从而为客人提供针对性服务和营销工作。分类标准如下：

（一）按客人重要性分类排序

（1）按客人消费金额排序。

（2）按客人住店次数排序。

（二）按客人来源分类排序

按国际排序：可分为国内客人、外国客人。

按地区排序：欧美客人、亚洲客人、非洲客人等。

按国籍排序：一些酒店由于独特的地理位置和服务及营销特色，会对某些特定国家的客人形成较大的吸引力，这时，可按照国籍对客人进行分类。如日本客人、韩国客人、美国客人、德国客人、俄罗斯客人、印度客人等。

按省/市/区排序：对国内客人，如有必要，还可以进一步按客人所在省/市/区等进行排序。参见图6-2。

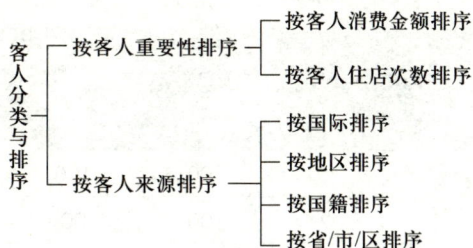

图6-2　客人分类与排序

第三节　前厅部常用报表

酒店每天都要制作反映酒店经营管理状况的各类报表，这些报表反映酒店的经营管理情况，是管理者进行管理决策的重要依据，也是各部门之间进行信息沟通的有效形式。

前厅报表的制作通常由总台夜班人员负责。常用的报表有：

（一）客房销售报告

"客房销售报告"（Room Sales Recapitulation）是总台需要制作的最重要的报表。如表6-2所示，"客房销售报告"是综合反映酒店客房利用情况、客房收入情况及客房预订情况的报表，它不但反映当天的统计数字，而且有当月以及上一年同月的统计数字，以便管理者能够进行历史比较。其主要指标包括：昨日占用客房数；今日抵店人数；今日离店人数；今日占用客房数；坏房数；酒店自用房数；可出租客房总数；散客用房；长住客用房；团客用房；空房总数；客房利用率；房间双开率；团客、散客及长住的客房收入；预订房间总数；取消及更改预订数；未预订抵店人数等。

经典案例

表6-2 客房销售报告

（二）客房收入报告

"客房收入报告"（Rooms Revenue Report）（参见表6-3）是详细反映酒店每间客房收入情况的报告。除了制作"客房销售报告"以外，酒店还可以考虑制作客房收入报告，作为对"客房销售报告"的补充。

客房收入报告也是制作"客房销售报告"的依据之一。

表6-3 客房收入报告（Rooms Revenue Report）

Room No. 房号	Types 房间类型	No. of Guest		Rate			Nat. 国籍
		M 男	F 女	Rate 房价	Income 实际收入	Remarks 备注	
101	S	√		100	100		A
102	S		√	100	90	10%Disc.	J
103	S	√		100	0	COMP.	B
104	T			120	0	House Use	
105	T	√		120	120		CA
106	D		√	110	110		A
107	D		√	110	105	Single Rt.	F
108	D			110	0	O.O.O.	
109	S		√	110	100+50	Late Out 50%plus	
110	S			110			

说明：

Disc.：折扣；　　　　COMP.：免费房；　　　　O.O.O.：待维修房；

House Use：酒店自用房；　　Single Rt.：单人房费　　Late Out：推迟离店房

客房收入报告的资料来源主要是"房租折扣及免费表"和"每日报告"。"每日报告"主要反映以下内容：

（1）客人早晨办理住宿手续的；

（2）客人在规定时间12点以后结账离店的；

（3）客人使用钟点客房的情况；

（4）住房费变化。

制作客房收入报告时，要依据每日报告上所提供的情况，确定客人的实际住房费。

（三）当日取消订房表

"当日取消订房表"（Cancellation List）如表6-4所示，该表一式三份，分送前厅部经理、前台接待处和预订处，预订员要据此修改预订控制记录。同时，取消订房表也是酒店掌握超额预订比例的依据之一。

表6-4　当日取消订房表（Cancellation List）

DATE（日期）:

Name 姓名	Dep. Date 离开日期	Accm. 房间类型	Rate 房价	Reason of Cancellation 取消原因
Total 总计	RMS: 客房数		PAX: 人数	

（四）未到客人报表

未到客人（No Show List）指没有正式取消预订，在预订入住日未抵达的客人。该表也是酒店掌握超额预订比例的依据之一。与取消订房表一样，No Show List（参见表6-5）同样一式三份，分送前厅部经理、前台接待处和预订员，以便前台经理了解情况，预订员据此修改预订控制记录。

表 6-5　未到客人报表（No Show List）

DATE（日期）：

Name 姓名	Dep. Date 离开日期	Accm. 房间类型	Rate 房价	Remarks 备注
Total 总计	RMS： 客房数		PAX： 人数	

（五）预订更改表

"预订更改表"（Amendment List）反映客人由于某种原因而更改预订要求（包括入住日期、离开日期、房间类型及房价等）的情况。见表6-6。

表 6-6　预订更改表（Amendment List）

DATE（日期）：

Name 姓名	Arr.Date 入住日期		Dep.Date 离开日期		Accm. 房间类型		Rate 房价		Remarks 备注
	Ori. 旧	New 新	Ori. 旧	New 新	Ori. 旧	New 新	Ori. 旧	New 新	
Total 总计	RMS： 客房数						PAX： 人数		

（六）提前退房表

由于种种原因，有些住店客人可能会要求提前退房。遇到这种情况，前台接待员应制作"提前退房表"（Unexpected Departure）（见表6-7），并立即通知预订处，以修改预订控制记录，提高客房出租率。此外，掌握和保留客人提前退房的有关资料，也是酒店确定超额预订数的重要参数。

表6-7　提前退房表（Unexpected Departure）

DATE（日期）：

ROOM NO. 房号	NAME 姓名	PERIOD 原定退房日期	PAX 人数	REMARKS 原因
总数： TOTAL_____　RMS_____　PAX_____				

（七）延期退房表

如客人提出要延期退房，接待人员要查看房态，看是否能满足客人的要求。如果客房已订满，不能满足客人延期退房的要求，则要向客人解释，取得客人的谅解。如可以满足客人的要求，则要制作"延期退房表"（Extension List），如表6-8所示，以反映客人推迟离店日期的情况，并通知预订处修改预订记录。

表6-8　延期退房表（Extension List）

DATE（日期）：

ROOM NO. 房号	NAME 姓名	DEP.DATE 离店日期	PAX 人数	REMARKS 原因
总数： TOTAL_____　RMS_____　PAX_____				

（八）入住房数出入表

由于人数发生变化等预订客人在办理登记手续时，可能会提出增加（或减少）客房数的要求，须将这些情况制成"入住房数出入表"（Differences）予以反映。参见表6-9。

表 6-9　入住房数出入表（Differences）

DATE（日期）：

NAME 姓名（团名）	FROM 原房间类型 及数量	TO 新要求房间 类型及数量	DIFFERENCES （RM） 客房数出入	DIFFERENCES （PAX） 人数出入
New York Family Tour	8××	7××1×	0	−1
Mr.Liu	3××	2××	−1	−2
TOTAL 总出入			−1	−3

（九）房租折扣及免费表

制作"房租折扣及免费表"（Discount & Complimentary List）时，要在备注栏里注明优惠或免费原因。

（十）次日离店客人退房表

制作"次日离店客人退房表"（Expected Departure List）（见表 6-10）有助于有效地控制房态，做好退房的准备工作，防止出现客人逃账现象。

表 6-10　次日离店客人表（Expected Departure List）

DATE（日期）：

ROOM NO. 房号	NAME 姓名	PERIOD 住店日期	PAX 人数	REMARKS 备注
总数： TOTAL＿＿＿＿　RMS＿＿＿＿　PAX＿＿＿＿				

（十一）今日住店 VIP 报告

VIP 是酒店贵宾，应制作"今日住店 VIP 报告"（Today's VIP Stayover Report）对其住、离店情况，有关部门及领导要做到心中有数，以便做好迎、送等接待工作。参见表 6-11。

表 6-11　今日住店 VIP 报告（Today's VIP Stayover Report）

CC：FRONT OFFICE MANAGER/HOUSEKEEPING

DATE（日期）：

NAME OF GUEST 姓名	POSITION/COMPANY/TITLE 职位／公司（单位）	ARRIVAL 抵店日期	DEPARTURE 离店日期	RM NO. 房号
	CLERK_____　　SUPERVISOR_____			

（十二）次日 VIP 离店报告

如上理由，应制作"次日离店 VIP 报告"（Expected VIP Departure List），参见表 6-12。

表 6-12　次日 VIP 离店报告（Expected VIP Departure Report）

CC：FRONT　OFFICE　MANAGER/ASSISTANT　MANAGER

DATE（日期）：

NAME OF GUEST 姓名	ROOM NO. 房号	ARR.DATE 抵店日期	POSITION/COMPANY/TITLE 职位／公司（单位）	DEP.TIME 离店时间
	CLERK_____　　SUPERVISOR_____			

第四节　前厅部与其他部门的信息沟通

　　酒店对客服务是整体性的，并非靠某一部门、班组或某一个人的努力就可以获得成功。所以酒店各部门之间的工作联系、信息沟通、团结协作就显得格外重要。各部门之间沟通的成功与失败，将直接影响酒店运行与管理的成功与失败，影响对客人的服务质量。

一、前厅部与有关部门之间的信息沟通

如图6-3所示，前厅部是酒店的"神经中枢"，是酒店信息的集散地，前厅部与酒店其他经营与管理部门的有效沟通，使得酒店能够为客人提供干净的客房、运转良好的设备、安全的环境、美味佳肴、快捷服务、准确无误的结账。作为前厅部各级管理人员，更应了解自己肩负的责任，要有整体意识和团队精神，明确信息沟通的重要性。

信息沟通可以采用口头形式，也可以采用书面形式或网络方式。为了提高信息沟通的质量，前厅部经理应当确立标准的沟通程序，使前厅部员工与酒店客房部、餐饮部、工程部、销售部等部门的沟通规范化。

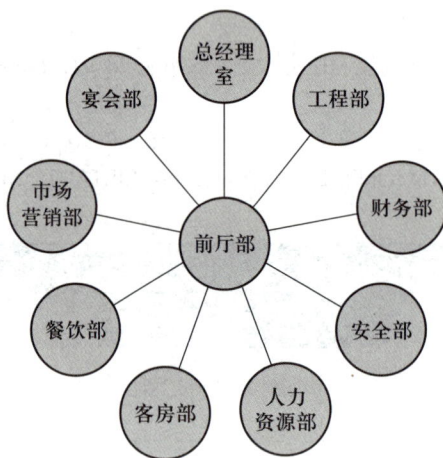

图6-3 前厅部与酒店其他部门的信息沟通

（一）前厅部与总经理室的信息沟通

前厅部除了应及时向总经理请示汇报对客服务过程中的重大事件外，平时还应与总经理室沟通以下信息。

1. 接待处。

（1）房价的制定与修改。

（2）免费、折扣、订金、贵宾接待规格、客房销售政策的呈报与批准。

（3）每日递交"在店贵宾／团队表""预期离店VIP客人名单""客房营业日报表""营业情况对照表"等。

2. 预订处。

（1）每日呈报"客情预报表"。

（2）递交"贵宾接待规格审批表"，报告已预订客房的贵宾情况；贵宾抵店前，递交"贵宾接待通知单"。

（3）每月递交"房价及预订情况分析表""客源分析表""客源地理分布表"。

（二）前厅部与客房部的信息沟通

酒店前厅部与客房部的联系最为密切，很多酒店的前厅部与客房部是合二为一的（Rooms Division），正因如此，这两个部门之间的信息沟通也就最频繁，内容也最多。

前厅部要与客房部就客房利用状况、安全问题、住客资料、客人对设备用品的需求等信息进行沟通，这些信息的沟通要求十分及时、准确。

客房部经理要依靠前厅部对客房的销售预测结果进行排班，及时地拿到前厅部的客房销售情况预测表可以使客房部经理科学、合理地安排和处理员工的请假和休假问题。

有时，总台会直接收到客人要求增加或提供客用品（如毛毯、洗发水、吹风机等）的请求，这时，总台员工必须立即将这一信息转达到客房部。

前厅部与客房部信息沟通的主要内容有：

1. 接待处

（1）客房楼层应每日向前台接待处提交"楼层报告"，以便前台控制房态。这是协调客房销售与客房管理之间关系的重要环节，也是前厅部与客房部最重要的信息沟通内容之一。

（2）在团队客人抵店前，递交"团队用房分配表"。

（3）用"特殊服务通知单"将客人提出的房内特殊服务要求通知客房部。

（4）将客人入住及退房的情况及时通知客房部。

（5）通过"客房／房价变更通知单"把客人用房的变动情况通知客房部。

（6）递交"预期离店客人名单""在店贵宾／团队表""待修客房一览表"。

（7）客房楼层应将客人在房内"小酒吧"的消费情况通知前台接待处（或收银处）。

2. 预订处

（1）每日发送"客情预测表"。

（2）通知房内鲜花布置的要求。

（3）通知订房客人所需要的房内特殊服务要求。

（4）贵客抵店前，发送"贵宾接待通知单"。

（5）贵宾抵店的当天，将准备好的欢迎信、欢迎卡送交客房部，以便客房部做好贵宾房布置。

3. 大厅服务处

（1）递送报纸、邮件和有关文件，或将需递送的报纸及"报纸递送单"交客房部。

（2）运送抵店的团队客人行李时，如客人不在客房内，请客房服务员打开房门，以便把行李送入客房。

4. 宾客服务中心

如发现客人对电话叫醒服务无反应，应通知客房部上门人工叫醒。

（三）前厅部与销售部的信息沟通

前厅部与销售部都对酒店的销售工作负有责任。前厅部主要对零星散客，尤其是当天的客房销售工作负责，而销售部则对酒店长期的、整体的销售，尤其是团队和会议的客房销售负责。因此，前厅部与销售部之间必须加强协作与信息沟通，提高酒店客房利用率，减少销售工作中的矛盾与冲突。

销售部需前厅部为其提供客历档案及各类预订信息，以便更好地满足客人的需求。前厅部为客人提供专业的、热情周到的服务也是对销售部的工作的支持。

对销售部而言，客历档案是进行市场营销的极有价值的资源。销售部可利用客历档案的相关资料进行各种市场营销和促销活动，邮寄促销信函，选择适当的广告媒体。因此，前厅部员工应当尽可能为销售部提供即时的、准确的信息。

客人与酒店销售部的第一次接触通常是通过酒店的总机进行的。一位高素质的、热情友好而且对酒店各部门及其员工比较熟悉的总机话务员，会给客人留下良好的第一印象，向这位潜在的客人发出这样一个信号：这家酒店相当不错。

发送给销售部信息时应当快捷、准确、完整。为了实现有效的沟通，前厅部经理应当向前厅部新员工介绍销售部员工及所负责的工作（包括其他有关部门人员）。

前厅部有关部门与销售部的沟通内容主要有：

1. 接待处

（1）与销售部进行来年客房销售预测前的磋商。

（2）出现超额预订情况时，与销售部进行磋商与协调。

（3）在团队客人抵店前，将团队客人的用房安排情况，通知销售部。

（4）在团队抵店后，销售部团队协调员将客人用房等变更情况书面通知接待处。

（5）向销售部每日递交"在店贵宾／团队名单""预期离店客人名单""客房营业日报表""营业情况对照表"。

2. 预订处

（1）为避免超额预订情况的发生，在旅游旺季，预订部应与销售部及时沟通，研究决定团队客人与散客的接待比例。

（2）销售部将已获总经理室批准的各种订房合同副本交预订处。

（3）销售部将团队客人的订房资料、"团队接待通知单"送达预订处。

（4）预订处与销售部核对年度、月度客情预报。

（5）每日递送"客情预测表""贵宾接待通知单""次日抵店客人名单""房价及预订情况分析表""客源比例分析表"。

为了便于协调，减少工作冲突，提高工作效率，有些酒店取消了"预订处"，或将其划归销售部管理。

3. 礼宾部

从销售部了解离店团队的发出行李时间及离店时间。同时，销售部应将团队客人活动的日程安排等信息通知礼宾部，以便回答客人的询问。

4. 宾客服务中心

（1）了解团队客人需要提供的叫醒服务时间。

（2）了解团队活动的日程安排。

（四）前厅部与财务部的信息沟通

为了防止出现漏账、逃账等现象，确保酒店的经济利益，前厅部应加强与财务部之间的信息沟通。

1. 接待处

（1）就给予散客的信用限额与财务部进行沟通。

（2）根据酒店政策，收取预付款。

（3）递送抵店散客的账单、登记表。

（4）递交压印好的信用卡签购单。

（5）递送已抵店的团队客人的总账单与分账单。

（6）递送"客房／房价变更通知单"。

（7）每日递送"预期离店客人名单""在店客人名单""在店贵宾／团队表""客房营业日报表""营业情况对照表"。

（8）就过了离店时间后退房的客人的超时房费收取问题进行沟通。

（9）客房营业收入的夜审核对工作。

2. 预订处

（1）就订金（预付款）的收取问题进行沟通。

（2）就订房客人的信用限额问题进行沟通。

（3）每日发送"客情预测表""贵宾接待通知单"。

3. 礼宾部

如已结账的客人再次发生费用，收银处与大厅服务处应及时沟通，以便大厅服务人员采用恰当的方法，提醒客人付账。

（五）前厅部与餐饮部的信息沟通

餐饮是酒店营业收入的两大来源之一，前厅部必须重视与餐饮部的信息沟通，以加强管理，提高效益。比如，前厅部要向餐饮部提供客人的信用信息，以便餐厅决定是否可以接受客人签单；向餐饮部提供住店客人信息，以便餐厅经理能够合理排班，预测营业收入（如上早班的餐厅经理可能需要了解有多少住店客人，以便决定需要安排多少人上早班）。另一方面，餐饮部要将住店客人的消费信息及时、准确地提供给前台收银，以便记入客人的总账单。

前厅部与餐饮部的沟通还包括以下几方面的内容：

1. 接待处

（1）书面通知餐饮部客房的布置要求，如在客房内放置水果、点心等。

（2）发放团队用餐通知单。

（3）每日发送"在店贵宾／团队表""在店客人名单""预期离店客人名单"。

2. 预订处

（1）每月发送"客情预报表"。

（2）每日发送"客情预测表""贵宾接待通知单"。

（3）通知订房客人的用餐要求及房内布置要求。

3. 礼宾部

（1）每日从餐饮部的宴会预订组取得"宴会／会议活动安排表"。

（2）随时掌握餐饮部各营业点的服务内容、服务时间及收费标准的变动情况。

（3）更新每日宴会／会议、饮食推广活动的布告牌。

4. 宾客服务中心

随时掌握餐饮部各营业点的服务内容、服务时间及收费标准的变动情况。

（六）前厅部与其他涉及部门的信息沟通

除以上部门以外，前厅部还要与酒店其他部门对客人抵店、住店、离店的情况以及贵宾接待信息等信息进行有效的沟通。

二、信息沟通的主要障碍及纠正方法

前厅部与其他部门之间能否进行有效的沟通，不仅反映了管理者是否了解沟通的方法，也反映了管理者对团体协作精神是否具有足够的认识。要时刻提防和避免阻碍信息沟通的障碍。

（一）阻碍信息沟通的情况

在酒店，信息沟通障碍主要来自以下四个方面：

（1）个人主义严重，互相拆台。

（2）彼此缺乏尊重与体谅。

（3）本位主义，缺少团队意识和集体主义精神。

（4）感情、意气用事。

（二）克服及纠正的方法

（1）抓紧对管理人员及服务人员进行有效的在职培训，使之充分了解"团结协作"的重要性，掌握进行有效沟通的方式方法；使员工在不断精通本职工作的同时，加强对酒店整体经营管理知识和各部门工作内容的了解。

（2）在日常工作中，注意检查部门内部与部门之间信息沟通的执行和反馈情况，不断总结、完善各个环节，对沟通良好的部门和个人及时予以表扬，反之，则予以批评。

（3）组织集体活动，增进员工之间的相互了解，消除隔阂，加强团结。

本章小结

■ 信息是酒店服务和管理的依据，是影响服务质量和管理水平的重要因素，而总台是酒店的信息中心，必须做好信息的收集、加工和传递工作。

■ 总台信息工作的主要内容包括客情的预测和传递，各种经营报表的制作，另外要加强与客房部、销售部、总经理室等经营部门和管理部门以及前厅部内部的信息沟通。

■ 为了不断提高服务质量，满足客人的个性化需求，酒店还应建立客历档案，将每位住店客人的需求特点记录下来，以便为客人提供个性化服务。

■ 前厅部的宾客服务中心，即酒店的话务中心，也是酒店对客服务中心，集合了传统酒店的总机房和客房服务中心的职能。

思考题

1. 为什么要建立客历档案？客历档案主要包括哪些内容？

2. 如何设计前厅部的管理表格？前厅部常用表格有哪些？

3. 前厅部为什么要加强与酒店其他部门的信息沟通？沟通的主要内容有哪些？

4. 分析前厅部与其他部门信息沟通的主要障碍和纠正方法。

5. 试述酒店宾客服务中心的主要工作内容。

6. 分析酒店叫醒失误的原因与对策。

7. 酒店话务服务的基本要求有哪些？

案例分析	拓展阅读
都是转接电话惹的祸	"请把我们交给警察吧！"
即测即评	导入问题解惑
	前厅部与客房部缺乏沟通怎么办？

第七章　宾客关系管理

在对顾客满意度调查分析中，我们发现一些现象：

（1）在提出投诉的顾客中，有54%~70%的人在问题获得解决后，会再次上门消费。如果问题解决得够快，这个比例就会攀升至大约95%。

（2）当一位顾客产生不满时，他平均会将不满传播给9~10人，更有13%的人会把这件事传播给20人以上。

（3）平均每位提出投诉而获得圆满解决的顾客，会把其受到的待遇告诉5~8人。

（4）问题没有得到圆满解决的顾客，会把他们的负面经历转达给8~16人。

此外，还有另一项重要发现：大约有50%的顾客，在遇到问题时，选择沉默和忍受，他们懒得投诉，只是简单、安静地终止客户关系，走向竞争对手。

本章学习目标

➢ 了解大堂副理的岗位职责与素质要求。

➢ 了解酒店"贴身管家"。

➢ 掌握客人对酒店产品的需求心理及与客人的沟通技巧。

➢ 掌握处理客人投诉的方法和艺术。

关键词

宾客关系　大堂副理　客历档案　客人投诉　宾客关系主任　贴身管家

Key Words：Guest Relation，A.M.，Guest History Card，Complaints，Guest Relation Officer，Butler

导入问题

经理的困惑：员工不提供微笑服务怎么办？

酒店业属于服务行业，员工应该为客人提供微笑服务，可是要让所有员工在接待客人的过程中都提供微笑服务，特别是发自内心的微笑，实在太难了。说实在的，有一半员工能为客人提供微笑服务，我们就知足了。员工不微笑，我们也不能处罚他，甚至连批评都不行，作为管理者，我们到底该怎么办呢？

第一节　大堂副理与宾客关系主任

很多酒店大堂都设有典雅、精美的桌台，上面摆放着鲜花，在此工作岗位的就是酒店的大堂副理。

大堂副理的主要职责是代表酒店总经理接待在酒店遇到困难而需要帮助的客人，在自己的职权范围内协助解决，包括回答客人问询、解决客人的疑难、处理客人投诉等。因此，大堂副理是沟通酒店和客人之间的桥梁，是酒店建立良好宾客关系的重要环节。

大堂副理可以是主管级，也可以是部门副经理级，这体现了这一职位的重要性和权威性。对大堂副理的管理模式通常有两种：一是隶属于前厅部；二是由总经理办公室直接管理，大堂副理向总经理办公室主任或直接向总经理汇报。以上两种模式各有其合理性和利弊。从工作性质（属于对客服务项目）和工作岗位的位置（位于前厅大堂）来讲，大堂副理应属于前厅部，而从其职责范围来讲，却涉及酒店各个部门，为了便于协调管理和有效地开展工作，大堂副理则应由总经理办公室直接管理。还有些酒店将大堂副理划归质监部，由质监部经理（或总监）负责，直接处理出现在各部门的服务质量问题和客人投诉问题。具体而言，各酒店应根据自身的实际情况来决定。

无论采用哪种管理模式和体制，都要明确大堂副理管理的岗位职责和管理权限。应避免出现大堂副理与其他部门经理、主管的权力发生冲突，不可影响协调和团结。

一、大堂副理的岗位职责与素质要求

直接上级：前厅经理/总经理。

直接下级：宾客关系主任。

岗位职责：

（1）代表酒店管理机构处理客人投诉，解决客人的疑难问题，及时将客人意见、服务质量方面的问题向总经理汇报，并提出改进意见。

（2）作为酒店管理机构的代表检查各部门员工的纪律、着装、仪容仪表及工作状况。

（3）代表总经理做好日常的贵宾接待工作，完成总经理委托的各项工作。

（4）回答客人询问，并提供一切必要的协助和服务。

（5）维护大堂秩序，确保客人的人身和财产安全以及酒店员工和酒店财产的安全。

（6）抽查酒店各部门的清洁卫生工作及设备设施的维护保养水准。

（7）负责协调处理宾客的疾病和死亡事故。

（8）征求宾客意见，沟通酒店与宾客间的情感，维护酒店的声誉。

（9）处理员工和客人的争吵事件。

（10）保证宴会活动的正常接待。

（11）确保大堂秩序良好，无衣冠不整、行为不端者。

（12）每日参加部门经理例会，通报客人投诉情况、员工违纪等，并提出相关建议。

（13）协助前厅部经理指导并检查前台、预订、总机、门童和礼宾部的工作，做好前厅部的日常管理。

（14）协助前厅部员工处理好日常接待中出现的各种问题，如超额预订问题、客人丢失保险箱钥匙问题、签账超额而无法付款的客人、逃账事件以及其他账务等方面的问题。

（15）沟通前厅部与各部门之间的关系。

（16）完整、详细地记录在值班期间所发生和处理的任何事项，将一些特殊的、重要的及具有普遍性的内容整理成文，交前厅部经理阅后呈总经理批示。

（17）协助保安部调查异常事物和不受欢迎的客人。

（18）认真做好每日的工作日志，对重大事件认真记录存档。

素质要求：

（1）教育背景良好，有大专及以上学历。

（2）在前台岗位工作3年以上，有较丰富的酒店实际工作经验，熟悉客房、前厅工作，略懂餐饮、工程和财务知识。

（3）有良好的外部形象，风度优雅。

（4）能应对各类突发事件，遇事沉着，头脑冷静，随机处理。

（5）个性开朗，乐于且善于与人打交道，有高超的人际沟通技巧。能妥善处理与客人、各部门之间的关系，有较强的写作及口头表达能力。

（6）口齿清楚，语言得体。

（7）外语流利，能用一门及以上外语（其中一门是英语）与客人沟通。

（8）见多识广，知识面宽。了解公关、心理学、礼仪、旅游等知识，掌握计算机使用知识。掌握所在城市的历史、游乐场所地点、购物及饮食场所；了解主要国家的风土人情。

（9）对国家及酒店的政策规定有充分的了解。

（10）具有高度的工作和服务热忱。

（11）彬彬有礼，不卑不亢。

二、大堂副理的工作程序

（一）VIP接待程序

1. 抵店前的准备工作

（1）了解VIP客人姓名、职务、习惯及到店时间。

（2）在VIP到达之前检查VIP入住登记单情况。

（3）检查VIP房的分配情况和房间状况，确保VIP房的最佳状况。

（4）在VIP到达前一小时，检查鲜花、水果和欢迎信的派送情况，督促接待人员半小时前到位，提醒总经理提前十分钟到位，确保一切接待工作准确无误。

2. 抵店时的接待工作

（1）VIP进入大堂时，要用准确的客人职务或客人姓名来称呼和迎接客人。

（2）引领VIP客人进入预分的房间，查看客人的有效证件，确保入住单打印的内容准确无误，并礼貌地请客人在入住单上签字。

（3）向VIP客人介绍客房及酒店内设施、设备。

（4）征求VIP客人的意见，随时提供特殊的服务。

3. 离店后的后续工作

（1）接待完VIP客人后，要及时把入住单交给前厅，准确无误地输入各种信息。

（2）做好VIP客人的接待记录，必要时及时向总经理报告VIP客人到店情况和接待情况。

（3）协助预订部建立、更改VIP客人的档案，准确记录客人的姓名、职务、入店时间、离店时间、首次或多次住店、特殊要求等情况，以作为以后订房和服务的参考资料。

（二）处理客人投诉

1. 接受客人的投诉

（1）确认是否为住店客人，记录客人的姓名、房号、投诉部门和事项。

（2）听取客人的投诉时，头脑冷静、面带微笑、仔细倾听，对客人遇到的不快表示理解，并致歉意。

（3）对客人的投诉，酒店无论是否有过错，都先不进行申辩，尤其是对脾气暴躁的客人，先不做解释，先要向客人道歉以示安慰，让客人感到真心实意。

2. 处理客人的投诉

（1）对一些简单、易解决的投诉，要尽快解决，并征求客人的解决意见。

（2）对一些不易解决或对其他部门的投诉，先要向客人道歉，并感谢客人的投诉，同时向有关经理汇报。

（3）查清事实并作处理，同时将处理结果通知客人，并征求客人对解决投诉的意见，以表示酒店对客人投诉的重视。

（4）处理完客人的投诉后，要再次向客人致歉，并感谢客人的投诉，使酒店在其心目中留下美好的印象，以消除客人的不快。

3. 记录投诉

（1）详细记录投诉客人的姓名、房号或地址、电话、投诉时间、投诉事由和处理结果。

（2）将重大的投诉或重要客人的投诉整理成文，经前厅部经理阅后呈总经理批示。

（三）处理紧急事件

在遇到下列几种特殊情况时，大堂副理应参照以下程序工作：

1. 客人生病或受伤

（1）客人若在入住期间生病或受伤，先以电话询问病情，然后再依病情和客人之要求，决定请医生来或是送去医院治疗，严禁随便拿药给客人服用。

（2）若客人病情严重，或有特殊要求，可联系医院请医生出诊。请医生出诊应事先电话提供病人的详细情况。情况紧急，可拨打电话120，请急救中心出诊。在紧急情况下，如心脏病等，白天可让客人先在医务室就诊。病人若行走不便，可安排轮椅（一般存在行李房）或担架（客房加床用的折叠床即可）。

（3）在与医院联系后，要协助客人订好出租车，并告知司机医院的确切位置。在遇无出租车的情况下，可联系酒店车队。

（4）客人需要住院治疗时，将客人之病情及房号等做记录，如有可能通知其在当地的亲友。

（5）保留房间。客人在住院期间若欲保留其房间，则通知客房部，若不需要保留房间，则征得客人同意后，帮助其整理行李并寄存于行李房，将客人衣物存放于宾客服务中心。

（6）对于传染病客人，要劝其离店，并对房间及房内物品做彻底消毒，同时对楼道及有关区域进行消毒处理。

（7）客人要求药物时，应委婉告知客人，酒店只能提供简单伤口处理使用的创可贴、纱布等。

2. 客人自杀或死亡

（1）若发现此状况，而未能确定是否已死亡时，立即报保安部，并请医务室或特约医院叫救护车送往医院急救，将事件报告总经理并做记录。

（2）立即封锁现场及消息，并通知客房部、公关部等有关单位，由保安部经理判断是否报警处理。

（3）死亡。凡有房客死亡时，立即报保安部、总经理，再依下列情况处理：

自然死亡和病死。首先封锁消息，封闭该房门后致电医院派救护车运走，由保安部报告有关部门，再通知友人或家属到医院。

谋杀。保持现场完整，报保安部，等候公安机关人员调查，再视情况处理。

自杀。先封锁消息和现场，联系医院派救护车运走急救。等运走后再由保安部通知有关部门。若急救无效，依"自然死亡"项处理。

3. 火灾

（1）大堂副理接到火警通知后，先报消防中心，然后电话通知总机（总机按"接火警通知方案"程序通知有关人员），并记录通知时间，然后携带总钥匙和手电筒迅速赶到现场。

（2）若火灾发生在厨房，应通知工程部立即关闭所有煤气阀门，关掉所有电源，关闭受影响的一切通风装置。

（3）检查火警现场，并与保安部、工程部等有关部门的人员取得联系，在最高领导决策后，决定是否报火警派消防车支援。

（4）根据现场情况，做好各部门协调工作，在最高领导决定后，组织客人撤离火灾现场。

（5）当需要将客人安排到其他酒店时，大堂副理立即与其他酒店取得联系。

4. 偷盗

（1）发生任何偷盗现象时，均须先报酒店保安部。

（2）接到通知后，同保安人员赶到现场，若发生在房间，则同时通知客房部主管前往。

（3）请保安部通知监控室注意店内有关区域是否有可疑人物。

（4）查询客人被盗物品及是否曾有客来访的有关资料，并做记录，视客人要求，由客人决定是否向公安机关报案。

（5）若客人有物品遗失，无论酒店有无责任赔偿，均应酌情给予关照。

（6）一般要由客人自己报案，大堂副理派人联系，最好由保安部和大堂副理同时出面与客人交涉，外籍客人须报市公安局外管处；国内客人报案，可到当地派出所，也可报公安局。

（7）若住店客人在店外被盗，征得客人同意后，大堂副理可协助客人向事发地区公安机关报案。

5. 员工意外

员工发生意外时，通常由员工所在部门的经理会同人事部经理处理，节假日由大堂副理代为处理，并做记录，次日转交以上两部门处理。

三、大堂副理工作"五忌"

（一）切忌刻板地工作

大堂副理大多数时间应在大堂迎来送往招呼客人，以及回答客人的一些问题，抓住与客人交流的机会。这样不仅使酒店的服务具有人情味，增加了大堂副理的亲和力，还可以收集更多客人对酒店的意见和建议，以利于发现酒店服务与管理中的问题与不足，及时发现隐患苗头，抢在客人投诉之前进行事前控制。

（二）切忌在客人面前称酒店其他部门的员工为"他们"

在客人心目中，酒店是一个整体，不论是哪个部门出现问题，都会认为就是酒店的责任，而大堂副理是代表酒店开展工作的，故切忌在客人面前称别的部门员工为他们。

（三）切忌在处理投诉时不注意时间、场合、地点

有的大堂副理在处理宾客投诉时往往只重视了及时性原则，而忽略了处理问题的灵活性和艺术性。例如，客人在午休、进餐、发怒时，或在发廊、宴会厅等公共场所去处理投诉，效果往往不佳，还可能引起客人反感。

（四）切忌缺乏自信，在客人面前表现过分谦卑

大堂副理代表酒店总经理在处理客人的投诉和进行相关的接待，其一言一行代表着酒店的形象，应表现充分的自信，彬彬有礼，热情好客，不卑不亢，谦恭而非卑微。过分谦卑是缺乏自信的表现，往往会被客人看不起，对酒店失去信心。

（五）切忌不熟悉酒店业务和相关知识

大堂副理应熟悉酒店业务知识和相关知识，如前台和客房服务程序、送餐服务、收银程序及相关规定、酒店折扣情况、信用卡知识、洗涤知识、基本法律法规、民航票务知识等，否则会影响处理投诉的准确性和及时性，同时也将失去客人对酒店的信任。

四、宾客关系主任

（一）宾客关系主任的岗位职责

宾客关系主任（Guest Relation Officer，GRO）一般由一些大型豪华酒店设立，专门用来建立和维护良好的宾客关系。宾客关系主任直接向大堂副理或值班经理（Duty Manager）负责。宾客关系主任要与客人建立良好的关系，协助大堂副理欢迎贵宾以及安排团体临时的特别要求。

宾客关系主任的主要职责包括：

（1）协助大堂副理执行和完成大堂副理的所有工作。

（2）在大堂副理缺席的情况下，行使大堂副理的职权。

（3）发展酒店与客人的良好关系，并征求意见，作好记录，作为日报或周报的内容之一。

（4）欢迎并带领VIP入住客房。

（5）负责带领有关客人参观酒店。

（6）在总台督导并协助为客人办入住手续。

（7）处理客人投诉。

（8）留意酒店公共场所的秩序。

（9）与其他部门合作沟通。

（10）完成大堂副理指派的其他任务。

其中，主动征集客人意见（特别是VIP的意见）是GRO的重要职责，一些高星级酒店将其形成制度，要求每天每位GRO必须主动向客人征集5条以上的有效意见，并进行双向反馈。

除了上述职责以外，宾客关系主任有时还要负责客历档案的建立、完善和管理工作。凡是通过主动拜访、客人告知、员工反映等途径获得的客人喜好、习惯、忌讳等资料信息，都要整理成文字，保存起来。宾客关系主任应记住客人的信息，在每天查阅预订客人名单和已入住客人名单时，要做到一看到熟悉的客人名字，就能及时反馈相关资料，然后按照该客人的客史记录，安排相关事宜，为客人提供个性化服务。

（二）宾客关系主任新发展

随着社会的发展，酒店GRO的发展出现了一些新的动态。

"W酒店"是万豪集团旗下的奢华时尚品牌。该酒店创新性地设立了一个客户服务岗位：W Insider（W行家）。该职位隶属于礼宾部，他们没有制服，可以随性发挥自己的时尚穿衣风格，其工作就是负责收集全城最时尚的元素，带游客体验。城里的美食、派对、商演，从剧院到小酒吧，只要是客人想要的，W. Insider本着"使命发达"的原则，都会尽量帮助满足，这使酒店从目的地信息提供者，转变为客人的出行参与者。这类服务在增加客人对酒店黏性的同时，也增加了品牌关注度和品牌价值。

第二节　贴 身 管 家

一位两次到苏州接洽业务的外企领导，到了曾经入住的新城花园酒店。刚走进房间，他吃惊地发现，眼前的一切，竟与上次自己提出的要求完全吻合：桌上摆着他喜爱的康乃馨，床上特意放了两个枕头，电视机所设定的开机频道也是自己喜欢的内容……然而，事先秘书并未与酒店沟通，这些细节安排，酒店是如何预先做到的呢？原来，这一切都是"贴身管家"的功劳。目前，很多大酒店都配有贴身管家，为客人提供个性化服务。在中国，20世纪90年代初"贴身管家"首先出现在北京、上海等中心城市，主要是为国外来的领导人服务的。目前，国内很多大酒店都有贴身管家的身影。当客人首次踏进酒店大堂，事先指派的管家就会上前递上名片……

一、贴身管家的含义

贴身管家服务源于欧洲贵族家庭的管家服务，到今天演变成了一种专业化、私人化的一站式高档酒店服务。下榻酒店的贵宾将得到一位指定的专业管家专门为他服务。训练有素的贴身管家将为客人提供体贴入微的个性化服务，无论是商旅事务还是娱乐休闲，都会尽量为客人安排得尽善尽美，让客人居住愉快，体验现代商旅的舒适与便捷。

酒店的贴身管家服务是一种高档酒店针对入住贵宾的更加个性化的服务方式，为入住贵宾提供专业化、私人化服务内容，极大地满足了酒店贵宾的需求。

二、贴身管家的素质要求

贴身管家为贵宾提供殷勤周到的24小时服务，须具备较高的素质。

（1）流利的外语水平。贴身管家要能够用流利的英语与客人交流，为客人提供服务。特别是对一些西餐、酒水的翻译都达到相当标准。

（2）良好的沟通能力。良好的沟通能力和沟通语言是提高服务质量，使客人满意的前提条件。

（3）良好的礼仪、礼貌修养。这是贴身管家的必修课，为贵宾服务，必须有良好的礼仪礼貌修养。

（4）良好的服务意识。为客人提供体贴、周到的服务，良好的服务意识是必不可少的。

（5）专业的服务技能。其中给客人沏茶、烫衣服也是非常必要的技能，甚至还要在短时间里了解客人的性格喜好。

（6）宽广的专业知识面，包括了解各种洋酒的常识等。

知识链接

深圳华侨城洲际大酒店的贴身管家

三、贴身管家的工作内容

依据接待VIP客人的流程，贴身管家的工作内容可分为以下三个方面：

（一）抵店前的沟通

在客人抵店之前，贴身管家就要与客人进行热情、礼貌的沟通，了解客人的行程、抵达时间，对客人表示欢迎，并为客人提供相关信息，这是贴身管家做好管家服务的第一步。

（二）迎接宾客

根据与宾客的沟通结果，了解其抵店方式和所乘坐交通工具的抵达时间，做好迎宾工作。必要时，贴身管家要带上点心、茶水、毛巾（冷或热毛巾，依据季节而定）去机场、车站迎宾。

（三）在店服务

贴身管家主要负责客人在酒店的"生活起居"，同时兼当客人的"业务助理"。其工作内容主要包括：办理抵离店手续；照顾客人生活起居；会议或会见安排；行程提醒；文件打印；衣物整理；生病护理；客房、餐饮预订；陪同购物、文化观光等。

曾经有位中东客人入住某酒店，为了"做礼拜"，客人特别关注每日太阳升起的确切时间和方向。酒店的"贴身管家"便主动查明每天日出的精确时间，还算出了"正东"的确切方位告知给客人，客人因此赞不绝口。

除了照顾客人的生活细节，"贴身管家"还要兼当客人的"业务助理"。特别对高档商务客人而言，由于客人可能不了解当地的情况，管家要帮他们与工商、税务等部门沟通、咨询信息；推荐并预订地方特色餐厅，以便于客人进行商务洽谈。

（四）送行

客人离店时，贴身管家要在酒店门口为客人送行，必要时，要去机场（车站）为客人送行，以此使接待服务工作有始有终，为客人留下良好印象。

总之，贴身管家要通过对客人体贴入微、周到的服务，让客人感受到生活起居的方便和酒店的特别关怀，使酒店的服务提高一个档次。

四、贴身管家服务的组织模式

由于涉及服务成本问题，贴身管家服务一般只有豪华高档酒店才提供，三星及以下的中低档酒店不提供贴身管家服务。

贴身管家服务可以有两种组织模式：

（一）临时模式

对于偶尔入住酒店的贵宾（如高级政府官员、体育明星、演艺界人士、企业高级行政人员以及其他社会名人等），临时抽调酒店"精兵强将"，充当客人的贴身管家。这种模式主要适用于接待贵宾数量不多的中小型高档酒店。所抽调的临时"贴身管家"来自客房部或其他部门。

（二）固定模式

在酒店设立专职贴身管家岗位，为入住酒店的贵宾提供贴身管家服务。这种模式主要适用于经常有贵宾入住的大型高档酒店或各类高档精品酒店。

第三节　宾客沟通技巧

要与客人建立良好的宾客关系，就要对客人有正确的认识，要正确理解酒店员工与客人的关系，以及掌握客人的心理和与客人的沟通技巧。

一、正确认识客人

酒店的服务人员是"服务的提供者"，而客人则是"服务的接受者"，是"服务的对象"。前厅部员工在工作中始终都不能忘记这一点，不能把客人从"服务的对象"变成"其他"对象。所有与"提供服务"不相容的事情，都是不应该做的。特别是无论如何也不能让客人生气。因为客人来酒店是来"花钱买享受"，而不是来"花钱买气受"的。

酒店员工在工作中，尤其要注意以下四点：

（1）客人不是评头论足的对象。任何时候，都不要对客人评头论足，这是极不礼貌的行为。例如下面一位客人的经历和反应。

当我走进这家酒店的餐厅时，一位服务员颇有礼貌地走过来领我就座，并送给我一份菜单。正当我看菜单时，我听到了那位服务员与另一位服务员的对话："你看刚才走的那个老头，都快骨瘦如柴了还舍不得吃，抠门得很……""昨天那一位可倒好，胖成那样儿，还生怕少吃一口，几盘食物全叫他给吃干净了！"听了他们的议论，我什么胃口也没有了。他们刚才虽然没有议论我，可是等我走了以后，谁知道他们会怎样议论？我顿时觉得，他们对我的礼貌是假的……

（2）客人不是用来比高低、争输赢的对象。不要与客人比高低、争输赢，因为即使"赢"了，却得罪了客人，使客人对酒店不满意，实际上还是输了。

（3）客人不是"说理"的对象。在与客人的交往中，服务人员应该做的只有一件事，那就是为客人提供服务。因此，除非"说理"已经成为服务的一个必要的组成部分，作为服务人员，是不应该去对客人"说理"的。尤其是当客人不满意时，不要为自己或酒店辩解，而要先立即向客人道歉，并尽快帮客人解决问题。如果把本该用来为客人服务的时间，用去对客人"说理"，其结果，肯定是吃力不讨好。

（4）客人不是"教训"和"改造"的对象。酒店的客人中，什么样的人都有，思想境界低、虚荣心强、举止不文雅的人大有人在。但服务人员的职责是为客人提供服务，而不是"教训"或"改造"客人。

经典案例

对于客人，用"服务"教育

二、掌握与客人的沟通技巧

（一）对客人不仅要彬彬有礼，还要做到谦恭、殷勤

彬彬有礼只能避免客人"不满意"，而只有谦恭和殷勤才能真正赢得客人的"满意"。

"殷勤"就是对待客人要热情周到，笑脸相迎，问寒问暖；而要做到"谦恭"，就不仅意味着不能去和客人"比高低、争输赢"，还要有意识地把"出风头的机会"全都让给客人。如果说酒店是一个"舞台"，服务员就应自觉地去让客人"唱主角"。

（二）对待客人要善解人意

要给客人亲切感，除了要做"感情上的富有者"以外，还必须"善解人意"，即能够通过察言观色，正确判断客人的处境和心情，并能根据客人的处境和心情，对客人有适当的语言和行为反应。

经典案例

"先生，您不舒服吗？"

（三）"反"话"正"说，不得随意拒绝客人

将反话正说，就是要讲究语言艺术，特别是掌握说"不"的艺术，要尽可能用"肯定"的语气，去表示"否定"的意思。比如，可以用"您可以到那边去吸烟"，代替"您不能在这里吸烟"；"请稍等，您的房间马上就收拾好"，代替"对不起，您的房间还没有收拾好"。在必须说"不"、拒绝时，也要多向客人解释，避免用生硬冰冷的否定词一口回绝客人。

经典案例

希尔顿酒店如何对客人说"不"

（四）否定自己，而不要否定客人

在与客人的沟通中出现障碍时，要善于在语言表达中首先否定自己，而不要否定客人。比如，应该说："如果我有什么地方没有说清楚，我可以再说一遍。"而不应该说："如果您有什么地方没有听清楚，我可以再说一遍。"

（五）投其所好，避其所忌

客人有什么愿意表现出来的长处，要帮他表现出来；反之，如果客人有什么不愿意让别人知道的短处，则要帮他遮盖或隐藏起来。比如，当客人在酒店"出洋相"时，要尽量帮客人遮盖或淡化之，绝不能嘲笑客人。

（六）不能因为与客人熟识，而使用过分随意的语言

做酒店工作久了，就会有许多客人成为自己的朋友了。于是见面的问候不再是"您好"，而是"哇！是你呀！"彼此之间的服务也由"格式化"变成"朋友化"了。这会导致沟通失误，甚至造成严重后果。

客人可以把服务员当"熟人"，可作为服务员却不行，在工作中，酒店员工不能因为与客人熟识而出现礼貌用语的缺失。

经典案例

你死了，还有你的家人……

第四节　客人投诉及其处理

青岛海景花园大酒店的经营理念是：

- 客人离店时必须是满意的，我们才能赢；客人不满意，就是我们输了。
- 从有最多抱怨的客人那里，能得到最有价值的意见和建议。
- 如果与客人争辩，我们就永远是输家。
- 无论谁对谁错，都要给客人留足面子，不能让客人尴尬。

前厅部和客房部服务和管理人员经常遇到的令人头疼的问题就是客人投诉。如何接待投诉客人，如何处理客人投诉，是每一个酒店前厅和客房管理人员所关心的问题。

酒店工作的目标是使每一位客人满意，但事实上，无论多么豪华、多么高档的酒店，无论酒店管理者在服务质量方面下了多大的工夫，总会有某些客人，在某个时间，对某件事、物或人表示不满，因此，投诉是不可避免的。这时，客人可能去找大堂副理投诉（接待投诉客人是大堂副理的主要职责之一），也可能直接向服务员发泄心中的不满，或找领班、主管甚至部门经理投诉。因此，无论是服务员还是房务部管理人员，在接待投诉客人和处理客人投诉方面都要训练有素。

房务部服务员和管理人员应当掌握接待投诉客人的要领和处理客人投诉的方法和技巧，正确处理客人投诉，如此不仅会使自己的工作变得轻松、愉快，而且对提高酒店服务质量和管理水平以及赢得回头客，具有重要意义。

一、客人投诉的产生

就前厅部及客房部而言，投诉的产生通常有以下几方面的原因：

（1）作为硬件的设施设备出现故障。比如，空调出问题、电梯夹伤客人、卫生间水龙头损坏等。酒店的设施设备是为客人提供服务的基础，设施设备出故障，服务态度再好，也无法弥补。有些酒店的突出问题之一就是设施设备保养不善（尤其是一些经营时间比较长的老酒店），这不仅造成酒店经营成本的上升，还严重影响了酒店对客人的服务质量，常常引起客人投诉。

（2）客人对作为软件的无形服务不满。如服务员在服务态度、服务效率、服务时间等方面达不到酒店或客人的要求与期望。

（3）酒店管理不善。比如住客在房间受到骚扰、客人的隐私不被尊重、财物丢失等。

（4）客人对酒店的有关政策规定不了解或误解引起的。有时候，酒店方面并没什么过错，客人之所以投诉是因为他们对酒店有关政策规定不了解或误解造成的，在这种情况下，要对客人耐心解释，并热情帮助客人解决问题。

上述问题，可以分为两种类型：一是有形因素；二是无形因素。对这两种因素，客人投诉的倾向性和投诉的方式是不同的。客人对无形因素，一般不太愿意当面向管理部门提意见投诉。一方面是由于这种因素的"无形性"本身造成的，客人担心"说不清"；另一方面，无形因素通常都是服务方面的问题，而服务又涉及具体的"人"，客人外出，一般不愿意轻易伤和气，不愿意"惹事"，这是主要原因。

二、妥善处理客人投诉的意义

投诉是沟通酒店管理者和客人之间的桥梁。对客人的投诉应该正确认识。投诉是坏事，也是好事，它可能会使被投诉的对象（有关部门或人员）感到不愉快，甚至受惩，接待投诉客人也不是一件令人愉快的事，对很多人来讲，是一种挑战。但投诉又是一个信号，告诉我们酒店服务和管理中存在的问题。形象地说，投诉的客人就像一位医生，在免费为酒店提供诊断，以使酒店管理者能够对症下药，改进服务和设施，吸引更多的客人，因此，管理阶层对客人的投诉必须给予足够的重视。

具体而言，对酒店来说，客人投诉的意义表现在以下几个方面：

（1）可以帮助酒店管理者发现酒店服务与管理中存在的问题与不足。酒店的问题是客观存在的，但管理者不一定能发现。原因之一是，"不识庐山真面目，只缘身在此山中"。管理者在一个酒店的工作时间往往是几年甚至几十年，长期在一个工作环境，对本酒店的问题可能会视而不见，而客人则不同，他们付了钱，期望得到与他们所付的钱相称的服务，他们也可能住过很多酒店，对某个酒店存在的问题一目了然。原因之二是虽然酒店要求员工做到"管理者在和不在一个样"，但事实上，很多员工并没有做到这一点。管理者在与不在截然两样。因此，管理者很难发现问题。而客人则不同，他们是酒店产品的直接消费者，对酒店服务中存在的问题有切身的体会和感受，因此，他们最容易发现问题，找到不足。

（2）为酒店方面提供了一个改善宾客关系的机会，使其能够将"不满意"的客人转变为"满意"的客人，从而有利于酒店的市场营销。研究表明，"如果能使一位客人满意，就可招揽8位客人上门，如因产品质量不好，惹恼了一位客人，则会导致25位客人从此不再登门"，因此，酒店要力求使每一位客人满意。客人有投诉说明客人不满意，如果这位客人不投诉或投诉没有得到妥善解决，客人将不再入住该酒店，同时也意味着将失去25

位潜在客人。这对酒店无疑是巨大的损失。通过客人的投诉，酒店了解到客人的"不满意"，从而为酒店提供了一次极好的机会，使其能够将"不满意"的客人转变为"满意"的客人，消除客人对酒店的不良印象，减少负面宣传。

（3）有利于酒店改善服务质量，提高管理水平。

酒店可通过客人的投诉不断地发现问题，解决问题，进而提高服务质量，提高管理水平。

三、处理客人投诉的目标和原则

（一）处理客人投诉的目标

处理客人投诉的目标是，使"不满意"的客人转变为"满意"的客人，使"大事化小，小事化了"。

（二）处理客人投诉的原则

1. 真心实意帮助客人解决问题

酒店服务人员及管理人员要明白，处理客人投诉时的任何拖沓或"没了下文"都会招致客人更强烈的不满。

2. 不与客人争辩

即使客人错了，也尽量不与客人争辩，不能与客人正面交锋，只能耐心地解释，取得客人的理解和谅解。

3. 不因小失大，必要时把"对"让给客人

"客人永远是对的！"这句耳熟能详的话语是现代酒店的鼻祖斯塔特勒先生说过的。他年轻时在酒店的前厅部工作，负责照顾经过大堂的客人。但和一般前厅部员工不同的是，他在工作时总是细心地观察客人的需求，包括客人的潜在需求，并把它们记录到揣在上衣口袋里的小本里。有一天，他晚上当班，发现一位客人来到前台并和那里的一位员工争执了起来，最后酒店员工认为酒店并没做错，因此，没有向客人道歉。客人很生气，当场拖着行李离开了酒店。在远处看到这一幕的斯塔特勒，马上在他的小本子上写下了一行字，于是就诞生了"客人永远是对的"这句名言。后来斯塔特勒向酒店值班经理说道："谁对谁错不重要，重要的是我看到了我们酒店失去了一单生意，更严重的是我们很可能永远失去了一位客户。"

4. "双利益"原则

既要保护酒店的利益，也不能损害客人的利益。如果片面地追求酒店的利益，其结果

必然损害客人的利益，最终结果是损害了酒店的长远利益。

在酒店利益与客人的利益发生冲突时，很多酒店管理者都以酒店的眼前利益为出发点。比如，在发生房内物品丢失或损坏时，不考虑客人的态度和利益，尽最大的努力去要求客人赔偿（或在酒店利益和客人利益中间找到一个平衡点，用最小的经济代价达到客人最低的满意度）。这样，不仅没有使客人满意，实际上也是在损害酒店的长远利益。处理客人投诉的"双利益"原则要求酒店考虑客人的利益和酒店的长远利益。管理者要树立美好的远景，放眼未来，以客人的合法利益和一大部分酒店能接受的不合理利益为中心，在不断地维护客人利益的基础上树立自己的口碑，建立自己的品牌效应，从而获得自己的最终也是最大的利益。这也是很多国际品牌酒店在处理客人投诉时遵循的原则。

四、处理客人投诉的程序和方法

接待投诉客人，无论对服务人员还是管理人员，都是一个挑战。要使接待投诉客人的工作不再那么困难，使你的工作变得轻松，又使客人满意，就必须掌握处理客人投诉的程序、方法和艺术。

（一）做好接待投诉客人的心理准备

为了正确、轻松地处理客人投诉，必须做好接待投诉客人的心理准备。首先要树立"客人总是对的"信念。一般来说，客人来投诉，说明我们的服务和管理有问题，而且，不到万不得已或忍无可忍，客人是不愿前来当面投诉的，因此，首先要替客人着想，树立"客人总是对的"信念。换一个角色想一想：如果你是这位客人，在酒店遇到这种情况，你是什么感觉？更何况，在酒店业乃至整个服务业，我们提倡"即使客人错了，也要把'对'让给客人"。只有这样，才能减少与客人的对抗情绪。这是处理好客人投诉的第一步。

（二）认真倾听客人投诉，并注意做好记录

前已述及，对客人的投诉要认真听取，勿随意打断客人的讲述或做胡乱解释。此外，要注意做好记录，包括客人投诉的内容、客人的姓名、房号及投诉时间等，以示对客人投诉的重视，同时也是酒店处理客人投诉的原始依据。

（三）正确领会投诉者的真实意图

在倾听客人投诉的同时，要迅速领会投诉者的真实意图。

一般来说，投诉客人有三种心态：一是求发泄。客人在酒店遇到令人气愤的事，怨气回肠，不吐不快；有时，客人在进入酒店之前遇到挫折或不开心的事，心里不舒服、正憋着气，也会找机会把气撒在酒店服务员身上。二是求尊重，以显示自己的尊贵。有时，即

使酒店方面没有过错，客人为了显示自己的身份或与众不同或在同事面前"表现表现"，也会投诉。三是为了求补偿。有些客人无论酒店有无过错，或问题是大是小，都可能前来投诉，其真正的目的并不在于事实本身，不在于求发泄或求尊重，而在于求补偿，尽管他可能一再强调"并不是钱的问题"。

求发泄的客人火气较大，一般伴随粗鲁的举止，他们习惯于否定一切，例如说："你们的服务简直糟透了！"无论酒店哪类人员前去协调沟通都暂时难以安抚他们的情绪。此类宾客的说法显然有不客观、不恰当的地方，接待这类客人，正确的做法是先将其引领至人流量少的地方（如客房、商务洽谈室等），顺其心意安抚："真抱歉，我们的服务工作是有做得不够好的地方"，等他们的怒气稍微缓和时，再详细沟通。

求"尊重"的客人往往表现为有较高的修养素质，尽管情绪也较为激动，但措辞相对缓和。除了谈论投诉事项本身，他们会由此引出其他话题发表见解，在高谈阔论中显示其见多识广。"让你们总经理来见我""我住在某某酒店的时候"是这类客人的常用语。

前两类客人因初期表现类似，因此刚受理投诉时可能难以判断。相对来说，求补偿的客人特征较明显，除了抱怨、批评外，他们会重复强调"我不是为了钱"，但对话中又经常提及自己的损失，且不时会反问酒店人员："你说这事该怎么办？"这就是要求赔偿的潜台词。

当然投诉客人的类型并非是绝对的，但无论是哪一种，接受客人投诉时，首先要做到热情相待、耐心听取。不要与客人进行无谓的争辩或随意打断他们的话语，即便对方怒气冲天，甚至蛮不讲理。也要心平气和，逐步引导，充分尊重投诉者，使其感受到酒店十分重视他提出的问题，显示出酒店经理有教养、有风度，并有能力帮助客人处理好投诉的事情。若直截了当指出客人的错误，就如火上浇油，损害了客人的面子，问题反而难以解决。如果客人投诉的真正目的在于求补偿，则要看看自己有无权力这样做，如果没有相应的授权，就要请上一级管理人员出面接待投诉客人。

（四）对客人的不幸遭遇表示同情、理解和道歉

在听完客人的投诉后，要对客人的遭遇表示抱歉（即使客人反映的不完全是事实，或酒店并没有过错，但至少客人感觉不舒服、不愉快），同时，对客人的不幸遭遇表示同情和理解。这样，会使客人感觉受到尊重，自己来投诉并非无理取闹，同时也会使客人感到你和他站在一起，而不是站在他的对立面与他讲话，从而可以减少对抗情绪。

（五）对客人反映的问题立即着手处理

客人投诉最终是为了解决问题，因此，对客人的投诉应立即着手处理，必要时，要请

上级管理人员亲自出面解决。处理客人投诉时，要注意站在客人的立场上，维护他们的尊严，把"错"留给酒店，巧妙地给对方下台阶的机会，客人最终会理解酒店的诚意。同时，要善于察言观色，适时地用征询、商量、建议性的口吻与客人交谈。但也要注意，把"对"让给客人并不等同于承诺所有。酒店经理应避免主观轻易地表态，单纯的"是"或"不是"容易使自己陷入被动局面。告诉客人你能做什么，如有可能提出可供选择的意见和办法，不可为安抚客人而擅自做主或超越权限做出不合实际的许诺，损害酒店的利益和声誉。

在接待和处理客人投诉时，要注意以下几点：

1. 切不可在客人面前推卸责任

在接待和处理客人投诉时，一些员工自觉或不自觉地推卸责任，殊不知，这样给客人的印象更遭，使客人更加气愤，结果，旧的投诉未解决，又引发了客人新的更为激烈的投诉，出现投诉的"连环套"。

2. 尽量给客人肯定的答复

处理客人投诉时，要不要给自己留有余地？一些酒店管理人员认为，为了避免在处理客人投诉时，使自己陷入被动，一定要给自己留有余地。比如，不应说"十分钟可解决"，而应说"我尽快帮您办"或"我尽最大努力帮您办好"。殊不知，客人，尤其是日本及欧美客人，最反感的就是什么事情都没有明确的时间概念。正如一位投诉客人所言："贻误时间，欧美和日本客人尤为恼火。"因此，处理客人投诉时，要尽可能明确告诉客人多长时间内解决问题，尽量少用"尽快""一会儿"等时间概念模糊的字眼。如果确实有困难，也要向客人解释清楚，求得客人的谅解。

（六）对投诉的处理过程予以跟踪

接待投诉客人的人，并不一定是实际解决问题的人，因此，客人的投诉是否最终得到了解决，仍然是个问号。事实上，很多客人的投诉并未得到解决，因此，必须对投诉的处理过程进行跟进，对处理结果予以关注。

（七）与客人进行再次沟通，询问客人对投诉的处理结果是否满意，同时感谢客人

有时候，客人反映的问题虽然解决了，但并没有解决好，或是这个问题解决了，却又引发了另一个问题。比如，客人投诉空调不灵，结果，工程部把空调修好了，却又把客人的床单弄脏了。因此，必须再次与客人沟通，询问客人对投诉的处理结果是否满意。比如，可打电话告诉客人："我们已通知维修部，对您的空调进行了维修，不知您是否满意？"这种"额外的"关照并非多余，它会使客人感到酒店对其投诉非常重视，从而使客

人对酒店留下良好的印象。与此同时，应再次感谢客人，感谢客人把问题反映给酒店，使酒店能够发现问题，并有机会改正错误。这样，投诉才算得到真正圆满的解决。

五、处理客人投诉艺术

为了妥善地处理客人投诉，达到使客人满意的目的，处理客人投诉时要讲究一定的艺术。实践证明，以下方法可以起到很好的效果。

（一）降温法

投诉的最终解决只有在心平气和的状态下才能进行，因此，接待投诉客人时，首先要保持冷静、理智，同时，要设法消除客人的怒气。比如，可请客人坐下慢慢谈，同时，为客人送上一杯茶水。此时，要特别注意以下几点，否则，不但不能消除客人的怒气，还可能使客人"气"上加"气"，出现火上浇油的效果。

（1）先让客人把话说完，切勿胡乱解释或随便打断客人的讲述。

（2）客人讲话时（或大声吵嚷时），你要表现出足够的耐心，决不能随客人情绪的波动而波动，不得失态。即使遇到一些故意挑剔、无理取闹者，也不应与之大声争辩，或仗"理"欺人，而要耐心听取其意见，以柔克刚，使事态不致扩大或影响他人。

（3）讲话时要注意语音、语调、语气及音量的大小。

（4）接待投诉客人时，要慎用"微笑"，否则，会使客人产生"出了问题，你还'幸灾乐祸'"的错觉。

（二）移步法

投诉应尽量避免在大庭广众之下处理，要根据当时的具体环境和情况，尽量请客人移步至比较安静、无人干扰的环境，并创造良好的气氛与客人协商解决。避免在公共场所与客人正面交锋，影响其他客人，或使酒店及投诉客人都下不了台。

（三）交友法

向客人表达诚意，同时，适时寻找客人感兴趣的、共同的话题，与客人"套近乎"、交友，解除客人的戒备和敌意，引起客人的好感，从而在投诉的处理过程中赢得主动，或为投诉的处理创造良好的环境。

（四）快速反应法

对投诉的处理应该迅速、果断，这反映了酒店对投诉和客人的态度以及对投诉的重视程度，从而提高客人的满意度。相反，在处理客人投诉时的任何拖沓，都会使客人更加反感，甚至"肝火上升"，即使投诉解决了，也不能使客人满意。客人反映的问题解决得越快，越能表现出酒店的诚意和对客人投诉的重视，也越能体现酒店的服务质量，取得客人的谅解，换来客人的满意。

（五）语言艺术法

处理客人投诉时，免不了要与客人沟通。与投诉客人沟通时，特别要注意语言艺术。特别要注意运用礼貌的语言、诚恳的语言以及幽默的语言，另外还要注意避免无意中伤害客人或容易引起客人误解的语言。

（六）充分沟通法

要区别不同情况，把将要采取的措施告诉客人，并征得其同意，告诉他们解决问题所需要的时间。对一些较为复杂的问题，在弄清真相前，不能急于表达处理意见；对一时不能处理的事，要注意让客人知道事情的进展情况，避免误以为酒店将他的投诉搁置不理。

（七）博取同情法

对客人动之以情，晓之以理，让客人理解问题的出现并非酒店的主观意愿，而且酒店也愿意承担一定的责任或全部责任。必要时告诉客人，赔偿责任将由当事服务员全部负责，以体现酒店对投诉的重视，同时博取客人的同情。在这种情况下，很多客人会放弃当初的赔偿要求。

（八）多项选择法

即给客人多种选择方案。在解决客人投诉中所反映的问题时，往往有多种方案，为了表示对客人的尊重，应征求客人的意见，请客人选择，这也是处理客人投诉的艺术之一。

法国雅高集团在对新员工进行入职培训时，都要教会他们处理客人投诉的技巧。他们认为，投诉发生后，因为服务差已经让客人难受，如果又不给客人选择如何纠正错误（只给一个解决方案），那么情况可能会演变成一个僵局甚至使矛盾一触即发，所以我们必须让客人有选择。事实上，85%的问题可以有两个解决方案，10%的问题只有一个解决方案，只有5%的情况没有解决方案。当有两个可能解决方案时，就要让客人选择。两个方式必须同时提出（这个"或"那个）。当只有一个解决方案，而你又想让客人有"选择"时，就要以问题的形式提出解决方案。"您对这样的安排满意吗？"目的是要让客人选择解决方案，让客人感到他掌握事件的发展，而不是被牵着鼻子走。

六、客人投诉的统计分析

投诉处理完以后，有关人员尤其是管理人员，还应对该投诉的产生及其处理过程进行反思，分析一下该投诉的产生是偶然的，还是必然的；应该采取哪些措施，制定哪些制度，才能防止问题再次出现。另外，对这次投诉的处理是否得当且有没有其他更好的处理方法进行反思。只有这样，才能不断改进服务质量，提高管理水平，并真正掌握处理客人投诉的方法和艺术。

客人投诉有助于酒店发现其服务和管理中存在的问题，是酒店提高服务质量和管理水平的杠杆，因此，前台和客房管理人员应十分重视客人投诉，加强对客人投诉工作的管理，做好客人投诉的记录等基础工作，并定期（月、季或年）对客人的投诉进行统计分析，从中发现客人投诉的规律，采取相应的措施或制定有关制度，以便从根本上解决问题，从而不断提高服务质量和管理水平（参见表7-1）。

表7-1　客人投诉情况分析表

月份项目		一	二	……	十二	小计	宾客分类		合计	情况分析
表扬	酒店印象						散客	内宾		
	前厅服务									
	客房服务									
	餐厅服务						团队			
	康乐服务									
	商品部									
	商务中心						长住	外宾		
	食品									
	遗失物品寻回									
投诉	商品部服务						散客	内宾		
	商务中心									
	康乐服务									
	前厅服务									
	餐厅服务									
	餐厅食品						团队			
	客房卫生									
	客房服务									
	客房用品									
	客房设备									

月份项目		一	二	……	十二	小计	宾客分类		合计	情况分析
投诉	电视						长住	外宾		
	空调									
	洗衣									
	供水									
	电梯									
	维修服务									
	遗失物品									
	……									
建议										

七、外国客人对我国酒店的常见投诉

我国的一些酒店与国际酒店业无论在硬件方面还是在软件方面，都有一定的差距，这常常引起客人的投诉。此外，由于东西方文化的差异以及我国很多酒店从业人员缺少酒店服务意识，也常常引起外国客人的投诉。

以下是国外客人对我国酒店的常见投诉。

1. 酒店内的公用卫生间的清扫员要分性别

"男卫生间应由男清洁员来清扫，我走了几家酒店，都是由上了年纪的女士在清洁卫生，外国人不习惯，有的甚至吓得退了出来。酒店要按国际习惯办事。"

2. 客房没有冰块供应

"我们美国人冬天都要吃冰块，更不要说夏天了。希望客房里能有冰块供应，至少大堂里应该有。这是美国人的基本生活需要。这与你们中国人爱喝茶是一样的道理。"

3. 卫生间及卧室有"毛发"

"客人走进给他安排的房间，如果发现毛发那是不能容忍的。将会认为极不卫生，但你们好多酒店对此并不在乎，枕头上、被子上、地毯上、浴缸边经常可见。"

4. 商务客房多是灯光暗淡

"我是常驻商务代表，每天办公到深夜（不只是写东西）。但住了许多酒店，商务客房多是灯光暗淡。你们对这些客房应该按办公室的要求来调整灯光，加强亮度。"

5. 酒店工作人员大声喧哗

"在酒店内任何地方，从总经理到服务员讲话都要注意轻声，切忌大声喧哗。酒店里大嗓门讲话，给客人留下不文明的印象。国外公共场所都是轻声讲话，这也是个礼貌问题。但在中国很多酒店，工作人员大声喧哗的现象却较为普遍。"

6. 酒店服务要有明确的时间概念

"外国人时间观念极强，很守时。酒店一切服务都应有明确的时间概念。如有意外服务或特殊要求，尽量少用'一会儿''马上''等等再说'之类时间概念模糊的字眼，要明确告诉客人多少时间内提供，而且要说到做到。若耽误时间，欧美和日本客人会尤为恼火。"

以上客人投诉与问题很有普遍性，应该引起我国酒店管理人员的高度重视，使我国酒店尽早与国际酒店业接轨。

知识链接

"外事投诉"处理
的方法与技巧

本章小结

■ 建立良好的宾客关系是酒店经营成功的保障和前提，现代酒店必须重视宾客关系。酒店大堂副理以及宾客关系主任等岗位的设立，主要目的就是解决住店客人在酒店遇到的各种问题，建立良好的宾客关系。

■ "贴身管家"是个性化服务的极致。

■ 一般而言，宾客关系主任是在四星级以上大型、高档酒店才有必要设立，而大堂副理则在三星级以上中高档酒店就要设立。大堂副理的职责和定位问题是一个需要认真研究的问题。在实际操作中，大堂副理在各酒店扮演的角色各不相同。有的具有管理职能，有的只起协调作用（在客人与部门之间进行协调），还有的仅仅扮演翻译的角色；有的相当于部门经理的级别（这种情况比较少），有的则享有主管的级别（这种情况比较普遍）；有的有权干预酒店各部门对客服务问题，有的则只能指导前厅部的工作。大堂副理权限过大，可能造成双重领导，引发各种矛盾。权限过小，则形同虚设，发挥不了大堂副理应有的作用。酒店应根据自身的实际情况，对大堂副理进行合理的定位，使其既能较好地发挥自身的职能，又不会引起管理的混乱。

■ 正确处理客人投诉也是建立良好宾客关系的重要环节，总台服务和管理人员要学会处理客人投诉的方法和技巧。

思考题

1. 解释下列概念：

（1）大堂副理（2）GRO（3）功能服务（4）心理服务

2. 简述大堂副理的岗位职责与素质要求。

3. 什么是"贴身管家"？酒店贴身管家需要具备哪些素质？

4. 如何建立良好的宾客关系？

5. 论客人投诉及其处理的方法和艺术。

案例分析

客人"食物中毒"，大堂副理怎么办？

拓展阅读

我做国王的贴身管家

即测即评

导入问题解惑

员工不微笑该怎么办？

第八章　客房价格与收益管理

在酒店营销因素组合中，价格是一个重要因素，是酒店主要的竞争手段之一。价格是否合理对产品和服务的销路及其在市场上的竞争地位、对酒店的营销形象以及营业收入和利润都会产生极大的影响。国际旅游业发展的经验表明，酒店经营是否成功、经济效果如何，在很大程度上取决于价格决策的正确与否。

收益管理是酒店业最新发展趋势。收益管理最早出现于航空业，后被引入酒店业，已经受到国内外酒店经营管理人员前所未有的重视，成为酒店竞争的重要手段。事实上，客房价格管理是收益管理的主要内容之一。

本章学习目标

➤ 了解客房价格的构成。
➤ 掌握客房商品的定价目标。
➤ 熟悉客房商品的价格体系，了解影响客房定价的因素。
➤ 掌握客房定价法与价格策略。
➤ 了解收益管理的概念。
➤ 学会收益管理的实施方法。

关键词

客房定价　价格策略　收益管理
Key Words：Pricing，Strategy，Revenue Management

导入问题

经理的困惑：如何在不降低平均房价的基础上，提高开房率？

某酒店附近又新开了一家四星级酒店，这意味着该类酒店的竞争将日趋激烈，大家都感到了丝丝寒意。而在此时，酒店总经理又提出要在不降低平均房价的基础上，提高开房率。作为前厅经理，该从何入手呢？

第一节　影响客房定价的因素

很多客人有疑惑："住一晚上客房，酒店要收取数百元甚至上千元房费，而我只用了酒店一只牙刷和一只牙膏而已，难道这不是暴利吗？！"要回答这一问题，必须了解影响客房定价的因素以及客房价格的构成。

一、客房价格的构成

客房商品的价格是由客房商品的成本和利润构成的。如图8-1所示，客房商品的成本项目包括建筑投资及由此而产生的利息、客房设备、修缮费、物资用品、土地资源使用费、客房人员工资福利、经营管理费、保险费以及增值税等，利润包括所得税和客房利润。

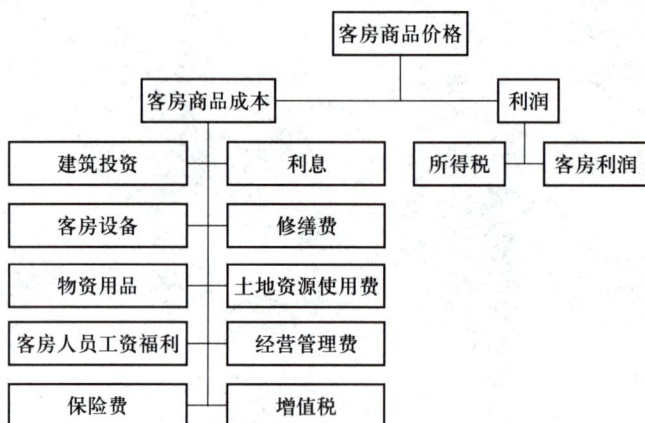

图 8-1　客房商品价格的构成

二、影响客房定价的因素

（一）定价目标

定价目标是指导客房商品定价的首要因素。客房商品定价应围绕定价目标进行。

客房的定价目标通常有以下几种类型：

1.追求利润最大化

追求利润最大化应该是客房商品最基本的定价目标。但利润最大化分为短期利润最大化和长期利润最大化，追求短期利润最大化和长期利润最大化会使酒店管理者在不同的时期，确定不同的价格水平。酒店管理者应以长期利润最大化为追求目标。

以利润最大化为目标进行定价，需确定需求函数和成本函数，这在理论上可行，但在实践中比较困难，因为对客房商品的需求量受除价格以外其他很多不确定（或很难确定）因素的影响，在实践中很难说清需求量的变化是由哪一个因素引起的，或每一个因素对其影响程度是多少。但有一点需要明确，那就是：高房价并不能保证实现利润最大化，而低房价也不一定意味着客房利润的减少。因为高房价尽管会使单位客房的利润率提高，却会导致客人对客房需求量的减少；而低房价尽管会降低单位客房实现的利润率，却会使客人对客房的需求量增加，从而使利润额增加。因此，客房价格不能过高，也不能过低，只有"适当的"价格，才能实现客房利润的最大化。而确定这一"适当的"价格的，需做大量的市场调研，分析酒店在不同历史时期房价的变化对客房需求量的影响程度，掌握价格弹性和市场需求规律。

2. 提高市场占有率

提高市场占有率意味着客房销售量的增加、酒店客房及其他设施设备的利用率的提高、经营成本的降低，以及酒店市场竞争力的提高，因此，市场占有率是很多企业追求的目标。就价格因素而言，要提高市场占有率有时就意味着要采取低价策略。而采用低价策略，酒店决策者应考虑以下事实：

第一，降低价格并不一定能够增加客源，提高市场占有率。因为客源的增加，除了受价格影响以外，还受包括酒店所在地旅游资源、交通、季节、政治、经济等其他诸多因素的影响，从而导致价格对客源的影响甚微，出现"价格降了一大截，而客源增加没几个"的现象。

第二，低价可能有损酒店形象，影响服务质量。

第三，低价促销可能引来同行竞争者的"报复"，导致价格战，结果两败俱伤，使提高市场占有率的计划落空。

一般而言，酒店以低价争取客源，提高市场占有率，只有在以下情况下才适用：客房出租率不高；客房商品的需求弹性很大，客人对客房价格很敏感，低价会刺激客源的急速增加；低价不会导致严重损害酒店形象；酒店有雄厚的实力，可以应付可能出现的来自竞争对手的报复行为，即价格战。

3. 应对或防止竞争

价格无疑是竞争的手段，但有竞争力的价格绝不仅仅意味着低水平价格。有竞争力的价格可以有三种不同的形式：

（1）与竞争者客房同价。在少数卖主控制市场的情况下，当企业的产品与竞争者的类似产品之间没有明显差别，消费者对产品的市场价格水平非常清楚时，采取与竞争者同价的办法，实际上是跟随行业带头人定价的办法。一些档次相同的酒店，在其客房等方面如果没有明显的特色，市场格局又比较稳定，客人也比较成熟时，适宜采取这种定价策略。

（2）高于竞争者的客房价格。如果酒店的客房在硬件设施和软件服务方面，明显高于竞争对手，则应确定较高的房价，以体现优质优价的原则，强调客房商品的优良品质。

（3）低于竞争者的客房价格。如前所述，在一定条件下，采用低价竞争，可以扩大市场份额，提高市场占有率，同时，也可以排挤竞争者进入自己占据已久的市场或进入自己尚未进入的市场。

4. 实现预期投资收益率

投资收益率是酒店投资者所关心的一项重要指标，因此，实现预期的投资收益率也是酒店经营者的定价目标之一。

（二）成本水平

成本水平是影响客房商品定价的基本要素，客房商品定价时，必须考虑客房商品的成本水平。一般而言，价格应确定在成本之上，否则，将导致亏损，长期下去，酒店将难以生存。

（三）供求关系

当供过于求时，将不得不考虑降低价格；当供不应求时，则可以考虑提高价格；而当供求平衡时，当前的市场价格即为合理的价格。供求关系是不断变化的，平衡是暂时的，而不平衡则是绝对的，因此，客房商品的价格应随供求关系的变化，不断地加以调整。

（四）竞争对手的价格

竞争对手的价格是酒店制定房价时的重要参考依据。制定房价时，应首先了解本地区同等级的其他酒店的房价。一般来说，新的房价应略低于同档次其他酒店的房价，这样的房价才具有竞争力。但是，酒店也不能一味地靠低价格取胜，因为有些客人会把到某一价格较高的酒店住宿看成自己身份和地位的象征，价格过低，酒店会失去对这部分客人的吸引力。另外也会使客人怀疑本酒店的服务质量，长期实施低价格，也会影响酒店的市场形象，而一旦调高价格，就会引起客人的不满，从而失去竞争力。此外，一个值得注意的现象是，价格过低会使酒店员工产生这样的认识：低档价格只能配之以低档服务。从而自觉或不自觉地降低服务质量标准，由此导致服务质量下降，如服务态度变坏、卫生状况变差等。

（五）酒店的地理位置

酒店的地理位置是影响房价的又一重要因素。一位著名的国际酒店管理专家曾经说过，"酒店的经营成功有三个因素：第一是地理位置；第二是地理位置；第三还是地理位置。"足以说明地理位置对酒店经营的重要性。一般而言，位于市中心，离机场、车站比较近，交通便利的酒店，其房价可适当提高一些，而位于市郊或其他地理位置不好的酒店则应相应地降低房价，以提高竞争力。

（六）旅游业的季节性特点

季节性强是旅游业的一大特点。旅游业的季节性特点直接影响酒店经营的季节性情况。在淡、旺季，由于客房供给和需求往往不能达到平衡，因此，必须发挥价格的调节作用来刺激客人需求。

酒店在淡、旺季价格调整的幅度，取决于酒店所在城市或地区旅游业在淡季"淡"的程度和在旺季"旺"的程度。不少国家酒店的房价在淡、旺季之间的升降幅度达10%～50%。广交会期间，广州市酒店业的房价往往要提高100%以上。

（七）酒店服务质量

在定价时，除考虑作为酒店硬件的设施设备的豪华程度以外，还应考虑其服务质量的高低。美国酒店大王希尔顿说过："酒店出售的东西只有一个，这就是服务。卖劣质服务的酒店就是劣质酒店；卖好服务的酒店就是好酒店！"，这句话充分说明酒店服务的重要性。因此，在进行客房定价时，也必须考虑酒店的服务质量，即员工的礼貌礼节、服务态度、服务技巧、服务效率和服务项目等。

（八）有关部门和组织的价格政策

客房定价还要受政府主管部门及行业协会等组织和机构对酒店价格政策的制约。如为了维护广交会客人的利益，广州市物价局对广州市所有星级酒店在广交会期间的最高房费作了限制，曾规定五星级、四星级、三星级和二星级酒店标准间的最高房费分别不超过2 400元、1 500元、1 000元和550元。

（九）客人的消费心理

客人的消费心理也是进行客房定价时应该考虑的因素之一，尤其要考虑"价格门槛"，即客人对一种商品愿意接受的价格上限和下限。在一定生活水平的基础上（通常指较高的生活水平），对于某一产品，人们不但会在其价格过高时不愿意购买，在消费者认为价格过低时，也不会购买，因为，此时他们会怀疑产品的质量有问题。

第二节　客房定价法与价格策略

一、常用的客房定价方法

（一）随行就市法

随行就市法是将同档次竞争对手的客房价格作为定价的依据，从而制定本酒店客房价格的一种定价方法。

（二）千分之一法

千分之一法是根据客房造价来确定房间出租价格的一种方法，即将每间客房的出租价格确定为客房平均造价的千分之一。

例如，某酒店拥有客房400间，总造价为4 000万美元，若每间客房布局统一，则平均每间客房的造价为10万美元，按照千分之一规律，房价应为100美元。按照酒店业的一般规律，平均每间客房造价在10万美元的酒店，应为四星级以上的豪华酒店，显然对于这样的酒店，房费确定在每夜每间100美元左右是比较合理的。

千分之一法是人们在长期的酒店建设和经营管理的实践中总结出来的一般规律，可以用来指导酒店（尤其是新建酒店）客房的定价，判断酒店现行客房价格的合理程度。

按照千分之一法制定房价，通常都是根据酒店建设的总投资和客房总数来计算每间客房的平均房价的，因此，其科学性和合理性就要受到以下两个条件的制约。

（1）酒店客房的类型、面积、设施设备的豪华程度等基本相同。

（2）酒店客房、餐饮及娱乐设施等规模和投资比例适当。即酒店的餐饮和娱乐设施主要用来满足住店客人的需求。如果酒店的餐饮和娱乐设施的目标市场是针对社会大众，则酒店在餐饮和娱乐设施方面的投资比例将大大增加，客房方面的投资比例则相应缩小，这样按照总投资额和客房数计算的平均房价会增大，这时按照千分之一法制定的房价显然是不合理的。

另外，由于千分之一法只考虑了酒店客房的成本因素，而没有考虑供求关系及市场竞争状况，因此，据此制定的客房价格只能做参考，酒店经营管理人员应在根据千分之一法制定的房价基础上，结合当时当地的市场供求关系及竞争状况加以调整，这样的房价才具有合理性、科学性和竞争性。

（三）收益管理定价法

酒店业传统的定价方法有目标利润法、随行就市法、千分之一法、折扣定价法等，这些定价方法的依据是利润、成本和竞争对手的价格等。而收益管理采用的差异定价方法是一种新的更有效的方法，它可以依据不同的客人、未来时期客人对酒店的预订情况以及酒店客房的储备情况，在不同的季节、不同的时间和一天中不同的时段，随时调整和改变客房价格，以期实现酒店收益最大化。

差异定价策略就是根据客人不同的需求特征和价格弹性向客人执行不同的价格标准。这种定价策略采用了一种客人划分标准，这些标准是一些合理的原则和限制性条件。在这种划分标准下，客人就能根据自己的需求、消费方式及愿意接受的价格水平而划分到合适的房价类别中。这些标准一方面使那些对价格比较敏感的客人享受低价，当然他们对客房的选择余地也很小；另一方面让那些愿意付全价的客人可以随意地挑选自己喜爱的房间。这种划分标准的重要作用在于：酒店在向一个细分市场的客人销售打折客房的同时，又能保证另一个细分市场的收入不会减少。

这种定价中有所区别的策略也是很容易向客人解释的。每种房价都有其合理性。运用房价区分系统，酒店就能对它所有的客房进行收益管理。这种区别定价的缺点是其比其他的定价方法更难管理，要求酒店建立复杂的预订系统和收益管理系统。

市场细分是趋势。这种方法中，对不同的客人采用不同的价格标准，这样不仅能获得更多的收入，而且能使更多的客人满意。这种观念是许多行业确定价格的基础。价格细分方法的关键是要制定那些将"愿意并且能够消费得起的客人"和"为了使价格低一点而愿意改变自己消费方式的客人"区分开的标准，并据此制定有效的细分策略（如航空公司只对周末愿意在目的地停留的客人提供优惠机票，这就是一种有效的方法）。

酒店的客人至少可以分为两类：商务旅游者和休闲度假旅游者。这两类客人的目的和要求很多，且各不相同；根据这些客人的消费特点，又可以将这些客人重新组合。任何一位客人的购买决策都是在不同的条件（不同的时间、地点和旅行目的）下做出的。

充分利用客人的这些消费特点，采用收益管理的市场策略，力图通过创新的房价和一揽子服务增加来自价格弹性高的细分市场（即休闲度假旅游者所在的市场）的收入，同时确保来自价格弹性较低的细分市场的收入不至于减少。

除了上述定价法以外，还有客房面积定价法、赫伯特定价法等。其中客房面积定价法是通过确定客房预算总收入来计算单位面积的客房应取得的收入，进而确定每间客房应取得的收入进行定价的一种方法。

赫伯特定价法是在20世纪50年代由美国酒店和汽车旅馆协会主席罗伊·赫伯特主持

发明的。它是以目标收益率为定价的出发点，在已确定计划期各项成本费用及酒店利润指标的前提下，通过计算客房部应承担的营业收入指标，进而确定房价的一种客房定价法。由于这两种方法都是从企业自身出发，以酒店未来期望收益值为出发点，而甚少考虑市场竞争的因素，因此，实用价值不大，在此不做详细的分析和介绍。

二、价格策略

为了在激烈的竞争中处于有利地位，酒店可选用以下五种价格策略。

（一）高牌价，高折扣策略

高牌价可以维护与酒店星级相适应的高档次市场形象，而高折扣政策（包括对散客）则有利于提高酒店的竞争力。即这种策略可以在不损害酒店形象的前提下，提高酒店客房的利用率和竞争力。

（二）"随行就市"的价格策略

大部分酒店都采用这种随行就市的价格策略，即：客房的价格根据淡旺季不同、时段不同、客房预订情况不同、开房率不同等而变化，以期最大限度地提高酒店客房的利用率和经济效益。这种定价策略的缺点是会影响酒店在消费者心目中的形象。例如，某酒店经理说，"现在我们酒店客房实行浮动价，我每天下午开车到旅游景点转一圈，观察一下旅游人数情况，回来之后确定当天客房售价。"

（三）"相对稳定"的价格策略

一些酒店为了取信于旅游消费者，维护酒店在消费者心目中的良好形象，在一段时间内会采取相对稳定的价格策略，即使客房供不应求，也不随意调高价格。这种定价策略的缺点是：可能会使酒店在短期内丧失很多潜在的获取利润的市场机会，但对企业的长期发展有利。同样，有些酒店即使在市场竞争激烈的情况下，也不轻易下调房价，目的也是维护其高档次的市场形象。当然，"相对稳定"并非绝对不变，最终要上浮或下调价格，还要看客房供不应求的程度或市场竞争激烈的程度，以及这种供不应求（或供过于求）是暂时的还是长期的。在供不应求（或供过于求）的状况长期存在或供不应求（或供过于求）的程度很高的情况下，如果一味地为了"稳定价格"而保持价格不变则是不可取的，会使企业长期蒙受损失或失去竞争力。

（四）中低价策略

中低价策略，即对外公布的牌价，始终保持在同档次酒店中的中、低价水平（不打折或打折幅度很小），给人以稳定、实惠的价格形象，以此来吸引客人，取得竞争优势。

（五）"价格逆行"策略

例如，在同行降价时，酒店反而提价，高于别人定价，但这时要有增值的配套措施，以体现差异化。如果同行提价，你可以适当降价，与之持平甚至略低。

第三节　房价体系与平均房价

一、客房价格体系

酒店的房价依其接待对象、时间等不同，分为多种类型，它们一起构成酒店客房的价格体系：

（一）门市价

门市价（Rack Rate）又称为"客房牌价"，即在酒店价目表上明码公布的各类客房的现行价格。该价格不含任何服务费或折扣等因素。

（二）商务合同价

商务合同价（Corporate Rate）是酒店与有关公司或机构签订房价合同，并按合同规定向对方客人以优惠价格出租客房以求双方长期合作的价格。房价优惠的幅度视对方能够提供的客源量及客人在酒店的消费水平而定。

（三）团队价

团队价（Group Rate）主要是针对旅行社的团队客人制定的折扣价格，其目的是与旅行社建立长期良好的业务关系，确保酒店长期、稳定的客源，提高客房利用率。团队价可根据旅行社的重要性和所能组织客源的多少以及酒店淡、旺季客房利用率不同加以确定。为了吸引团队客人，很多酒店给予团队客人的优惠价往往低于酒店标准价的50%。

（四）小包价

小包价（Package Rate）是酒店为客人提供的一揽子报价，除了房费以外，还可能包括餐费、交通费、游览费（或其中的某几个项目）等，以方便客人。

（五）折扣价

折扣价（Discount Rate）是酒店向常客（Regular Guest）或长住客（Long Staying Guest）或其他有特殊身份的客人提供的优惠房价。

（六）淡季价

淡季价（Slack Season Rate）是在营业淡季，为了刺激需求，提高客房利用率，而为普通客人提供的折扣价，通常是在标准价的基础上，下浮一定的百分比。

（七）旺季价

旺季价（Busy Season Rate）指在营业旺季，为了最大限度地提高酒店的经济效益，而将房价在标准价的基础上，上浮一定的百分比。

（八）白天租用价

在下列情况下，酒店可按白天租用价（Day Use Rate）向客人收取房费：

（1）客人凌晨抵店入住。

（2）客人离店超过了酒店规定的时间。

（3）入住与退房发生在同一天（钟点房）。

白天租用价，大部分酒店按半天房费收取，也有些酒店按小时收取。

（九）免费

由于种种原因，酒店有时需要为某些特殊客人提供免费房。免费房的使用，通常只有总经理才有权批准。

二、平均房价

提到平均房价，实际上有两个概念：一是已出租房间的日平均房价（Average Daily Rate，ADR）；二是在一定时期内，酒店每个可售房间的日平均收益（Revenue Per-available Room），即业界所称"RevPAR"。

（一）平均房价（ADR）

平均房价（Average Daily Rate，ADR），指已出租客房的平均房价。

$$ADR = \frac{\text{计划期客房总收入}}{\text{计划期客房出租总间天数}}$$
$$= \frac{\text{计划期日平均客房总收入}}{\text{计划期日平均出租客房数}}$$

（二）每间可售房日均收益（RevPAR）

实际上，只谈已出租客房的平均房价是没有意义的，只有与客房出租率结合使用，才能反映酒店经济效益。因为较高的平均房价往往意味着较低的客房出租率，而较高的客房出租率则可能隐含着较低的平均房价水平。

每间可售房日均收益（Revenue Per-available Room，RevPAR）是将客房"平均房价"与客房出租率结合起来的指标。它指一定时期内，酒店每个可售房间平均每天所取得的收益。它将已出租客房的平均房价与客房出租率结合起来，是反映客房赢利能力和酒店经营状况的一个非常重要的指标。

$$RevPAR = \frac{计划期日平均客房总收入}{酒店可售房间数}$$

$$= \frac{计划期客房总收入}{计划期天数 \times 酒店可售房间数}$$

酒店可售房间数＝酒店客房总数－酒店自用房－正在装修的房间－坏房－其他占用房

实际上，RevPAR 与酒店已出租客房的平均房价之间存在一定的关联关系。即：

$$RevPAR = 出租率 \times 日平均房价（ADR）$$

第四节　收益管理

"收益管理不仅为我们增加了数百万美元的收入，同时也教我们如何更为有效地管理，（酒店）最高层必须对酒店施行收益管理，CEO 则需要100%地支持这项工作，而全体员工必须了解其功能。"

——Marriott 国际酒店集团董事长兼CEO：Willard Marriott，Jr.

一、什么是收益管理

当你在美国乘坐飞机时，有时会发现你邻座的票价比你贵了一倍；当你租车自己开时，可能发现别人租同样的车，价格是你的一半；当你下榻旅馆时，或许会发现隔壁旅客住同样房间房价比你的便宜了许多。这是怎么回事呢？其中很大的原因是收益管理系统运作的结果。

收益管理（Revenue Management）的核心是通过制定一套灵活的且符合市场竞争规律的价格体系，再结合现代化的微观市场预测及价格优化手段对企业资源进行动态调控，使得企业在实现长期目标的同时，又在每一具体营运时刻充分利用市场出现的机遇来获取最大收益。概括而言，收益管理目标是使企业产品能在最佳的时刻，以最好的价格，通过最优渠道，出售给最合适的客人。

酒店业最先开发使用收益管理系统的是万豪国际酒店（Marriott International Hotels）。收益管理系统的开发使用，不仅帮助酒店经营管理者迅速、准确地做出各种决策，同时也使酒店的总收益获得提高。因此，许多中高档酒店如假日酒店、希尔顿酒店、凯悦酒店、威斯汀酒店等酒店集团，先后开发了各自的收益管理系统。例如，从收益管理系统建立以来，凯悦摄政俱乐部客房的预订率上升了20%，各个预订中心平均房价也有所上调。希尔顿酒店公司已经创造了空前收入的记录。

二、收益管理的核心内容

一般来说，不同的酒店由于其各自的市场定位、顾客来源、管理理念及控制机制不同，其开发使用的收益管理系统也各有差异。但是，这些收益管理系统均具有两大功能：需求预测和优化调控。这也是收益管理的核心内容。

需求预测功能是准确地预测未来顾客需求和酒店供给的情况，使得管理者们对今后的市场变化有较为清晰的认识。该功能在分析酒店有关以往客房预订的历史资料和当前顾客预订的情况基础上，能正确估计未来每天的顾客需求和空房的供给。其中包括每天不同时段可能有多少顾客会来预订房间、他们是什么样的顾客、要住什么样的房间、住多长时间，以及每天各个时段有多少空房可供预订等。鉴于顾客需求的季节性和时段性，收益管理系统往往进行长期、中期和短期的预测。长期预测的时间通常为3个月至9个月，中期预测为7天至3个月，短期预测为当天多个时段至以后的7天。由于许多顾客是当天临时登记入住的，有的收益管理系统还每间隔几个小时就进行一次短期预测，以保证预测的准确性。

优化调控功能是制定最佳房价并推荐最佳空房分配的方案，以供管理者决策参考。这些最佳房价与最佳空房分配方案的制定，是在以持续增长的酒店总收益为目标，并依据顾客需求与客房供给的预测以及考虑其竞争对手情况下，通过建立和分析复杂的数学模型而获得的。其中，最佳房价是包括每天各个时段不同房间的价格，最佳空房分配方案则是动态地调控每日不同时段各种空房供给的配额。

三、收益管理的基本思路

酒店业都将客房利用率的高低看作是否成功的标志。衡量酒店经营成功与否的另一个指标是已出租客房的平均房价（Average Daily Rate，ADR）。收益管理根据酒店历史的销售资料，通过科学的预测，将两项指标联系在一起，找到客房出租率与平均房价的最佳结合点。[①]

收益管理的基本原理就是通过对市场的细分，对不同目的的顾客在不同时刻的需求进行定量预测，然后通过优化方法来确定动态的控制，最终使得总收益达到最大化，并保持公司的持续增长。当然对不同的酒店和酒店集团，由于各自的市场定位、顾客来源、管理理念、控制机制不同，其价格和收益管理的方法及其作用也不尽相同。总体而言，酒店业的价格和收益管理系统可在下列几个方面来发挥作用：

（一）顾客分类及需求预测

不同的顾客对酒店的要求往往不同。尽管每一家酒店有其自己的市场定位，但顾客的性质、来源渠道和消费特点仍有许多不同之处。收益管理的一个重要功能就是通过科学的方法对不同的顾客进行分类，并得出各种行为模式的统计特性，然后再对每一类顾客的未来需求进行精确的预测，包括预订的时间、入住时间的长短、实际入住和预订情况的差异、提前离店和推迟离店的概率等。有了这些精确的预测，再根据各种顾客对价格的敏感度等，酒店就能很好地控制资源，提高收益。

（二）优化控制

有了精确的需求预测，还必须有一套相应的价格和收益控制体系才能灵活有效地利用酒店资源，使得收益或利润最大化。根据各不同的预售和价格控制系统，酒店业普遍采用的优化方法主要包括线性规划、动态规划、边际收益控制、风险最小化等。这些方法最终转换成可操作的控制机制，如最短最长控制（Min-Max）、完全长度控制（Full Pattern）等。

（三）节假日价格需求控制

节假日和特殊事件日往往是酒店获利的最佳时机，许多酒店在此期间一般能达到很高的入住率。但高入住率并非就意味着高利润率。要使收益和利润最大化，还必须有一套完善的节假日需求预测及控制方法。

（四）动态价格设定

酒店的定价及其管理是调节一家酒店盈利能力的最直接的杠杆。常见的以成本为基础的定价方法虽简便易行，但往往缺乏竞争的灵活性，且不能反映市场需求的动态变化。而建立在收益管理基础上的一些定价方法，如实时竞标定价（Bid Price）、浮动定价（Dynamic Pricing）、竞争定价等则通过对市场的细分和有效的控制使得价格杠杆的功能发

---

① 有关收益管理的内容，请参阅埃瑞克·澳肯（Eric Orkin）所写的《依靠收益管理，提高收入水平》（《康奈尔酒店与餐馆管理》，1988年第2期）一文。

挥到极致。

（五）超额预订控制

由于预售和实际入住往往存在一定的差异，因此，如何预测及控制这种差异从而保证实际入住率是酒店经常要解决的一个问题。尤其是在高峰季节，这一问题特别突出。对酒店而言，既要保证尽可能高的入住率，又要避免因超售而使客人无房的尴尬，因此一种精确的超售控制是保证酒店在最大收益条件下使客户服务损失变得最小的一个重要工具。

（六）团体销售和代理销售管理

团体销售几乎是每一家酒店都有的业务，且多数情况下有一定的折扣。但如何定量地对这项业务进行分析并有效地控制折扣程度，则是收益管理中很重要部分。相应地，对代理销售及批发代理等，也都可通过抽象的模式来进行优化控制。

（七）酒店附设资源管理

许多星级酒店有许多附设资源，如餐厅、会议室等。收益管理系统的拓展就是进行"全收益"管理，即不仅仅对客房的收益进行预测和控制，还对整个酒店的收益进行预测和优化，以期达到最大效益。

（八）经营状况比较和What-If分析

酒店经营状况的及时反馈和历史分析是保证酒店正确决策的重要途径。而收益管理系统由于兼有大量的历史数据和未来需求的预测，因此可以是一个很好的战略和战术的决策武器。另外，通过What-If分析，即通过比较不同控制模式所得到的实际收益和理论最大收益之间的差值，酒店管理层就能随时判断经营管理的状态。

（九）结合顾客价值的收益管理

随着许多星级酒店由以利润为中心的管理转向以顾客服务为中心的管理，如何确定每一顾客的价值并通过相应的收益控制来区别对待是酒店收益管理的一个新的方向。

四、收益管理在酒店的实施

（一）酒店实施收益管理的意义

收益管理是自20世纪80年代发展起来的一种现代科学运营管理方法。这一管理方法在许多信息发达的国家尤其是欧美国家已经被许多行业采用很多年。

收益管理在酒店业、汽车出租业、影剧院业、广播电视业和公用事业等行业同样获得了成功。一个现代化的收益管理系统每年可为酒店增加4%~8%的额外收益。对许多酒店而言，这几乎相当于50%~100%的净利润。那些忽视应用收益管理使收益和利润最大化的酒店将失去竞争力。《华尔街日报》认为，在目前出现的商业策略中，收益管理是排在酒店业第一位的。

（二）收益管理法在酒店的实施方法

收益管理法在日常工作中，即要做好存房管理和订房管理。这是收益管理法的精髓。

1. 存房管理

存房管理指前台管理人员为各个细分市场的顾客合理安排一定数量的客房。

2. 订房管理

订房管理指预订部的管理人员根据不同时期客房需求量，确定不同的房价。这是收益管理的核心。

收益管理意味着在任何特定的时间段内，按照客房需求量来调整客房价格。也就是说，如果客房马上就要被订满了，在这种情况下还要对房价进行打折，就毫无意义了。相反，如果某天晚上客房肯定住不满，那么，将房间以折扣价出租，总比空着要好。根据收益管理理论，假日酒店宁愿接受一个房价稍低但连住数日的预订，而不愿接受一个房价稍高但只住一晚的预订，因为他们认为这样做使房间空置的风险要小一些。

酒店客满与低出租率之间有很多种情况，这时都须做出定价决策。在实践中，主要是做好以下工作。

（1）客房需求量较高时：

• 限制低价客房数量，停售低价房和收益差的包价；

• 只接受超过最短住宿期的顾客的预订；

• 只接受愿意支付高价的团体的预订。

（2）客房需求量较低时：

• 招徕要求低价的团体顾客；

• 向散客提供特殊促销价；

• 向当地市场推出少量廉价包价活动。

由此可见，收益管理的关键是对客房需求情况进行准确的预测，并根据预测情况，确定具有竞争力的、能够保证酒店最大收益的客房价格。

实施收益管理法的酒店，在营业高峰期，房务总监和前台经理像在前线作战的指挥，亲自控制订房数和停售类型，最终销售结果会使他们兴奋或沮丧。令他们兴奋的是，有时运用收益管理法得当，这不但使房价卖得很高，而且使出租率达到99%以上；使他们沮丧的是，有时由于信息和情报的失误，加大了房价控制的力度，推掉了一些较低房价的顾客，但实际抵达的顾客人数比预期的少，没有完成预期的出租率百分比。

（三）酒店收益管理系统的应用现状及前景展望

随着计算机和信息技术的迅速发展，绝大多数酒店已经引入了计算机联网的预售及客房管理系统，酒店管理已进入了数字化阶段。通过利用对本酒店客房需求的历史资料预测未来需求情况，并根据需求量在不同时期的变化情况，不断调整客房价格水平。

就收益管理的方法来说，先后由"点式"管理、"网式"管理发展到了结合客户服务的综合管理。在价格管理方面，也从单一静态价格，发展到多重动态价格，再到结合市场竞争的优化价格控制。

毫无疑问，收益管理将是21世纪最重要的和回报率最高的管理领域之一。根据对一些常年进行收益管理的酒店的统计，价格和收益管理现已成为最大的利润增长手段。在酒店业，由于收益管理系统对公司决策和创利的巨大影响，世界许多著名酒店集团，特别是欧美的主要酒店集团管理层都对收益管理高度重视，先后建立了专门的收益管理部门，并配置了能进行大量数据分析和实时优化处理的计算机系统。这些系统和酒店的前台系统、预售系统以及数据库相连，对酒店管理提供了多功能、快速的决策辅助，使得酒店从被动式的管理变为主动式控制，从而在市场竞争中获得先机。

（四）酒店收益管理法实施中存在的问题

收益管理也会带来一些问题。比如，会给一些客人造成混乱的印象，继而引起他们的不满，因为针对同一类型服务，客人却需要支付不同的价钱——仅仅因为预订时间不同。针对这一情况，酒店应该对员工进行认真的培训，以确保收益管理系统能够在不冒犯客人的前提下得到有效的实施。

本章小结

■ 客房价格的制定是前厅管理的一项重要内容，直接关系酒店的开房率和酒店的经营效益，前厅管理人员要根据当地酒店业市场竞争状况以及酒店客房经营成本，制定有竞争力的客房价格。

■ 酒店常用的客房定价法包括随行就市法、千分之一法、收益管理定价法、客房面积定价法以及赫伯特定价法。其中随行就市法是按照同档次竞争对手的客房价格作为定价依据，是最具有竞争力和最实用的定价方法，其他几种定价法都是以"我"为主的定价法，包括本酒店的客房造价、经营成本、客房大小以及酒店的经营指标等，因为不一定符合市场的竞争状况，不一定具有市场竞争力，所以只能作为客房定价的参考。然而，收益管理定价法则不同，它已经成为近年来定价的新趋势。

■ 酒店的定价目标包括追求利润最大化、提高市场占有率、应对或防止竞争、实现酒店预期投资收益率等。制定房价时要根据酒店的定价目标采取一定的价格策略，如高牌价、高折扣策略，"随行就市"的价格策略，相对稳定的价格策略等。

■ 为了提高酒店的经济效益，提升酒店的市场竞争力，酒店应该针对不同的客人和客户群体，确定自身的价格体系和价格政策，包括商务合同价、旅游团队价、折扣价、小包价、淡季价和旺季价等。

■ RevPAR是个重要的概念，也是一个能够客观反映酒店客房经营状况和赢利能力的重要指标。

■ 酒店收益管理主要指努力使酒店客房商品在最佳的时刻，以最好的价格，通过最优渠道，出售给最合适的顾客，从而取得最佳的经济效益的一系列管理方法。通过实施收益管理，可以使酒店资源（主要指客房，但不限于客房）得到最有效的利用。就酒店房务管理而言，收益管理法在日常工作中的实施，主要是做好存房管理和订房管理。

思考题

1. 解释下列概念：千分之一法、收益管理定价法、ADR、RevPAR。

2. 试述客房价格的构成。

3. 客房价格有哪几种类型？

4. 影响客房定价的因素有哪些？

5. 什么是收益管理？如何进行收益管理？

案例分析

超3倍的高价预订，要求退房却遭拒！

拓展阅读

酒店收益经理的一天

即测即评

导入问题解惑

如何在不降低平均房价的基础上，提高开房率？

客房篇

第九章 客房部概述

　　在讲述了前厅部的经营管理问题之后，从本章起，将讲述客房部的经营管理问题。

　　本章重点介绍客房部的地位、作用、主要任务及客房类型与客房设备、客房设计与装修、特色客房、客房服务中心、客房管家系统等。

本章学习目标

➤ 了解客房部在酒店经营中的地位、作用及客房部的主要任务。

➤ 了解客房的类型和客房的主要设备。

➤ 掌握客房及卫生间设计的一般原则。

➤ 了解客房服务中心。

➤ 了解客房管家系统的主要内容和管理方法。

关键词

房务中心　客房类型　客房设计　管家系统

Key Words：Room Centre，Room Types，Room Designing，Housekeeping

导入问题

经理的困惑：女性特色客房应该怎样设计？

　　现在酒店业市场竞争十分激烈，特色客房成了很多酒店吸引客人的抓手。我们酒店已经经营了 10 年时间，准备拿出一层楼来做女性特色客房，以吸引更多的女性客人，不知如何装修才能受到女性客人的青睐？

第一节　客房部的地位、作用及主要任务

一、客房部的地位与作用

客房部是酒店为客人提供服务的主要部门。酒店是以建筑物为凭借，通过为顾客提供住宿和饮食等服务而取得经营收入的旅游企业，其中客房部所提供的住宿服务是酒店服务的一个重要组成部分。客人在酒店的大部分时间是在客房度过的，因此，客房服务质量的高低（设施是否完善，房间是否清洁，服务是否热情、周到、快捷）在很大程度上就反映了整个酒店的服务质量。客人对酒店的投诉与表扬也大多集中在这一部分。

客房部还是酒店取得营业收入的主要部门。酒店通过为客人提供住宿、饮食、娱乐（游泳池、健身房、保龄球、网球、桑拿、舞厅等）以及交通、洗衣、购物等服务而取得经济收入。在国内星级饭店中，客房的租金收入占到43%，可以看出客房租金收入是酒店营业收入的主要组成部分（图9-1），这反映了客房部在整个酒店经营中的重要地位。

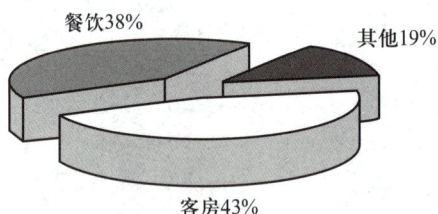

图9-1　中国星级饭店客房收入在酒店总收入中的比重

资料来源：《2019年全国星级饭店统计公报》（文化和旅游部）。

二、客房部的主要任务

客房部的主要任务就是"生产"干净、整洁的客房，为客人提供热情周到的服务。具体而言，有以下六点：

（1）保持房间干净、整洁、舒适。客房是客人休息的地方，也是客人在酒店停留时间最长的场所，因此，必须经常保持干净、整洁的状态。这就要求客房服务员每天检查、清扫和整理客房，为客人创造良好的住宿环境。

客房员工具有清洁卫生的专业知识和技能，因此，客房部除了保持客房的清洁以外，通常还要负责酒店公共场所的清洁卫生工作。

（2）提供热情、周到而有礼貌的服务。除了保持客房及酒店公共区域的清洁卫生以

外，客房部还要为客人提供洗衣、缝纫、房餐（Room Service）、接待来访客人、为客人端茶送水等热情周到的服务。在提供这些服务时，服务员必须有礼貌、迅速、情愿、真心诚意。

（3）确保客房设施设备时刻处于良好的工作状态。客房部必须做好客房设施设备的日常保养工作，一旦设施设备出现故障，应立即通知酒店工程部维修，尽快恢复其使用价值，以便提高客房出租率，同时确保客人的权益。

（4）保障酒店及客人生命和财产的安全。安全需要是客人最基本的需求之一，也是客人投宿酒店的前提条件。酒店的不安全事故大都发生在客房。因此，客房员工必须具有强烈的安全意识，平常应保管好客房钥匙，做好钥匙的交接记录。一旦发现走廊或客房有可疑的人或事，或有异样的声音，应立即向上级报告，及时处理，消除安全隐患。

（5）负责酒店所有布草及员工制服的保管和洗涤工作。除了负责客房床单、各类毛巾等的洗涤工作以外，客房部通常还要负责客衣以及餐厅台布、餐巾等的洗涤工作，此外，酒店所有员工制服的保管和洗涤工作也由客房部统一负责。

（6）做好成本控制。客房部在为客人提供服务时，需要消耗大量的人力、物力、财力，这就要求客房员工要有成本意识，努力减少浪费行为和现象，客房管理人员要努力做好成本管理，降低客房运营成本。

第二节　客　房　类　型

一、客房基本类型

酒店客房一般有三种类型：单人房（Single Room）、双人房（Double Room）和套房（Suite）。此外，有些酒店还设有三人房（Triple Room）和可以灵活使用的多功能房间（Multi-function Room）。

（一）单人房（Single Room）

（1）单人房，单人床（Single Room，Single Bed）

（2）单人房，大床（Single Room，Double Bed）

（二）双人房（Double Room）

（1）双人房，大床（Double Room，Double Bed）。

（2）双人房，单人床两张（Double Room，Twin Beds）。即在双人房里设两张单人床。这种房间通常被称为酒店的"标准间"（Standard Room）。在旅游饭店和会议型酒店，这种类型的房间比较多。

（三）三人房（Triple Room）

三人房即有三张单人床的客房。

（四）套房（Suite）

（1）普通套房（Suite）。除了卧室以外，还有客厅。

（2）豪华套房（Deluxe Suite）。与普通套房相似，只是面积比普通套房大，房内设施设备较普通客房先进。

（3）复式套房（Duplex）。是一种两层楼套房，由楼上、楼下两层组成。楼上一般为卧室，楼下为会客厅。

（4）总统套房（Presidential Suite）。通常由5个以上房间组成。总统和夫人卧室分开，卫生间分用。卧室内分别设有"帝王床"（King Size）和"皇后床"（Queen Size）。除此而外，总统套房内还设有客厅、书房、会议室、随员室、警卫室、餐厅、厨房等。一些高档酒店均设有这类"总统套房"，其主要用意在于提高酒店的档次和知名度，便于推销。这类房间除了用于接待"总统"等国内外党政要人以外，平时也对普通客人开放。位于阿联酋迪拜的Burj Al-Arab 酒店（burj 音译伯瓷，又称阿拉伯塔），被誉为世界上唯一一家"七星级"酒店，其总统套房面积达780平方米，房价18 000美元/晚，家具是镀金的，设有一座电影院，两间卧室，两间起居室，一个餐厅，出入有专用电梯。

（五）多功能房间（Studio Type）

多功能房间是一种可根据需要变换用途的房间。将相邻房间通过连接门转换为单人房、双人房、套房等，以满足客人的不同需要，提高客房利用率。

还有一种房间，可通过在房间设置嵌入式加床，根据需要和客人人数变换房间类型和功能。多功能房间灵活多变，客人可根据需要变换用途。白天可将床嵌入墙壁，将房间用作办公室，晚上则可根据需要和住客人数，将床拉下，用作单人房、双人房甚至三人房。见图9-2。

除过上述几种房间类型以外，酒店还有无障碍房（Handycapped Room）、无烟客房（Non-smoking Room）

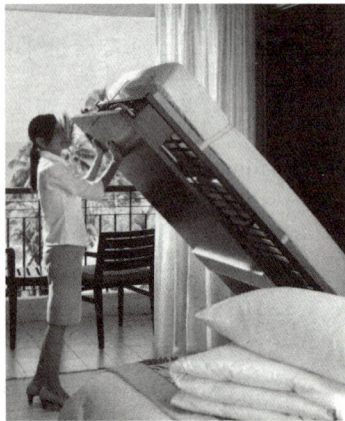

图9-2　多功能房间

等，很多酒店还根据客房的朝向将房间分为向内房（Inside Room）和向外房（Outside Room）两种。前者一般位于阴面，光线不好，视野不开阔；后者则处于阳面，采光良好，视野开阔，是一种较为理想的客房。划分向内房和向外房的意义在于使酒店可对这两种房间制定不同的房价，尤其是在旅游旺季，在客房供给比较紧张的情况下，可适当提高向外房的价格。

另外，酒店的客房还可以按其是否带浴室或淋浴来划分。

二、特色客房

（一）女性客房

时下，个性化的女性客房、女性楼层颇受青睐。一家酒店在开设女性客房时曾做过市场调查：通常，酒店入住率达到 70%~80% 时，女性楼层的入住率会达到 100%。

关于开设女性客房，国内外也有失败和遭受挫折的案例。哥本哈根的一家酒店便受到了丹麦性别平等委员会的控告，称此举一方面是对女性的"隔离"而不是"保护"，更不是"尊享"，另一方面，也侵害了男性顾客选择这些客房的权利。

酒店如果开设女性客房，必须对女性的需求有所了解。根据美国康奈尔大学的研究报告，女性客人最看重的影响入住情绪的四个因素为：

（1）个人安全感。诸如酒店的大堂灯光是否明亮，酒店的地下停车场是否有黑暗的角落，客房的门锁是否有双重锁，客房的门是否有探视猫眼，是否有保安巡逻等。

（2）个人舒适感。酒店床上用品是否豪华而舒适，酒店枕头是否有合适的厚度和柔软度，客房内的供暖、灯光、隔音、颜色是否给人带来舒适、放松的感觉，是否营造模拟SPA的氛围。

（3）被赋予权力的感觉。是否提供让顾客维持身体健康状态的服务，如房内用餐服务、行政酒廊、健身中心、SPA设施等。

（4）被重视的感觉。酒店是否提供了标准酒店体验之外更多的附加值，是否提供名牌日化用品，是否有梳妆镜、鲜花，是否有优质的咖啡和茶饮等。

由此可见，安全、卫生、温馨、方便、尊重，是女性客人入住酒店时最关心的问题。因此，女性客房必须体现以上特点。

装修、装饰女性客房时，可以考虑以下做法：

（1）客房内设置紧急呼叫按钮。

（2）客房具备良好的隔音效果。

（3）客房内放置针对女性客人的安全提示说明。

（4）保持客房干净、整洁。相对而言，女性客人对客房的整洁有序更为关注，因为拥有一尘不染与一丝不乱的居住环境不仅是女性的天性，更有助于她们拥有惬意、良好的心境。

（5）客房内放置精美的时尚杂志，供客人休闲时翻阅。

（6）客房中每日准备各种鲜花、干花，视需要提供时令水果。

知识链接

客房"万花筒"

（7）浴室内配备品牌洗浴用品及女性专用卫生包，以体现对女性客人的照顾、体贴。

（8）客房中放置为女性客人"量身定制"的送餐菜单，为不愿到餐厅用餐的单身女性客人提供方便。

（二）儿童客房

近年来，很多酒店纷纷为跟随父母出游的儿童单独安排适合儿童特点的客房。

这类房间色彩鲜艳，有的客房有热带雨林的壁画，也有别的吸引儿童的东西（参见图9-3）。但房间较一般客人用房小，房内放的不是常见的单人或双人床，而是双层床，可供两个儿童使用。房内也放有电视机以及电子游戏机等适合儿童的物品。有些酒店甚至为儿童提供"总统套间"（Junior Presidential Suite），内有儿童浴室、玩具箱、手工艺品以及放有各种健康食品的电冰箱。

图9-3　广东肇庆星语湖居精品度假酒店的儿童客房（刘伟 摄）

（三）健康客房

随着社会的发展，消费者对健康问题日益重视，为了迎合这种需求，提高酒店客房的吸引力和竞争力，国内外很多高星级酒店纷纷推出"健康客房"。

"健康客房"是指酒店在健康理念的指导下，通过配备全套健康睡眠用具以及保健设备（如健身设施、桑拿按摩设施等），从而满足客人对健康需求的一种特色客房。很多健康客房以高科技产品为依托，营造一种健康、舒适、人文的休息环境。健康客房的目标客户主要是高层次的商务客人，这些人经常在外奔波，工作压力大，精神紧张，且不同程度地存在睡眠不足、睡眠质量不高、身体抵抗力下降、疲劳等现象，常处于亚健康状态。正因如此，一些专为此设计并生产的健康产品便应运而生。

（四）主题客房

主题客房的类型很多，如新婚客房、民俗客房、海底世界客房、太空世界客房等；酒店还可根据不同历史时代的人文现象进行主题的选择和设计，这种人文现象既可以是现代的，也可以是历史的，甚至是远古的，抑或是未来虚拟的，如史前客房、未来主流客房等；酒店更可以形形色色的历史文化作为主题切入口，设计各具特色的历史文化客房（参见图9-4）。

图9-4 桂林某酒店漓江主题客房

以北京某五星级酒店为例，在其制定装修改造方案时，聘请酒店专业的品牌形象设计公司对客房的主题文化进行了全面的设计，将12个楼层的客房，按照中国的12个不同朝代的主题划分，用不同的典型建筑风格和装饰风格来营造不同的文化氛围。同时，该酒店还聘请音乐家精心挑选各个朝代最典型的音乐，在不同楼层的客房内播放，使得酒店的音乐艺术氛围恰如其分地配合不同朝代的文化特色和经营主题，让客人一进客房就能充分体验到中国悠久的历史和不同朝代的文化氛围。这不仅从视觉、触觉等方面营造了符合各个朝代的主题，还运用了音乐艺术来达到听觉上与其他感官体验的统一。

主题客房大都由主题酒店所设。主题酒店是世纪之交国际酒店业的新宠。最早推出这一概念的是美国勃鲁斯接待业物业公司在芝加哥创建的勃鲁斯酒店和美国硬石咖啡国际连锁集团在印尼巴厘岛兴建的硬石酒店。随后纷纷涌现的有拉斯维加斯的主题酒店群落（以好莱坞为主题的米高梅酒店、以金字塔为主题的金字塔酒店等），以历史音乐为主题的维也纳公园酒店，以雅典卫城为主题的雅典卫城酒店，等等。我国酒店业紧随其后，以意大利水城威尼斯文化为主题的深圳威尼斯皇冠假日酒店于2001年10月试营业，率先引进主题酒店新概念并尝试实践。此后，全国各地各种主题酒店纷纷涌现，诸如道家文化、儒家文化、三国文化、温泉文化、草原文化、养生文化、茶文化、乒乓文化、赏石文化、海洋生态文化等，这些以文化为主题的客房层出不穷，受到市场的追捧。

经典案例

公寓式客房

（五）公寓式酒店客房

公寓式酒店客房可将睡觉、做饭、就餐、洗澡、工作集中于一室，非常实惠。这类酒店的房价并不贵，但比较舒适方便，这也是公寓酒店深受市场青睐的缘故。

知识链接

丽思卡尔顿酒店公寓

第三节　房 务 中 心

客房对客服务主要通过客房服务中心（又称房务中心）提供。

一、房务中心的职能

（1）信息处理。凡有关客房部工作的信息几乎都要经过房务中心的初步处理，以保证有关问题能及时得以解决或分拣、传递。

（2）对客服务。接受酒店宾客服务中心服务信息和服务指令，安排房务中心值班员为客人提供相关服务。

（3）员工出勤控制。所有客房部员工的上下班都要到此签名，这不仅方便了考核和工作安排，而且还有利于加强员工的集体意识。

（4）钥匙管理。客房部所使用的工作钥匙都集中于此签发和签收。

（5）失物处理。整个酒店的失物和储存都由房务中心负责，这方便了失物招领工作的统一管理，提高了工作的效率。

（6）档案保管。房务中心保存着客房部所有的档案资料，并必须作及时的补充和更新整理，这对于保持有关档案资料的完整性和连续性具有十分重要的意义。

为了及时了解和处理客房服务和管理中随时出现的各种问题，掌握宾客和员工的动态，客房管理人员（特别是主管）应将自己的办公室设在房务中心内。一些客房主管将自己隔绝起来，根本不管每天发生什么事情，也不知道宾客中、员工中每小时发生的各种各样的问题，不利于管理工作。

二、房务中心员工的岗位职责

（1）负责客房钥匙的收发。

（2）负责各组的签到。

（3）协助客人借还接线板、吹风机。

（4）随时接收、登记与包装遗留物品并每月清点上报客房经理。

（5）管理各种表格。

（6）向工程部提出维修请求，及时发送报修单。

（7）记录酒水使用情况。

（8）分派鲜花、报洗地毯。

（9）做好开门情况的记录。

（10）接听电话，完成上级交给的各项任务。

（11）负责房务中心的清洁工作。

（12）做好各种交接及一切工作记录。

第四节　基于数字化管理的客房管家系统

本节以当前酒店业普遍使用的OPERA PMS为例，介绍基于客房数字化管理的客房管家系统。

一、管家系统概述

客房管家系统是一套帮助客房管理人员建立、查询和管理客房状态以及为客人提供服务的计算机管理系统（PMS）。

点击图9-5"客房管理"（Rooms Management）界面中的"Housekeeping"功能键即可出现客房管家系统，如图9-6所示。使用这一界面，就可以管理客房清洁与房态。利用这一模块的"Report"（报表）功能，可以生成管家报表；利用其中的"Change"（变更）功能，可以更新单个房间或多个房间的房态，输入维修和客房分配指令，可以生成任务报表，分析工作量，也可以核对前台与客房房态情况。

图9-5 Opera系统的房务管理界面

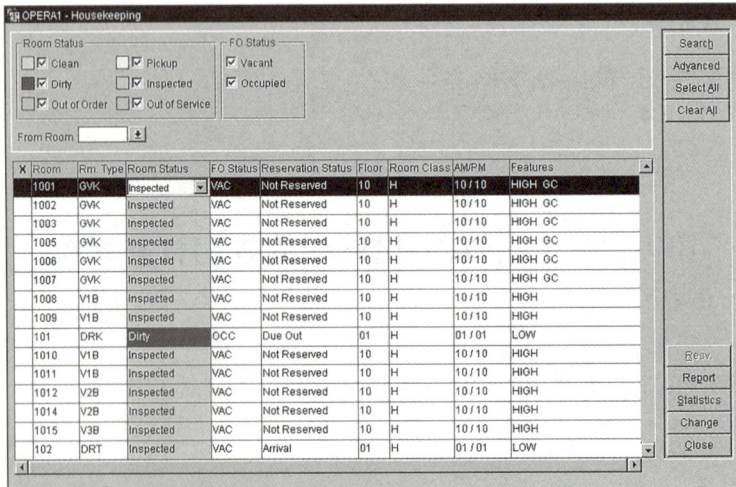

图9-6 客房管家系统

管家部的所有核心功能都出现在图中的选定区域。员工可依据不同的标准搜索每一间或每一种房间，包括按房间号、按房间类型、按客房等级等。

其中：

Out of Order：不能出租的"维修房"。

Out of Service：出于某种原因（如出租率低等）暂时停止使用，对其进行保养或检修的"停用房"，根据需要，这种房间可随时恢复使用。

Pickup："矛盾房"，说明管家部房态与前台显示房态不一致，需要管家部再次检查，最终确认房态。

Inspected：已查房，可出租的房间。

Arrivals：今日预抵，但尚未办理入住。

Arrived：今日预抵，已经办理入住。

Stay Over：续住客人。前一天晚上住在酒店，还将继续住下去的客人。

Day Use：入住日期与离店日期为同一天的钟点房。

Due Out：当日预计离店房（客人）

Room Status：管家部房态。

FO Status：前台房态。

Reservation Status：预订房态

Return Status：将所设置的OOO/OOS房转为正常使用房。这需要有撤销OOO/OOS房授权。

二、管家系统功能介绍

（一）管家详细报表

点击图9-6（客房管家系统）中的"Report"键，就会出现如图9-7所示的图，这就是"管家详细报表"（Housekeeping Details Report）。图中，楼层客房每个房间的状态（包括前台、管家以及预订）一目了然。

（二）管家统计

点击图9-6中的"Statistics"（统计）按钮，就会显示"客房统计"界面（Room Statistics）。系统会以列表的形式统计酒店房态和预订状态信息。

（三）房态更新

点击图9-6中的"Change"（更改）按钮，就会显示"快捷更新房态"界面（Quick

Change Room Status）。使用这些功能，员工就可以更新房间的清洁状态。使用管家选项，你只能将房态从脏房转换为干净房，再转换为已查房，或者相反。如果想要将"维修房"（OOO）或"停用房"（OOS）恢复使用，就必须在"Out of Order/Service"选项中进行。不可能从维修房中拿出一个"占用房"来。"维修房"是被关闭的、不能加以出售和利用的房间。而"停用房"是暂时被关闭但随时可以根据需要恢复使用的房间。

Room No.	Type	Status	AM/PM Section	FO Status	Reservation Status
1001	GVK	Inspected	10 / 10	VAC	Not Reserved
1002	GVK	Inspected	10 / 10	VAC	Not Reserved
1003	GVK	Inspected	10 / 10	VAC	Not Reserved
1005	GVK	Inspected	10 / 10	VAC	Not Reserved
1006	GVK	Inspected	10 / 10	VAC	Not Reserved
1007	GVK	Inspected	10 / 10	VAC	Not Reserved
1008	V1B	Inspected	10 / 10	VAC	Not Reserved
1009	V1B	Inspected	10 / 10	VAC	Not Reserved
101	DRK	Dirty	01 / 01	OCC	Due Out
1010	V1B	Inspected	10 / 10	VAC	Not Reserved
1011	V1B	Inspected	10 / 10	VAC	Not Reserved
1012	V2B	Inspected	10 / 10	VAC	Not Reserved
1014	V2B	Inspected	10 / 10	VAC	Not Reserved
1015	V3B	Inspected	10 / 10	VAC	Not Reserved
102	DRT	Inspected	01 / 01	VAC	Arrival
103	DRK	Inspected	01 / 01	VAC	Arrival
104	DRT	Inspected	01 / 01	VAC	Arrival
105	DRK	Inspected	01 / 01	VAC	Arrival
106	DRT	Inspected	01 / 01	OCC	Arrived
107	DRK	Inspected	01 / 01	VAC	Arrival
108	DRT	Inspected	01 / 01	VAC	Not Reserved
109	DRK	Inspected	01 / 01	VAC	Not Reserved
110	DRT	Inspected	01 / 01	VAC	Not Reserved
115	RVK	Inspected	01 / 01	VAC	Arrival
116	RVT	Inspected	01 / 01	VAC	Not Reserved

SHENZHEN POLYTECHNIC

Housekeeping Detail Report

15/06/23 15:05

图9-7　管家详细报表

（四）功能扩展

点击"Housekeeping"界面（见图9-6）中的"Expanded"（扩展）按钮，它将可以按照服务员人数、区段等生成每日工作任务安排清单（Daily Task Assignment Sheets）。房间将按照房号顺序列在每一份任务清单上。

（五）客房状况

客房状况（Room Conditions）——"客房状况编码"可以用来指定不同类型的客房，比如可供参观的客房、需要管家部给予特别关注的客房、基于任何理由需要特殊对待的客房等（参见图9-8、图9-9）。

图中，客房员工可以按照不同的搜索项（房间号、房间状况、客房等级、房间类型、空房、占用房、预抵房、预计当日抵达并已入住的房间、续住房、钟点房、预离房、当日已离店房）进行搜索。其中，"Room Status"代表管家部的房间状态（如脏房、干净房、矛盾房、已查房、维修房、停用房等），用不同的颜色表示；FO Status 代表前厅部的客房状态（如空房、占用房等）。

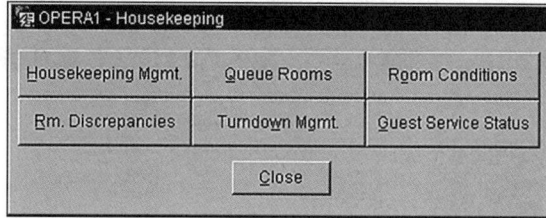

图9-8　管家部房态

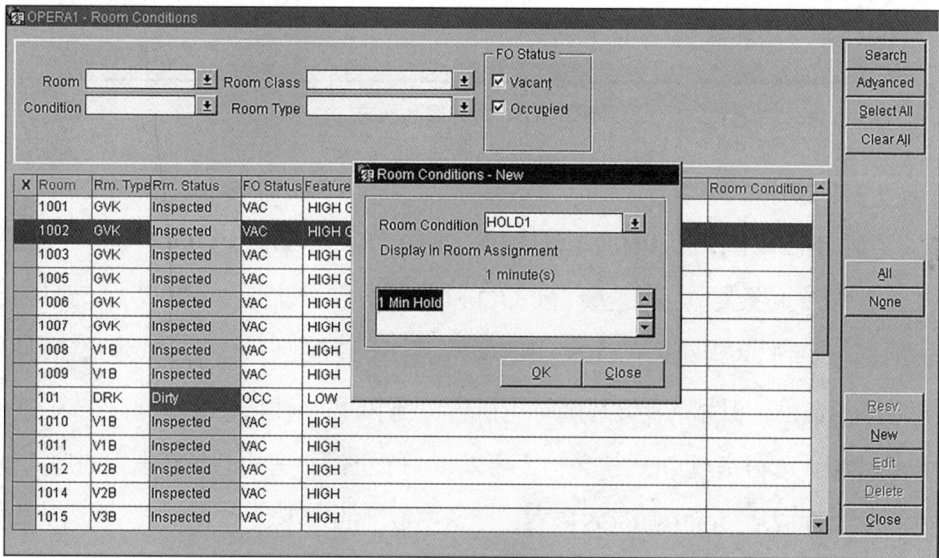

图9-9　客房状况图

要添加可更改房间状况，选中房间，然后单击"New"或"Edit"按钮。

（六）宾客服务状态

宾客服务状态（Guest Service Status）主要用于设置和管理客房部DND（Do Not Disturb）即"请勿打扰"房和MUR（Make Up Room）即"请速打扫"房，是针对所有占用房而言的。参见图9-10。

其中：

"Resv."显示所选客房的预订状况。

"Report"预览并打印客房所有占用客房的详细报告。其中有一栏专门显示房间的"宾客服务状态"。在夜审时，MUP房会自动取消，而DND房不受影响（继续保持）。在客人离店时，所有MUP和DND房态将被取消。

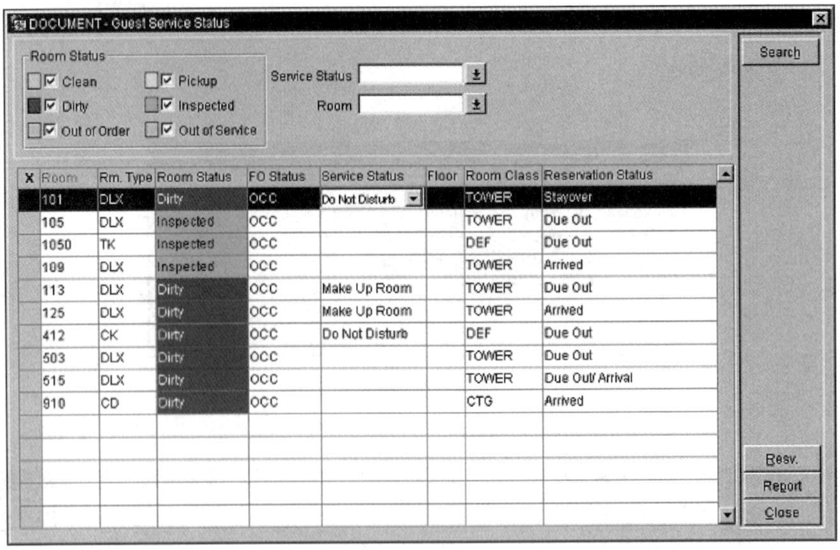

图9–10　宾客服务状态

（七）OOO房与OOS房

酒店客房可能出于各种原因而不能出租。其中"待维修房"（OOO）和"暂停使用"（OOS）房是两种主要类型。通过设置OOO和OOS，你可以在某个时段内停止接受这些房间的预订。两者的区别在于：OOO房不能使用（因为需要维修），OOS房还可以使用（只是暂时不用而已，但如果需要可随时出租）。我们可以将任何一个房间在未来某一天或一段时间设置为OOO房或OOS房，但不可以将一个已占用房或已预订出去的房间设置为OOO房。如果要取消OOO或OOS房态，要给出取消的理由。

要查找酒店的OOO房和OOS房，只要输入选项，点击搜索键即可（参见图9–11）。

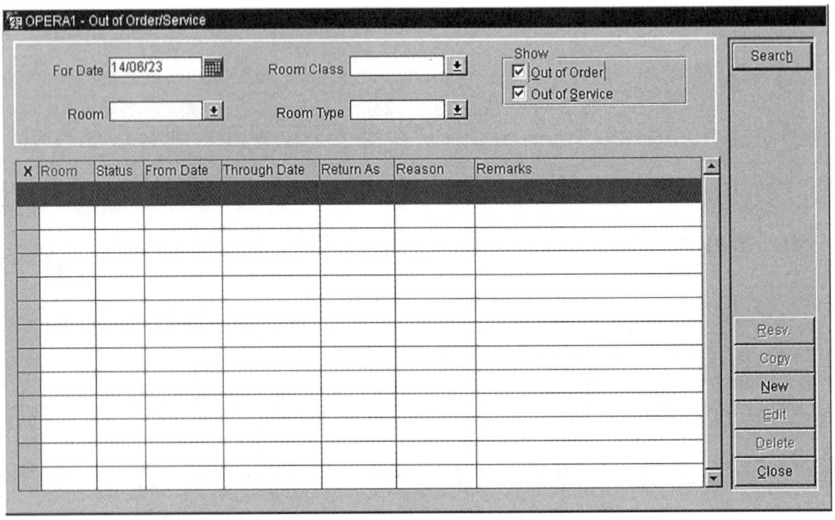

图9–11　查找OOO房和OOS房

Return As：某个房间被取消OOO房或OOS房，转换为管家部的客房状态（干净、脏房、已查房、矛盾房）。如标记为"脏房"，则提醒管家部此房需要清扫；如为"矛盾房"，则需要管家部对此房进行最后核查，看其是否为干净房，待清扫完后再做彻底检查，以确保其可供出租。参见图9-12。

New：创建一个新的条目。参见图9-13。

Edit：修改现存记录。

Delete：删除一个选项。

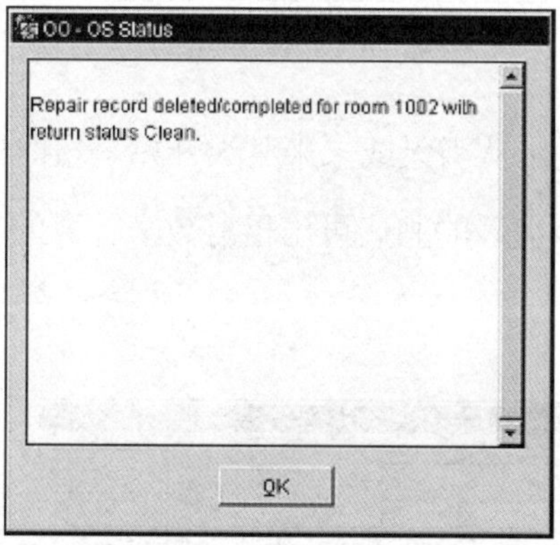

图9-12 客房维修记录删除（或完成）后，
返回状态为"干净"

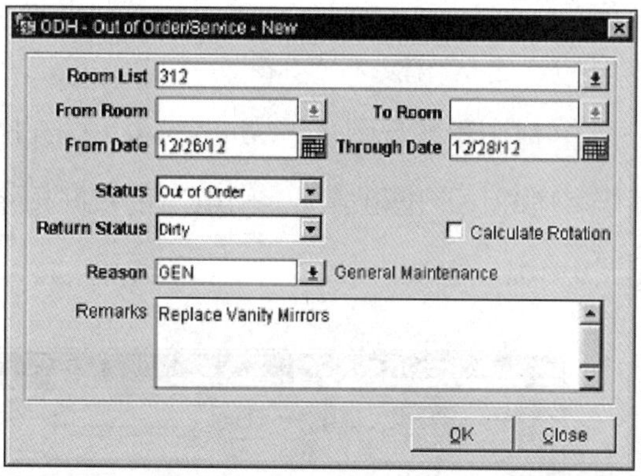

图9-13 创建新条目

（八）房间历史信息

房间历史信息（Room History）这一功能可以使我们能够查询某个房间的使用历史情况（参见图9-14）。使用这一功能，可以了解王先生是在哪段时间住在酒店512房；可以找到某个失物的失主；可以发现是哪个客人可能损坏了415房的地毯……

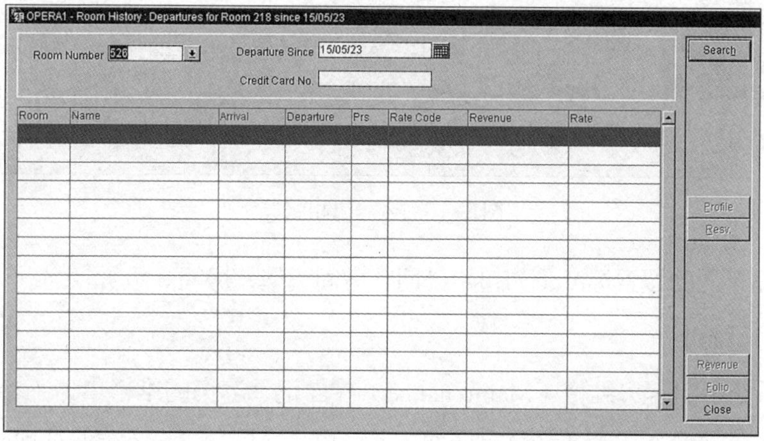

图9-14 房间信息（在输入房间号和查询日期后，系统就会出现该界面）

需要说明的是，只能查看某个房间的历史信息，而不能更改它。另外，某个客人的住店历史只有客人当天已经结账离店，而且系统已经过了夜审之后才可以查看。

房间历史信息的查询项很多，可以根据客人的离店日期、房间号码进行查询，也可以根据客人的信用卡号码查询。

通过这一界面，还可以查询该预订房间的所有收入情况（Revenue）和账单（Folio）情况。参见图9-15。

图9-15 预订房间的收入详情

（九）客房出租状况图表

"客房出租状况图表"（Occupancy Graph）表显示从当天或未来某天开始一段时间内酒店客房的预订出租情况。出租率是依据扣除OOO房后的酒店可出租房数来计算的。参见图9-16。

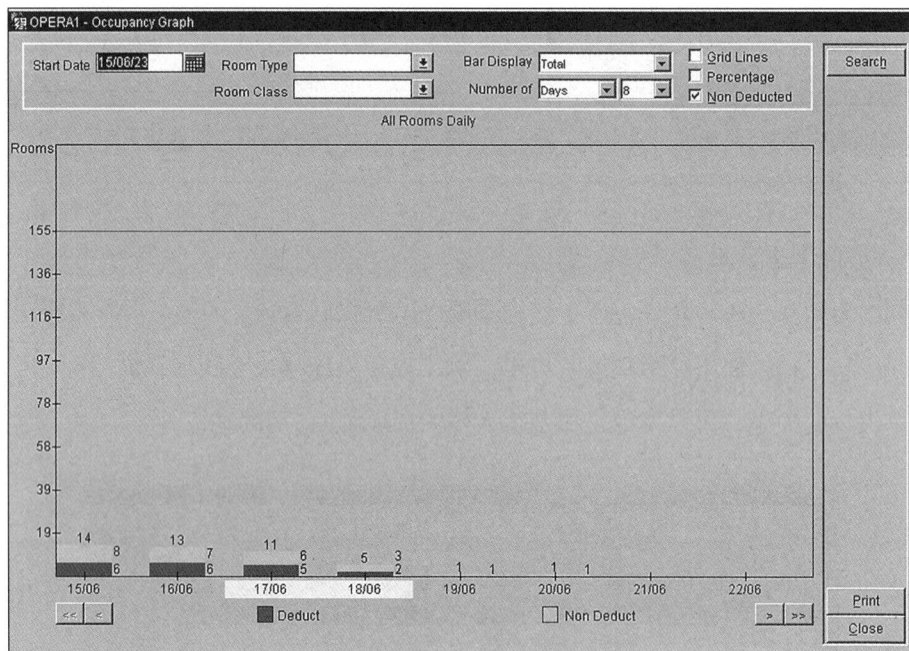

图9-16 客房出租状况

可以依据不同的搜索标准（如起始日期、房间类型、房间等级），生成不同的图表。

（十）客房维修

Opera系统中的客房维修（Maintenance）界面记录客房的维修申请（参见图9-17）。包括从换灯泡到维修滴水龙头或检查空调。在这里，可以记录、查看和处理维修申请。在

Opera系统，已处理的维修申请将会在60天内自动清除。

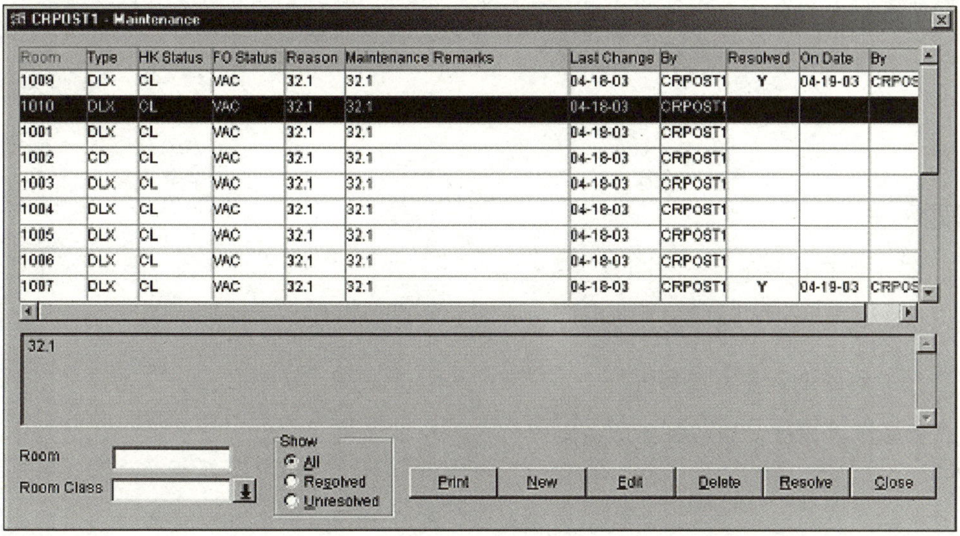

图9-17　客房维修（Maintenance）

如果想要查看或插入某个房间的维修申请，可以在图表中的房号一栏输入需要维修的房间号码。其中：

Print：打印所有维修申请（包括已经处理的和尚未处理的维修）。这可以使我们了解当天或本周需要完成的工作量和工作任务。

New：创建一个新的维修申请。在输入房号后，系统会弹出一个标准的维修申请表供员工填写。

Edit：可以对某个维修申请已输入的房号、维修理由或评价进行更改。

Delete：如果某个维修申请被输错，直接按"Delete"键即可将其删除。

本章小结

■ 客房被比喻为酒店的心脏，是酒店为客人提供服务的核心部门，也是酒店收入的主要来源，因此，客房部在酒店具有特殊重要的地位。

■ 客房部的主要任务是保持房间干净、整洁、舒适；为客人提供热情、周到而有礼貌的服务；保障酒店及客人生命和财产的安全以及确保客房设施设备时刻处于良好的工作状态、负责酒店所有布草及员工制服的保管和洗涤工作、控制客房部运营成本等。

■ 房务中心是客房部对客服务的基地，主要职能包括信息处理、对客服务、控制员工出勤、失物处理、档案保管等。

■ 客房管家系统是一套帮助客房管理人员建立、查询和管理客房状态以及为客人提供服务的计算机管理系统（PMS）。

思考题

1. 试述客房部的地位、作用及主要任务。

2. 谈谈你对酒店特色客房的看法。

3. 房务中心的职能有哪些？

4. 客房管家系统主要包括哪些功能？

案例分析

金陵酒店新装修的
行政楼层

拓展阅读

酒店房型命名的学
问

即测即评

导入问题解惑

女性客房应该怎样
设计？

第十章 客房组织管理

酒店管理工作是通过设置组织机构和落实岗位职责来完成的，组织机构的设置和客房定员将直接决定客房管理的效率和酒店的经济效益。客房管理人员要掌握科学的定员方法，实现组织机构的精简、高效化和客房定员的科学、合理化。

除了客房组织机构的设置和客房定员问题以外，本章还就客房经理和楼层领班这两个重要的管理岗位的岗位职责、素质要求以及如何实现有效的管理等问题加以分析和论述。

本章学习目标

➢ 了解客房部组织机构的设置及各岗位的职责。

➢ 掌握客房定员的方法。

➢ 掌握客房经理与楼层领班的管理要诀。

关键词

客房组织架构　客房定员　客房经理　楼层领班

Key Words：Organization Chart，Staffing，Housekeeper，FL Supervisor

导入问题

经理的困惑：做部门经理与做主管有哪些不同？

我是新上任的客房部经理，刚从主管岗位被提拔到部门经理岗位，说真的，有点无所适从，不知道该如何当好客房部经理，作为客房部经理，应该重点关注哪些问题？做部门经理与做主管有哪些不同？

第一节　客房部组织架构

一、客房部组织机构设置

酒店规模大小不同、性质不同、特点不同及管理者的管理意图不同，客房部组织机构也会有所不同。客房部组织机构的设置同样要从实际出发，贯彻机构精简、分工明确的原则。

大、中型酒店客房部的组织机构可参照图10-1进行设置。小型酒店可对其进行适当的压缩、合并，去掉主管（或领班）这一中间管理层。

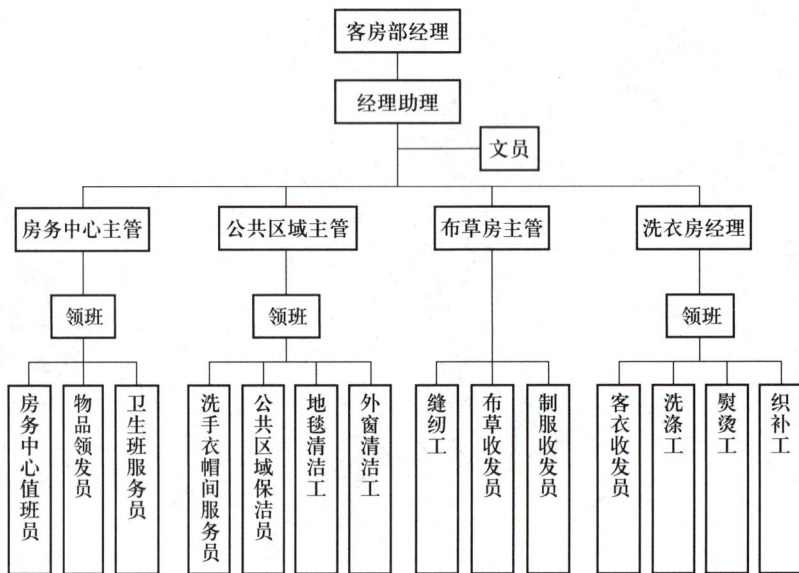

图 10-1　大、中型酒店客房部的组织机构图

二、客房部各班组的职能

（一）房务中心

房务中心（Housekeeping Center）既是客房部的信息中心，又是对客服务中心。房务中心人员负责统一调度客房部对客服务工作，掌握和控制客房状况，同时负责失物招领、发放客房用品、管理楼层钥匙，并与其他部门进行联络、协调等。

（二）客房楼面

客房楼面（Floor）由各种类型的客房组成，是客人休息的场所。每一层楼都设有供服务员使用的工作间。楼面人员负责全部客房及楼层走廊的清洁卫生，同时还负责客房内用品的替换、设备的简易维修和保养，并为住客和来访客人提供必要的服务。

（三）公共区域

酒店的公共区域（Public Area）包括各部门办公室、餐厅（不包括厨房）、公共洗手间、衣帽间、大堂、电梯厅、通道、楼梯、花园和门窗等，有班组人员负责公共区域的清洁卫生工作。

（四）制服与布草房

制服与布草房负责酒店所有工作人员的制服，以及餐厅和客房所有布草的收发、分类和保管。对有损坏的制服和布草及时进行修补，并储备足够的制服和布草以供周转使用。

（五）洗衣房（Laundry Room）

洗衣房负责收洗客衣，洗涤员工制服和对客服务的所有布草、布件。

洗衣房的归属，在不同的酒店有不同的管理模式。大部分酒店都归客房部管理，但有的大酒店，洗衣房则独立成为一个部门，而且对外服务。而小酒店则可不设洗衣房，酒店的洗涤业务委托社会上的洗衣公司负责。

三、客房部各主要岗位的职责

（一）楼层主管的岗位职责

楼层主管直接对客房部经理/副经理负责，协助客房部经理处理客房的日常事务。

（1）检查房间的清洁及维修状况，确保客房保持在最佳的出租状态。

（2）确保楼层各个班次有足够的人员。

（3）检查员工的工作表现及工作分配。

（4）确保楼层人员在工作时间内发挥最大的作用。

（5）与本部门的各个小部门密切合作，以达到预期的工作目标。

（6）负责楼层员工的培训工作。

（7）执行并完成客房部经理（管家）制定的各项工作程序和任务。

（8）改进客房员工的工作，提高生产数量和质量。

（9）贯彻、执行管家部的规章制度。

（10）调查客人的投诉，并提出改进措施。

（11）完成各项计划卫生清洁项目。

（12）确保每日检查VIP房，使之保持接待VIP的标准。同时抽查一定数量（20间左右）的走客房、空房及住客房。

（13）负责楼层领班的排班。

（14）节约物品、控制消耗。

（15）随时向客人提供可能的帮助。

（二）房务中心员工的岗位职责

（1）管理钥匙。

（2）负责各组的签到。

（3）协助客人借还接线板、吹风机。

（4）随时接收、登记与包装遗留物品并每月清点上报客房经理。

（5）管理各种表格。

（6）向工程部提出维修请求，及时送交报修单。

（7）记录酒水使用情况。

（8）分派鲜花、报洗地毯。

（9）做好开门情况的记录。

（10）接听电话，完成上级交给的各项任务。

（11）负责房务中心的清洁工作。

（12）做好各种交接及一切工作记录。

（13）接受宾客服务中心的指令，随时满足住店客人的服务需求。

（三）早班楼层服务员的岗位职责

（1）整理工作间、服务车。

（2）开楼层例会，记录所交代的事项。

（3）查客衣、统计房态。

（4）清洁客房。

（5）记录棉织品使用情况。

（6）报告客房内维修项目。

（7）清洁、保养清洁工具、设备。

（8）做计划卫生。

（9）随时清除客房内地毯、墙纸污迹。

（10）负责所管客房及客人的安全。

（11）NB、SO、DND房记录。

（12）检查客房"Mini bar"酒水。

（13）清洁楼层公共区域卫生。

（四）中班楼层服务员的岗位职责

主要负责楼层、客房的清洁及开床服务。

（1）根据中班程序标准，清洁楼层公共区域的卫生。

（2）做定期计划卫生。

（3）收楼层垃圾。

（4）维护楼层的清洁。

（5）准时参加晚例会，领取物品，记录有关事项。

（6）开床服务。

（7）检查白班报修房间。

（8）VIP房间按VIP标准开床。

（9）记录DND房间。

（10）做走客房。

（11）整理服务车，为早班做准备。

（12）维护楼层公共区域、角间及职工电梯厅的卫生。

（13）检查楼层安全。

（14）收取楼层的餐具，通知房务中心。

（15）为客人提供其他服务。

（16）检查客房内的迷你吧。

（17）负责报告楼层维修项目。

（五）制服收发员及缝纫工的岗位职责

向酒店员工提供干净、整齐的工服。

（1）严格按照工作程序和标准发放、更换和保管工服（更换制服须征得经理同意）。

（2）确保所有工服在洗衣房取回后，整齐地依次摆放在衣架上。

（3）确保离店的员工离职前如数交回工服，并做好记录。

（4）做好缝纫机的保养工作，保证机器正常使用。

（5）及时并高质量地修补工服、缝纫、钉扣子。

（6）保证工服房的清洁，搞好环境卫生。

（7）服从并完成上级分派的其他工作任务。

（六）布草收发员的岗位职责

负责回收、发放并检查各部门使用的布巾。

（1）向布草房主管报告从各部门送回的布巾中严重损坏或玷污的情况。

（2）检查从洗衣房送回的干净布巾，把需要重新洗涤或熨烫的布巾捡出，向布草房主管报告上述情况。

（3）保持布草的整洁卫生。

（4）完成主管分配的其他工作。

以上是客房部各主要岗位的职责。客房其他岗位的职责见以后各有关章节。

第二节　客房定员

一、客房定员的概念

客房定员（Staffing）就是在确立客房组织架构的前提下，确定各部门、各岗位工作人员的数量。

客房定员是客房部建立组织机构的重要内容，也是影响客房部工作效率、服务质量和管理费用的重要环节。如果客房定员不科学，就会导致两个结果：一是机构臃肿，人浮于事，工作效率低，人力资源成本增大；二是职能空缺，员工工作量超负荷，工作压力过大，积极性下降，服务质量下降。因此，客房定员必须科学、合理。

二、客房工作定额

要进行客房定员，首先要确定各工作岗位的工作定额。国内外酒店的经验表明，客房部主要工作岗位的工作定额如下：

（一）领班（Floor Captain）

一个领班可以有效管理的客房数为：

（1）早班（A.M. Shift）：约80间（±5间）。

（2）中班（P.M. Shift）：约160间（±10间）。

（二）服务员（Floor Attendant）

一个客房服务员可以清洁的房间数为：

（1）早班（A.M. Shift）：约14间（±4间）。

（2）中班（P.M. Shift）：约60间（±5间）。

以上工作定额主要是针对星级酒店而言的，一般来说，酒店定员人数与酒店星级成正比。酒店星级越高，服务和卫生标准要求也越高，因此，员工可以有效清洁的客房数也会减少，工作定额也会随之减少，而定员人数则需要增加；反之亦然。

三、客房定员的方法

客房部的人员配备通常按照岗位设置和班次分区域进行。

（1）根据客房部的工作范围将各职能区域分开（参见本章第一节客房部组织架构图）。

（2）确定本工作区域所有岗位或工种设置。

（3）明确各工作岗位的班次划分。

（4）根据工作量和工作定额，计算该班次所需要的人数。计算公式是：

$$岗位定员 = \frac{工作量}{工作定额} \div 有效开工率$$

其中：

$$有效开工率 = \frac{员工一年中实际可工作天数}{365} \times 100\%$$

$$= \frac{365 - 周末 - 固定假日 - 年假日 - 病事假}{365} \times 100\%$$

按照组织架构图将以上工作逐一完成之后，就可求出客房部各岗位、各班次所需要的人数。然后将其加总，就可得出整个客房部所需要的人员配备额，即客房定员总数。

四、灵活的客房定员法

需要指出的是，上述定员方法仅供客房管理人员参考，在做实际定员时，还应考虑各酒店楼层的结构、劳动力市场的供求状况等客观情况。如果劳动力供给状况良好，那么在制定编制时，不妨稍紧一些，以免造成人力资源的浪费以及在开房率较低时造成窝工而影响工作气氛，因为在旺季时，可以征招一些季节性的临时工或旅游院校的实习生来缓解供需矛盾。反之，则要将编制做得充分些，以免影响正常的接待服务工作，造成服务质量的下降。

经典案例

酒店客房楼层服务员和领班的定员总数计算

经典案例

客房服务的社会化：上海的尝试

第三节　客房部经理

一、客房部经理的岗位职责

客房部经理（Executive Housekeeper）负责客房部的运行与管理，负责计划、组织、指挥及控制所有房务事宜，督导下属管理人员的日常工作，确保为住店客人提供热情、周到、舒适、方便、卫生、快捷、安全的客房服务。其主要职责及工作内容如下：

（1）监督、指导、协调全部房务活动，为住客提供具有规范化、程序化、制度化的优质服务。

（2）配合并监督客房销售控制工作，保证客房最大出租率。

（3）负责客房的清洁、维修、保养。

（4）保证客房和公共区域达到卫生标准，确保服务优质、设备完好。

（5）管理好客房消耗品，制定房务预算，控制房务支出，并做好客房成本核算与成本控制等工作。

（6）提出年度客房各类物品的预算，并提出购置清单，包括物品名称、牌号、单价、厂家及需用日期。

（7）制定人员编制、员工培训计划，合理分配及调度人力。

（8）检查员工的礼节礼貌、仪表仪容、工作态度和工作效率。

（9）与前厅部做好协调，控制好房态，提高客房利用率和对客的服务质量。

（10）与工程部做好协调，做好客房设施设备的维修、保养和管理工作。

（11）检查楼层的消防、安全工作，并与保安部紧密协作，确保客人的人身及财产安全。

（12）拟订、上报客房部年度工作计划、季度工作安排。

（13）建立管家部工作的完整档案体系。

（14）任免、培训、考核、奖惩客房部主管及领班。

（15）按时参加店务会，传达落实会议决议、决定，及时向总经理和店务会汇报。主持每周客房部例会、每月部门业务会议。

（16）处理投诉，发展同住店客人的友好关系。

（17）检查贵宾客房，使之达到酒店要求的标准

二、客房部经理的素质要求

客房部经理全面负责客房部的日常管理工作，是酒店最忙碌、最重要的部门经理之一。作为一名客房部经理，除了要有组织领导才能和管理才能以外，还应具备以下素质：

（1）有一定的房务工作经验和管理经验。这是做好管理工作的基础。

（2）有强烈的事业心和工作动力。强烈的事业心和工作动力是干好每一项工作，尤其是管理工作的基本保证，同时，也是激励下属员工的重要因素之一。因此客房部经理应该能够进行自我激励，有在事业上取得成就的强烈愿望。

（3）有旺盛的精力、良好的体魄，能够胜任经常性的超时工作。

（4）有较好的业务素质和较宽的知识面。包括旅游业基本知识以及房务服务与管理的专业知识（如布草、地面材料、家具、清洁剂、清扫工具以及财务会计、设计、室内外装饰等方面的知识）。此外，还要懂得心理学、管理学等专业知识。不懂业务就是外行，就会"瞎指挥"。只有具有较高的业务水平和专业素质，才能使员工信服，才能赢得员工的尊重，提高员工的服从性，增强管理者的凝聚力，做好各项管理工作。

（5）有优秀的个人品质。为人正直，能公平合理地处理各种关系和矛盾。

（6）有良好的人际关系和沟通能力。管理工作主要是（而且难度最大的也是）对人的管理，因此，客房部经理应该具有良好的人际沟通能力。包括与下属、上级、其他部门的管理人员及客人的沟通。有效的沟通并不意味着要对人特别"随和"，而是意味着管理人员应该能取得同事的信任和合作，并能获得顾客的认同和好感。

（7）有组织协调能力。能协调好本部门各区域、各班组之间的关系以及本部门与酒店其他部门之间的关系。

（8）有语言、文字能力。客房部经理人员要有说服人的本领，要像一位有说服力的推销商那样，能够向自己的下属员工及同事清晰地说明自己的意图，力陈非此不可。此外，还要有写作能力，能够撰写房务管理的有关文件和工作报告。

（9）有一定的外语水平。旅游酒店是涉外企业，为了更好地为国外客人提供服务，房务部管理人员必须具有一定的外语水平，能够用简单的英语交流。

（10）在仪表仪容、言谈举止等方面，有良好的个人修养。经理人员的个人修养是员工的范本，它不仅反映管理人员的个人素质，也代表酒店的形象和档次。

（11）有管理意识和创新精神。服务人员要有服务意识，同样，管理人员要有管理意识，这是做好管理工作的前提条件。除此而外，客房部经理还要不墨守成规，有创新精神。

（12）掌握管理艺术。掌握管理艺术会使管理工作变得轻松、有效，使管理工作不再枯燥。

三、怎样当好客房部经理

当好客房部经理应该注意以下几点：

（1）树立"倒金字塔"形的管理理念。管理人员不应只扮演上级助手的角色，更应该是支援现场接触点的角色。改变以总经理为顶点的金字塔层次结构，而采取倒金字塔结构，把解决客人接触点的问题视为酒店中高于一切的头等大事。酒店从上到下，全力以赴支持一线员工，为一线服务。树立上级为下级服务、二线为一线服务、上工序为下工序服务、全员为客人服务的大服务观。

（2）有自信心。一个人如果失去了自信心，就会对自己的工作能力产生怀疑，就不可能把工作干好。尤其是管理人员，如果缺乏自信心，就不可能赢得员工的尊重，不可能激励员工，带领员工完成工作任务，实现管理目标。

当然，管理人员要有自信心，并不是不听别人的建议或建设性的批评。

（3）工作要有主动性。客房部经理要能够把本部门的一切工作安排得井井有条，对可能发生的不良事件要防患于未然，而不是到处"修修补补"，整天四处"灭火"，被这些事件牵着鼻子走，忙得团团转。

（4）力争有效地利用人力资源，节约劳动力成本。特别是在人工成本比较高的国家和地区，有效地利用人力资源具有更重要的意义。

（5）为例行工作创立程序和标准，制定部门岗位责任制。这是提高客房工作质量和效率，使管理工作走向正轨的基础工作。

（6）善于激励员工。经理人员的管理意图是通过部门员工贯彻落实的，因此，要搞好客房部的工作，提高服务质量，必须激励员工的士气。这是实现客房管理目标的手段，也是客房部经理日常工作内容之一。为此，客房部经理必须具有心理学方面的专业知识，能够以最大的耐心、幽默的语言，配合行之有效的管理制度，激发员工的工作热情，调动员工的工作积极性。

（7）让员工参与管理。客房部经理要就客房工作中存在的问题经常与员工进行沟通，交换意见，达成共识，进而采取措施，这也是激励员工，实现管理目标的重要手段。为此，经理人员要鼓励员工发挥想象力，让他们经常给自己提出这样一个问题：做这件事还有没有更好的办法？不仅服务员应该经常提出这个问题，负责监督、指导服务员的各级客房管理人员也应如此。而一旦员工提出切实可行的合理化建议，客房部经理要积极地予以采纳，并对提出合理化建议的员工予以表扬。

（8）给员工提供培训与发展的机会。员工不只是会干活的机器，员工在完成本职工作的同时，还希望在业务上得到发展，事业上取得进步，作为客房部经理应该充分理解和尊重员工的这一需求，为员工提供培训与发展的机会。同时，客房部经理还可以利用员工的这一需求，作为激励员工的手段。

（9）多与其他部门的经理沟通，努力与其他部门搞好协调与合作。客房部对客服务质量的好坏，在很大程度上取决于酒店其他部门（如前厅部、公关销售部、工程部等）的合作及与其他部门的信息沟通。部门之间缺乏信息沟通，势必在工作中造成矛盾和冲突，并最终影响服务质量。因此，客房部经理除了在各种正式会议上与其他部门经理进行沟通外，平时也应与其他部门的同事多沟通，做好部门间的协调工作。

此外，作为一名优秀的客房部经理，还应具备五大管理意识，即：创新意识、市场竞争意识、销售意识、质量管理意识和员工激励意识。

第四节　楼　层　领　班

楼层领班是客房部最基层的管理者，是确保客房服务质量和卫生质量的关键人物。有人说，"领班是在夹缝里做人"，他们上要对部门经理、主管负责，下要在普通员工中以身作则，工作对他们而言，来不得半点松懈和怠慢。为了要领导基层员工，他们必须有过硬的业务技能。每天清晨，他们总是早早地来到所管辖的楼层，给服务员开会，布置一天的工作事务。除了对员工进行督导、培训以外，领班每天还要负责检查六七十间客房，每间客房的检查项目多达100多项，即使思想集中，目光敏锐，手脚并用，也难免有遗漏和疏忽之处，而一旦主管以上的领导发现客房卫生有差错，总是批评领班，领班却绝少听到赞扬声。正如一位客房部经理所说的："我要求客房领班检查、检查、再检查，对细枝末节问题要敏感，每天我不批评他们就等于表扬他们。"

由此可见，要当好一个领班并不是一件容易的事，他必须能够承受工作上、体力上和心理上的多重压力，不仅要掌握过硬的业务技能，还要有一定的管理艺术。

一、楼层领班的岗位职责与素质要求

楼层领班（Floor Captain）是客房部最基层的管理人员，其主要职责是检查、指导服务员的工作，确保出租给客人的每一个房间都是干净、卫生的合格"产品"。

直接上级：楼层主管。

直接下属：楼层服务员。

（一）岗位职责

（1）检查服务员的仪容仪表、行为规范及出勤情况。

（2）合理安排工作任务，分配每人负责整理和清扫的客房。

（3）分发员工钥匙，并通知VIP及有特殊要求的房间。

（4）检查、督导服务员按程序标准操作。

（5）保管楼层总钥匙。

（6）按照清洁标准检查客房卫生。

（7）检查楼层公共区、角间、防火通道的卫生。

（8）随时检查、督导员工清除地毯、墙纸的污迹。

（9）检查计划卫生执行情况。

（10）确保每日对VIP房的检查。

（11）报告房间状态。

（12）检查报修、维修情况。

（13）记录DND、SO、NB房间。

（14）控制客用品、清洁品的发放、领取，严格控制酸性清洁剂。

（15）负责楼层各类物品、床单、巾类的控制。

（16）记录物品丢失、损坏，向上级报告。

（17）督导新员工以及在岗员工的培训。

（18）督导员工对服务车、清洁工具、设备的清洁与保养。

（19）负责安全检查。

（20）贯彻、执行客房部的规章制度。

（21）调查客人的投诉，并提出改进措施。

（22）处理客人的委托代办事项。

（23）定期向上级提出合理化建议。

（24）按照部门的临时性指令安排工作。

（25）负责月盘点。

（二）素质要求

客房领班必须有客房服务经验，熟悉客房业务，有较高的业务技能，并有一定的管理水平。

（1）能吃苦耐劳，工作认真负责。

（2）熟悉客房业务，有一定的工作经验和较高的操作技能。领班的服务技能要高人一筹。如果领班不是全能的多面手，就无法带动全班员工工作。

（3）有一定的英语水平。

（4）有督导下属的能力。

（5）具有本岗位较强的专业知识，如清洁知识、布草知识等。

（6）有良好的人际关系能力。

（7）有良好的个人品质，办事公平合理。

二、如何当好楼层领班

（一）做好客房的检查工作

"查房"是楼层领班最主要的工作任务和职责之一，是检验客房产品是否合格的工作步骤，是控制客房产品质量关的最后环节，直接影响对客人的服务质量。因此，做好客房检查工作具有极其重要的意义。

客房检查的主要内容有三项，即：清洁卫生状况；用品配备状况；设施使用状况。

（二）抓好班内的小培训

客房服务员所需要的服务技能不可能在岗前培训中全部得以掌握，因此，领班必须抓好岗位培训，包括利用交接班时间进行各种服务姿态、敬语和小技能的培训等，这是确保客房服务质量的重要环节。每次培训要有签字记录，这样，服务员就不能以"不会"作为借口了。

（三）建立客房用品核算管理制度

这项制度的目的在于控制物耗。客房部团队与散客、内宾与外宾、常住与暂住等不同类型客人的物耗是不一样的，领班必须对其进行统计，摸索规律，在可靠的原始数据基础上，计算出各类客人的物耗比，从而使考核指标有可行性，在保证客人满意的前提下，使楼面库存用品不浪费也不积压,减少客房用品的支出,降低流动资金的占用。

(四)讲究工作方法和管理艺术

参见本章上一节之相关内容。

领班除了要认真履行自己的职责,做好自己的本职工作以外,还要具备起码的人际沟通的能力与经验,即:处理好与你的上级、平级和下级三个方面的关系,这是做好督导工作的前提条件。

三、领班忌讳

实践证明,以下几种领班是不受员工欢迎的。

(1)亲疏有别类。即对下属员工亲疏有别,不能公平公正地对待下属。

(2)不注意聆听类。如果一位领班丝毫不听取员工对工作的见解,员工将会非常失望,慢慢地就会没有兴趣与领班谈论任何工作情况,积极性受挫。

(3)听喜不听忧类。只喜欢听好消息,而不愿听坏消息,当员工将坏消息报告领班时,即大发雷霆或指责员工。

(4)爱讽刺挖苦类。对员工喜欢讽刺挖苦,这样会使员工的自尊心受损,并且容易引起对立情绪。

(5)犹豫不决类。很多员工说他们最讨厌的是每次向领班请示,领班都拿不定主意。

(6)自以为是类。听不进员工的意见。其实,员工提出的实际操作上的意见往往是十分宝贵的、有建设性的。

(7)时间管理不当类。处理事情没有条理,没有轻重缓急。

(8)难觅踪影类。员工工作上遇到困难时,总是找不到领班。

(9)缺乏尊重类。忽视员工的情感,不喜欢以客气的语气指挥员工,对员工缺乏尊重。

此外,在管理活动中,独断专行、污言秽语、喜怒无常的领班也是不受欢迎的,也是所有领班应该忌讳的。

本章小结

■ 本章主要介绍了客房部的组织架构、各班组的职能以及各主要岗位的职责和素质要求等。特别是比较详细地论述了客房部经理、楼层领班等主要管理岗位的职责和素质要求,并对如何做好客房管理人员进行了讨论。通过本章的学习,应该对如何做好客房管理人员有一个初步的认识。

■ 客房组织机构的设计，应该根据酒店规模的大小等因素加以确定，通常包括房务中心、楼层、公共区域、布草房、洗衣房等。

思考题

1. 解释下列概念：（1）定员；（2）有效开工率。
2. 试画一张大型酒店的客房部组织架构图。
3. 客房部各班组的主要职能有哪些？
4. 如何进行客房定员？
5. 客房部经理应具备哪些素质？怎样当好客房部经理？

案例分析

一位美国酒店客房部经理的管理方法

拓展阅读

怎样当好客房部领班

即测即评

导入问题解惑

做部门经理与做主管有哪些不同？

第十一章　客房卫生管理

　　客房卫生工作主要包括客房的日常清扫、客房计划卫生和酒店公共区域的清洁保养等几方面的内容。

　　卫生是客人对酒店客房的最基本要求，也是客人决定是否选择某家酒店时首先考虑的因素，因此，做好客房的卫生管理具有极其重要的意义。

本章学习目标

➢ 掌握客房清洁知识。

➢ 了解客房清扫程序及相关管理问题。

➢ 熟悉客房计划卫生的组织和管理工作。

➢ 掌握对客房清洁质量进行控制的方法。

关键词

客房清扫　公共区域　计划卫生

Key Words：Housekeeping，P.A.，Planned Sanitation

导入问题

经理的困惑：要睁一只眼，闭一只眼，还是要严格管理呢？

　　酒店一般都要求客房服务员在做房时，要用不同的抹布擦拭不同的部位（浴缸、洗脸盆、马桶等），并禁止员工把刚从房间撤下的脏布草当抹布用，可实践中，据我所知，很多酒店（包括国外的酒店）的很多员工在搞房间卫生时，为了图方便、省事，并没有分开，而且总是喜欢用撤下的床单等来擦浴缸，甚至擦马桶。作为客房管理者，对此应该加以理解，睁一只眼，闭一只眼呢，还是要严格管理？如何才能有效地防止这种情况。

第一节　客房清扫作业管理

　　客房清扫是酒店每天要做的工作。客房的清洁程度是客人入住酒店最关心的问题之一，同时也是客人选择酒店的标准之一。整洁的房间、优雅的环境能使客人心情舒畅、轻松愉快，因此服务员必须按时、按服务规程和标准的要求，认真、高效地清扫客房。

　　清扫客房时要注意有些项目是每天都要进行的工作，如床铺的整理、地毯的除尘、写字台的干擦等。而有些项目则是隔一段时间才进行的工作，如翻转褥垫、换床罩、除污、维修等，其间隔有的是周期性的，有的则是不定期的，视具体情况而定。

一、不同类型房间的清扫要求

　　客房状况不同，对其清扫的要求和程度也有所不同。一般来说，对于暂时没人居住，但随时可供出租的空房（Vacant），服务员只需要进行简单清扫或小扫除；对于有客人住宿的住客房间（Occupied）以及客人刚刚结账离店、尚未清扫的走客房间（Check out），需要进行一般性清扫或中扫除；而对于那些长住客人离店后的客房以及将有重要客人（VIP）光临的客房则要进行彻底清扫或大扫除。

　　进行简单清扫，服务员只需要视具体情况每天擦擦灰尘；过几天吸一次地毯、检查一下设施设备是否管用，看看卫生间水龙头是否有锈水（如有黄色的锈水，则应打开水龙头1~2分钟，把它放掉）；如室内空气不清新，应打开窗户换换空气；调节温度，使室温比较适宜。

　　进行一般清扫，还需整理床铺、撤换脏布草，如床单、枕套、浴巾、毛巾等，补充客房用品并较为全面地清扫客房如倒垃圾、倒烟灰缸、擦洗卫生间、整理衣物等。

　　长住客人离店后，要进行彻底清扫，要仔细地刮地毯，进行地毯除污，认真擦洗客房内各个角落、设施设备的里里外外，如墙纸脱落或有污损，还应更换墙纸，翻转褥垫甚至撤换窗帘。此外，接待重要客人的房间也应进行大扫除，除污、打蜡、抛光，做到窗明几净，没有尘埃，床也要铺得整齐、美观、没有折皱，床单上不留任何污迹。

二、清扫作业的标准时间

　　清扫作业的标准时间是客房管理者确定服务员工作定额和进行客房定员的依据。

打扫一间客房需要花费的时间，取决于：

- 服务员体力的大小；

- 服务员工作经验的多少；

- 服务员劳动熟练程度的高低；

- 服务员做床方法科学与否；

- 客房面积的大小；

- 床的大小；

- 客房状况的差异（空房、走客房、VIP房……）；

- 客房类型的差异（单人房、双人房还是套房）；

- 住客素质的高低（外宾住过的房间易整理，而很多内宾住过的房间则需要较长时间去整理）。

一般而言，各种不同类型的客房所需要的清扫时间如下：

单人房：20～25分钟

双人房：25～30分钟

套间：40～60分钟

由此可见，清扫一间客房平均需要25～30分钟，按照这个标准，每名服务员每天清扫的房间数为14～16间，如果房间比较大，酒店档次比较高，服务员每天可清扫的客房数为12～14间。

三、不同类型房间清扫的先后顺序

为了提高客房利用率和服务质量，客房清扫要根据实际情况，按一定的顺序进行。

客房清扫顺序应根据酒店淡旺季不同，而有所不同。

（一）淡季时的清扫顺序

淡季时，应按以下顺序清扫：

（1）总台指示要尽快打扫的房间。

（2）门上挂有"请速打扫"（Make up Room Immediately）牌的房间。

（3）走客房（Check out）。

（4）VIP房。

（5）其他住客房。

（6）空房。

（二）旺季时的清扫顺序

旺季时，酒店用房紧张，客房清扫顺序与淡季时应有所不同。一般来说，旺季时，要依照下列顺序清扫：

（1）空房可以在几分钟内打扫完毕，以便尽快交由总台出租。

（2）总台指示要尽快打扫的房间。

（3）走客房间（Check out）。旺季时，应优先打扫，以便总服务台能及时出租，迎接下一位客人的到来。优先打扫走客房的意义还在于可以及时发现室内物品是否有丢失或损坏，如有，则可以及时报告客房部或前台结账处以便酌情处理。另外，这样做还可以及时发现客房内是否有客人的遗忘物品以便及时送交客人。

（4）门上挂有"请速打扫"（Make up Room Immediately）牌的房间。

（5）重要客人（VIP）的房间。

（6）其他住客房间。

（三）清扫顺序的灵活调整

客房清扫应以不打扰客人或尽量少打扰客人为原则，这是对客服务的基本要求，因此，以上客房清扫顺序还应根据客人的活动规律加以调整。通常应尽量安排在客人外出时进行。那么，如何判断客人是否在房间呢？这是问题的关键，方法很多，有高科技红外线监控的，也有人工的。

经典案例

"牙签"与客房服务

四、客房清扫的一般原则和卫生标准

（一）客房清扫的一般原则

（1）从上到下。例如，抹拭衣柜时应从衣柜上部抹起。

（2）从里到外。尤其是地毯吸尘，必须从里面吸起，后到外面。

（3）先铺后抹。房间清扫应先铺床，后抹家具物品。如果先抹尘，后铺床，铺床而扬起的灰尘就会重新落在家具物品上。

（4）环形清理。家具物品的摆设是沿房间四壁环形布置的，因此，在清洁房间时，亦应按顺时针或逆时针方向进行环形清扫，以求时效和避免遗漏。

（5）干湿分开。在抹拭家具物品时，干布和湿布要交替使用，针对不同性质的家具，使用不同的抹布。例如，房间的镜、灯罩，卫生间的金属电镀器具等只能用干布擦拭。

（二）房间清洁卫生标准

（1）眼看到的地方无污迹。

（2）手摸到的地方无灰尘。

（3）设备用品无病毒。

（4）空气清新无异味。

五、客房清洁剂的种类及使用范围

清洁剂是客房部服务员在进行客房清洁和保养工作时所必需的用具和物品，选择和使用合适的清洁剂不仅可以增强工作效果，提高工作效率，而且对于做好客房设施设备的保养工作具有重要意义。客房管理人员应该熟悉各种清洁剂的性能和使用范围。

按照不同的划分方法，客房部使用的清洁剂可以划分为不同的类型。

（一）按清洁剂的化学性质划分

按照化学性质，清洁剂可分为以下三种类型：

1. 酸性清洁剂

酸性清洁剂一般含有盐酸、磷酸、硫酸和醋酸等酸性化合物。可用于清洁茶渍、咖啡等碱性物质。另外，酸性清洁剂还可以用来还原氧化物，故常被用来去锈（将深咖啡色的高铁还原为浅绿色的亚铁离子），清洗冷气机的蒸发器及冷凝器（将氧化铝或结在钢管内的氧化物还原）。含浓硫酸的清洗剂，则主要是利用其脱水性。

2. 碱性清洁剂

碱性清洁剂含氢氧化钾、氢氧化钠或其他碱类，可以清洁一切酸性污渍。另外，碱性清洁剂还可以用来清洁一切油污，因为它可以将不溶于水的油脂变成半溶于水的物质。强碱（如氢氧化钠）非常活泼，故亦常被用作起蜡剂，因为它能将蜡水中的金属链切断，令"亚力加块"浮于水面，从而起到起蜡作用。通常，碱性清洁剂的应用最为广泛。

3. 中性清洁剂

中性清洁剂含合成化合物，呈中性，其"清洁"能力不很显著，主要用于"保养"方面，一般不会损坏物体之表面。

（二）按用途划分

按用途划分，常用的清洁剂有以下七种：

1. 多功能清洁剂

这种清洁剂呈中性，多用于去除家具表面的污垢、油渍、化妆品渍，有防霉功效。原装的清洁剂为浓缩剂，使用前要根据使用说明进行稀释。此种清洁剂不能来洗涤地毯，对特殊污垢作用也不大。

2. "三缸"清洁剂

马桶清洁剂属酸性清洁剂，能去除马桶、便池上的污垢，有较好的除臭、杀菌功效。使用时必须在马桶、便池有水的情况下倒入少许，稍过片刻用毛球轻轻刷洗，再用清水冲净。日常清洁"三缸"最好选用碱性剂，以利保养。

3. 玻璃清洁剂

客房内的玻璃和镜面，特别是卫生间内的镜面常有一些不易清除的污迹，像油渍、化妆品迹等。清除这类污迹使用装在高压喷罐内的玻璃清洁剂效果最好。使用时对准污迹喷洒少许，然后用干布擦拭便可光亮如新。

4. 金属抛光剂

客房内有很多金属制品，像门锁把手、水龙头、浴缸配件、扶手、卷纸箱、毛巾架、浴帘杆等，容易染上手印和锈蚀。这种抛光剂只对金属制品除锈去渍有效。使用时用抹布蘸上抛光剂或将抛光剂直接喷在物件上，用干布反复擦拭直至光亮为止。

5. 家具蜡（家具保养蜡）

为使家具保持光洁，服务员按计划卫生的要求定期对家具物品上蜡保养。客房部选用的家具蜡多为浓缩乳蜡，家具蜡能较好地为木质家具、皮革制品去污除尘，并能在家具表面上形成保护膜，防尘、防潮、防污。使用时只需在家具物品上均匀喷洒，再用柔软的干布来回擦拭，即能光亮如新。

6. 空气清新剂

空气清新剂含有香精和杀菌成分，喷洒在客房内或大厅中，有灭菌和清新空气的作用，且芳香四溢。但有些客人不喜欢空气清新剂的香味，因此，在住客房中要慎用。

7. 杀虫剂

杀虫剂含除虫菊脂，能杀灭蟑螂、苍蝇、蚊子等害虫。客房区内一旦发现虫类，应立即施放杀虫剂。杀虫剂属于易燃品，所以要谨慎使用和妥善保管。

六、夜床服务

夜床服务通俗地讲，叫"做夜床"（Second Service 或 Turn-down Service），体现酒店为住店客人所提供的热情、周到、细致的服务和无微不至的关怀。通常只有三星级以上的中高档酒店才向宾客提供这项服务。

做夜床一般在客人吃晚饭时进行（通常在 18:00—20:00）。通常是对住客房进行一些简单的整理，在客人入睡前替客人拉开被子一角成 45°，以方便客人入睡，同时在床头柜上摆放"晚安点心"，以示酒店对客人的关怀和祝福。

做夜床时，如遇到客人在房间，应征询客人意见。如果客人不需要，要在报表上记录。挂有 DND（请勿打扰）牌的房间，不要骚扰客人，可从门下塞进一个"夜床服务卡"，待客人提出要求时再马上替客人整理。

做夜床服务主要包括三项工作：房间及卫生间的整理、开夜床、摆放晚安点心。

七、客房清扫时的注意事项

在整理客房时，应注意下列问题：

（一）以不打扰客人为原则

做客房卫生时，应选择客人不在房间时进行，以免打扰客人工作或休息。此时，应正确判断客人是否在房间。假如敲开门后，发现客人在房间，需要问明客人现在是否可以整理房间，征得客人同意后，方可开始做房。

（二）敲门时，应报明身份

进入房间做卫生时，要报称："Housekeeping"，同时要注意敲门的声音大小适中，不可过急，力度过大，否则，不仅是没有礼貌的表现，还会使房内客人受到惊吓，或给客人带来不便。有些性急的服务员往往敲一下门进房，还有些往往从门缝里瞅，这些都是缺乏礼貌和修养的表现。

（三）不得在客房内做清扫之外的其他事情

不得在客房内吸烟、吃东西、看报纸、杂志（特别是客人的报纸、杂志）。

（四）不得使用客房内设施

服务员不得使用房内卫生间，除维修、检查外，不得收听、收看客房内音响、电视机，也不许躺或坐在床上休息。

（五）清理卫生间时，应专备一条脚垫

服务员清理卫生间时，进出频繁，卫生间门前的地毯特别容易潮湿、沾污、发霉，日久天长，这一部位较之室内其他部位更易于损坏，破坏客房地毯的整体美观。因此，服务员在清扫客房时，应随车带上一小块踏脚垫，工作时，将其铺在卫生间门前，工作后收起带出客房，以保护房内地毯。

（六）清洁客房用的抹布应分开使用

客房清扫时使用的抹布必须是专用的。一般应配备6块抹布，其中：房间2块（湿、干各1块）；卫生间4块（擦马桶1块，擦浴缸、面盆1块，擦地面1块，镜布1块）。房间抹布及擦拭镜子的抹布应用平布，其余用毛巾。另外，根据不同的用途，应选用不同颜色、规格的抹布，以便区分，防止交叉使用（参见图11-1）。用过后的抹布最好由洗衣房洗涤消毒，以保证清洁的高质量。

（七）注意做好房间检查工作

服务员在做客房卫生时，特别要做好房间的检查工作。除了在抹尘时要检查房内电器设施设备以外，还要检查一下淋浴器、抽水马桶等设施是否好用。发现问题应记入"客房服务员工作日报表"里"备注"一栏。必要时，还要填写"维修通知单"，并及时通知

图11-1　客房清扫时的专用抹布
（用途不同，颜色和规格不同）

工程部进行维修（紧急维修可先用电话报修后再补开报修单）。由客人造成的设施设备的机械损伤，还要由客人负责赔偿。

如果是走客房间，服务员还应检查一下床上、枕头下、桌面上、抽屉里是否有客人的遗留物品，如手机、钱包、充电器、手表、戒指、书、衣物等；热水器内是否有客人未用完的水（如有，需要倒掉，以便下一位客人使用）。如果发现有客人遗留的物品，则应在"工作日报表"上注明遗留物品的名称、发现地点以及发现时遗留物品的状况等事项，并立即上交客房部经理室或总服务台（视酒店不同规定而定）。同时由接收遗留物品的有关人员填写客房"遗留物品登记卡"，然后将遗留物品加以妥善保管。

（八）不能随便处理房内"垃圾"

清理房内垃圾时，要注意扔掉的瓶、罐必须是空的，而且要确认所扔掉的报纸、杂志一定是客人废弃不用的。否则，不可将这些报纸、杂志随便扔掉或擅自留归己有。有些东西，如一份画报，服务员很难判断到底是客人遗忘在房内的，还是废弃不要的，这时也应上缴或请示楼层领班加以处理。

（九）电镀部位要完全擦干

在打扫卫生间时，服务员必须用干抹布（绝不能用湿布）将卫生间洁具上特别是电镀

部位的水迹擦干，否则，电镀部位很快就会失去光泽，甚至留下深色的斑块，严重的还会生锈。

（十）不得将撤换下来的脏布草当抹布使用

清扫卫生间时一定要注意卫生，绝对不能为了方便而把毛巾、脚巾、浴巾或枕巾、床单等撤换下来的脏布草当抹布使用，擦拭浴缸、马桶、洗脸池甚至客房内的水杯，也不能把擦洗浴缸、马桶或洗脸池的不同抹布混用。

（十一）拖鞋应摆放在床头柜下

国外的酒店一般在客房不提供拖鞋，但国内酒店通常都将拖鞋作为客房低值易耗品为客人提供。有的酒店将其摆放在床前；有的摆放在沙发前；有的摆放在写字台下；还有的则摆放在壁柜里。实际上，将拖鞋摆放在上述地方都不合适，因为，摆放在壁柜里或写字台下不容易被客人发现，失去了摆放的意义；放在床前或茶几（沙发）前，虽然容易被发现，但不雅观。那么，到底应将拖鞋置于何处呢？我们认为，将其放在床头柜下比较合适，既方便客人，也不影响房内整洁。

（十二）房内物品的摆放，要注意将商标面对客人

房间物品的补充要按照酒店规定的品种、数量及摆放要求补足、放好，并注意商标面对客人。

（十三）损坏客人的物品时

进行住房清扫卫生工作时应该小心谨慎，不要随意移动客人的物品，必要时应轻拿轻放，清扫完毕要放回原位。万一不小心损坏客人的物品，应如实向主管反映，并主动向客人赔礼道歉，如属贵重物品，应由主管陪同前往，并征求意见，若对方要求赔偿时，应根据具体情况，由客房部出面给予赔偿。

（十四）离开房间时，应要求服务员打开房内照明灯

服务员打扫完房间离开时，应打开房内主要照明用灯，这样，客人进房后，只要插上钥匙卡（牌），灯就会自动亮起，以免客人进房后在黑暗中摸索，给客人带来不便。

（十五）不能在下午2点以前打电话进房要求清扫房间

对于房间的清扫，原则上要在不打扰客人的前提下进行，特别是不能在客人午休时间（下午2点以前）打电话进房，以免影响客人休息。酒店管理人员和服务人员要清楚：对客人而言，午休比清扫房间重要得多！

第二节　客房计划卫生

客房计划卫生指在日常客房清洁的基础上，拟订一个周期性清洁计划，针对客房中平时不易或不必进行清洁的项目，采取定期循环的方式做彻底的清洁保养工作的客房卫生管理制度。

客房服务员每天的清洁整理工作的工作量一般都比较大。例如，一名卫生班的服务员平均每天要负责14~16间客房的清扫工作，到了旅游旺季，甚至更多，所以对客房的某些部位，如通风口、排气扇、天花板、门窗玻璃、窗帘、床罩等，不可能每天清扫或彻底清洁（有些项目也没有必要每天进行，如地毯的清洗等）。为了坚持清洁卫生的质量标准，使客人不仅对客房那些易接触部位的卫生感到满意，而且要对客房的每一处卫生都放心，同时又不致造成人力浪费或时间的紧张，客房部必须通过定期对清洁卫生的死角或容易忽视的部位进行彻底的清扫整理，以保证客房内外环境的卫生质量。

一、计划卫生的项目和清洁周期

针对不同的项目，客房的计划卫生应按不同的时间周期进行。

表11-1是某酒店楼层计划卫生项目及清洁周期安排。

表 11-1　楼层计划卫生项目及清洁周期安排（示例）

每天	3 天	5 天
1. 清洁地毯、墙纸污迹 2. 清洁冰箱，扫灯罩尘 3.（空房）放水	1. 地漏喷药（长住逢五） 2. 用玻璃清洁剂清洁阳台、房间和卫生间镜子 3. 用鸡毛掸清洁壁画	1. 清洁卫生间抽风机（味）机罩 2. 清洁（水洗）吸尘机真空器保护罩 3. 员工卫生间虹吸水箱、磨洗地面
10 天	**15 天**	**20 天**
1. 空房马桶水箱虹吸 2. 清洁走廊出风口 3. 清洁卫生间抽风主机网	1. 清洁热水器、洗杯机 2. 冰箱除霜 3. 酒精球清洁电话 4. 清洁空调出风口、百叶窗	1. 清洁房间回风过滤网 2. 用擦铜水擦铜家具、烟灰筒、房间指示牌
25 天	**30 天**	**一季度**
1. 清洁制冰机 2. 清洁阳台地板和阳台内侧喷塑面 3. 墙纸吸尘、遮光帘吸尘	1. 翻床垫 2. 抹拭消防水龙带和喷水枪及胶管 3. 清洁被套（12月至次年3月，每15天洗一次，4月至11月一季度洗一次）	1. 干洗地毯、沙发、床头板 2. 干（湿）洗毛毯 3. 吸尘机加油（保养班负责完成）

半年	一年	备注
清洁窗纱、灯罩、床罩△ 保护垫△	1. 清洁遮光布△ 2. 红木家具打蜡 3. 湿洗地毯（2、3项由保养班负责完成）	有△项目由财产主管具体计划，组织财管班完成，注意与楼层主管在实际工作中协调

二、计划卫生的组织

客房的计划卫生通常有三种组织方式：

（1）要求客房清洁工每天大扫除一间客房。例如，要求客房清洁工在她所负责的14间客房中，每天彻底大扫除1间客房，14天即可对她所负责的所有客房作一次计划卫生。

（2）规定每天对客房的某一部位或区域进行彻底的大扫除。除日常的清扫整理工作外，可规定客房清洁工每天对客房的某一部位进行彻底清洁。这样，经过若干天对不同部位和区域的彻底清扫，也可以完成全部房间的大扫除。其日程安排可参考表11-2。

表 11-2　客房计划卫生安排表

星期	一	二	三	四	五	六
项目	门窗玻璃	墙角	天花板	阳台	卫生间	其他

（3）季节性大扫除或年度大扫除。即集中在淡季对所有客房分楼层进行全面大扫除，一个楼层通常要进行一个星期，必要时，可请前厅部对该楼层实行封房，并与工程部联系，请维修人员利用此时对设备进行定期的检查和维修保养。

在实践中，以上三种计划卫生的组织方式可配合使用。

三、计划卫生的管理

（一）计划卫生的安排

客房管理人员可将客房的周期性清洁卫生计划表贴在楼层工作间的告示栏内或门背后。也可由楼层领班在服务员做房态报告表上每天写上计划卫生的项目，督促服务员完成当天的计划卫生任务。

（二）计划卫生的检查

服务员每完成一个项目或房间后即填上完成的日期和本人的签名。参见表11-3。

表 11-3　客房周期清洁表

姓名 日期 房号 项目	地毯	墙面	卫生间	家具	窗户	小酒吧			备注

领班等根据此表予以检查，以保证计划的落实和卫生质量。

（三）计划卫生的安全问题

客房的计划卫生中，有不少是需要高空作业的，如通风口、玻璃窗、天花板等。因此，在做计划卫生时，必须要求和提醒员工注意安全，防止出现各种工伤事故。清扫天花板、墙角、通风口、窗帘盒或其他高处物体时，要用脚手架或使用凳子；站在窗台上擦外层玻璃要系好安全带……

此外，在做计划卫生时，还应注意选择合适的清洁剂和清洁工具，以便提高工作效率，确保清洁卫生质量，同时，防止因清洁剂和清洁工具的选择和使用不当而损坏家具设备。

第三节　客房清洁质量的控制

客房部的首要任务是生产干净、卫生、舒适的客房。顾客对酒店产品的需求主要表现在食、宿两个方面，无论是食还是宿，他们都有很高的卫生要求。从心理学的角度来看，整洁、卫生的酒店客房可以给客人一种安全感和舒服感，因此，搞好卫生管理对于提高客房产品质量、满足客人需要具有头等重要的意义。

客房清洁质量的控制要从以下几个方面入手：

一、强化员工的卫生意识

卫生管理首先要求服务员和管理人员要有卫生意识，对卫生工作的重要性要有足够的认识，为此必须经常强调、考核。此外，还要求管理人员和服务人员注意个人卫生。可以想象一位不修边幅、不洗衬衣的领班要求服务员搞好卫生，只能成为天方夜谭；同样，对于一位不勤剪指甲、常洗澡的服务员来说，要他搞好客房卫生，也是不可能的。

其次，强化员工的卫生意识还要求客房员工要对涉外星级酒店的卫生标准有足够的认识，不能以自己日常的卫生标准作为酒店的卫生标准，酒店的卫生标准要与国际标准接轨，否则，很可能将国际旅游者正常的卫生要求视为"洁癖"。

二、制定卫生工作的操作程序和卫生标准

做好客房卫生，还应制定一些服务规程、操作程序和卫生标准，这是确保客房清洁卫生的基础，也是对客房清扫员的工作进行考核、监督的依据。

在制定操作程序和卫生标准时，要注意体现两个原则：一是要依据酒店的档次确定。酒店的档次不同，其清扫标准和服务规格应当有所区别。二是"双方便"原则，即：方便客人和方便操作。

三、严格检查制度

酒店应建立完善的客房检查体系，严格检查制度。这是搞好客房卫生，确保客房产品质量的关键。

（一）建立客房的逐级检查制度

检查客房又称查房，客房的逐级检查制度主要是指对客房的清洁卫生质量检查实行领班、主管及部门经理三级责任制，也包括服务员的自查和上级的抽查。实行严格的逐级检查制度，是确保清洁质量的有效方法。

1. 服务员自查

要求服务员每整理完一间客房，要对客房的清洁卫生状况、物品的摆放和设备家具是否需要维修等进行检查。通过服务员自查不仅可以提高客房的合格率，还可以加强服务员的责任心和检查意识，同时，减轻领班查房的工作量。

不过，服务员自查的重点是客房设施设备是否好用、正常，客用品是否按规定的标准、数量摆放。自查的方式是边擦拭灰尘边检查。此外，在清扫完房间，准备关门前，还

应对整个房间进行一次回顾式检查。

2. 领班普查

领班检查是服务员自查之后的第一关，常常也是最后一关。因为领班负责OK房（已清洁完毕的客房）的报告，总台据此就可以将该客房向客人出租，因此客房部必须加强领班的监督职能，让其从事专职的客房某楼面的检查和协调工作。有的酒店既让楼层领班担负客房清扫的检查工作，又规定一定数量的客房清扫任务，这是不合理、不科学的（个别情况，如用房紧张或人手不够时，领班帮忙清扫客房则另当别论），会影响其检查职能的发挥。

（1）领班查房的作用。领班查房不仅可以拾遗补漏，控制客房卫生质量，确保每间客房都属于可供出租的合格产品，还可以起到现场监督作用和对服务员（特别是新员工）的在职培训作用。

领班查房时，对服务员清扫客房的漏项、错误和卫生不达标情况，应出返工单，令其返工。

（2）领班查房的数量。领班查房数量因酒店建筑结构（每层楼客房数的多少）、客房检查项目的多少以及酒店规定的领班职责的多少不同而有所不同。一般而言，日班领班应负责约80间客房左右的工作区域的房间检查工作（负责带5~7个服务员）。而夜班领班的查房数量一般为日班领班数量的两倍，要负责约160间客房的工作区域。需要说明的是，上述工作量标准基本上是满负荷的，比较偏大，酒店对领班的工作定额一般不应超过上述标准。

日班领班原则上应对其所负责的全部房间进行普查，但对优秀员工所负责清扫的房间可以只进行抽查，甚至"免检"，以示鞭策、鼓励和信任。

（3）领班查房的顺序。一般情况下，领班查房时应按环形路线顺序查房，发现问题及时记录和解决。但对下列房间应优先检查：① 首先检查那些已列入预订出租的房间；② 尽快对每一间整理完毕的走客房进行检查，合格后尽快向总台报告；③ 检查每一间空房和VIP房；④ 检查维修房，了解维修进度和家具设备状况；⑤ 检查每一间外宿房并报告总台。

3. 主管抽查

楼层主管是客房清洁卫生任务的主要指挥者。加强服务现场的督导和检查，是楼层主管的主要职责之一。

主管抽查的意义在于：检查督促领班工作，促使领班扎扎实实地做好工作；进一步保证客房卫生质量；确保客房部经理管理方案的落实；为客房部管理收集信息。

（1）检查的方式。主管检查的方式是抽查，数量一般可控制在20个房间左右。抽查的好处在于这种检查事先并未通知，是一种突然袭击，所以检查的结果往往比较真实。

（2）检查的内容。主管主要检查领班实际完成的查房数量和质量，抽查领班查过的房间，以观察其是否贯彻了上级的管理意图，以及领班掌握检查标准和项目的宽严尺度是否得当。主管在抽查客房卫生的同时，还应对客房楼层公共区域的清洁状况、员工的劳动纪律、礼节礼貌、服务规范等进行检查，确保所管辖区域正常运转。

（3）检查的重点。主管检查的重点是：① 检查每一间VIP房；② 检查每一间维修房，促使其尽快投入使用；③ 抽查长住房、住人房和计划卫生的大清洁房。

4. 经理抽查

楼层清洁卫生工作是客房部工作的主体。客房部经理也应拿出1/2以上时间到楼面巡视和抽查客房的清洁卫生质量。这对于掌握员工的工作状况，改进管理方法，修订操作标准，更多地了解客人意见，具有十分重要的意义。

经理抽查房间应每天保持一定的数量，应特别注意对VIP客房的检查。

客房的逐级检查制度应一级比一级严，所以，经理的查房要高标准，严要求，即被称为"白手套"式的检查。经理的检查宜不定期、不定时，检查的重点是房间清洁卫生的整体效果、服务员工作的整体水平，以及是否体现了自己的管理意图。

5. 总经理抽查

酒店总经理要控制客房的卫生和服务质量，也必须充分运用检查这一手段。检查的方式为不定期、不定时，或亲自抽查，或委派大堂副理或值班经理代表自己进行抽查，以获得客房部管理水平和服务质量信息，激励客房部经理的工作。

除过上述方式以外，酒店还可以组织其他方式的检查，包括：

（1）定期检查。定期检查是一种有计划的公开检查，一般事先有布置，有明确的检查时间和检查内容。目的是制造声势，创造气氛，促进工作。酒店对客房的定期检查，一般由总经理办公室主任、质检部经理、工程部经理、客房部经理、前厅部经理及大堂副理组成检查小组，由总经理或驻店经理带领，每月定期对客房清洁卫生进行检查，或选择重要任务来临前进行检查。

（2）邀请第三者检查。可聘请店外专家、同行、住店客人等，检查客房的清洁卫生质量乃至整个酒店的服务质量。这种检查看问题比较客观，能发现一些酒店管理者自己不易觉察的问题，有利于找到问题的症结。

（二）客房检查的内容和标准

检查房间时，除了检查房间整理、擦洗是否干净、合乎要求，用品配备是否齐全等卫生情况以外，还要检查客房设施设备及各类机器的完好情况，具体检查项目和内容如表11-4所示。

表11-4　客房检查的内容和标准

项目	内容和标准
（一）卧室	
门	是否擦洗干净，把手上有无污迹； 门转动是否灵活，有无吱呀声； 房间号码是否清楚，窥镜、安全链是否好用、安全； 门锁后是否挂有"请勿打扰/请速打扫"牌； 门后磁吸是否起作用
壁柜	有无灰尘，衣架及衣架杆是否有积尘； 门轨有无损坏，柜门是否好开； 衣架、衣刷、鞋刷以及洗衣袋、洗衣清单是否配备齐全； 柜内的自动开关电灯是否正常
天花板	有无蜘蛛网； 有无裂纹和小水泡（如有说明天花板漏水，应及时报修）
墙壁	墙纸有无不洁或脱落之处； 墙上挂的画是否摆正，有无灰尘
窗户	窗框、窗台有无灰尘，窗玻璃是否已擦干净； 窗帘有无破损，是否干净，窗帘轨、钩是否完好
灯	天花板灯、台灯及壁灯等灯具有无落灰； 开关是否完好
空调	运转是否正常； 开关上有无污迹
床	床铺得是否匀称、平展； 床罩、床单、枕套、床头板及床架是否干净； 床脚是否稳固
床头柜	有无灰尘； 音响、灯光以及电视等的开关是否灵用； 叫醒钟是否准时，电话机是否正常、干净； 台面上有无放置禁止在床上吸烟的卡片"Please refrain from smoking in bed"
茶几	茶几部位是否擦净； 茶叶有无配备，茶杯是否干净、足数； 冷热水有无备好
写字台	桌椅及沙发各部位有无灰尘，抽屉内外是否干净； 文件夹内的欢迎词、征求意见表、酒店简介、疏散图、便签、圆珠笔等是否配齐； 电话号码簿以及电视节目单等是否按规定放置

项目	内容和标准
电视机	荧光屏、外壳及电视机架是否干净； 音响是否良好，图像是否清晰、稳定
电冰箱	内外是否干净，工作是否正常； 饮料是否按规定配齐，是否已备好饮料签单及开瓶器
行李架	是否干净、稳固
垃圾桶	垃圾有无处理，桶内外是否已清洗干净
地毯	是否干净，有无污迹或破损
（二）卫生间	
门	门锁是否清洁，正常
灯	天花板灯、镜灯有无落灰； 开关、插头是否灵用，有无损坏
地板	是否清洁，有无打蜡
墙壁	瓷砖是否干净，有无破损
浴缸	缸内是否擦洗干净，有无污迹或毛发； 冷、热水龙头及浴缸放水用塞子是否正常（由服务员检查）
毛巾架	是否牢固、干净
抽水马桶	有无消毒、有无封条、有无异味； 马桶盖、坐圈及桶内外是否刷洗干净
垃圾桶	垃圾有无处理，桶内外是否已清洗干净
洗面池	内、外侧有无污迹、水珠
化妆台	台面有无落灰，镜面有无污迹或水珠
排风口	是否干净
用品配备	手巾、脸巾、脚巾、浴巾、洗澡巾、香皂、卫生纸、卫生帽、浴帽、牙刷、牙膏、漱口杯、刀片盒等卫生用品是否配备齐全，并按规定位置放置

对楼层领班而言，一定要严格检查制度，把好卫生工作的最后一关，卫生不合格的客房要重做，对此，不能心慈手软，"下不为例"。

四、监督客房清洁过程

除了管理人员检查以外，还可以通过现代技术对服务员的做房过程进行实时视频监督。广西南宁金庆盛金钻酒店不仅对客房服务员的做房过程进行实时拍摄，还将其发到抖音上，鼓励店内、外客人进行监督。

第四节　公共区域的清洁保养

除了客房以外，客房部还要负责酒店所有公共区域的清洁卫生工作。公共区域清洁卫生工作的好坏，常常是客人评价一家酒店服务质量和酒店水准的一个重要因素，特别是公共洗手间，是反映酒店卫生状况的一面镜子，常常是一些专家评价一家酒店卫生状况和档次的重要指标。"要了解一家酒店的卫生状况和档次，看它的公共洗手间就行了！"

酒店公共区域的清洁卫生工作通常由客房部的公共卫生班组负责，这样组织的好处在于能够使清扫工作专业化，提高劳动效率和工作质量。

为了保持公共区域的清洁卫生，这项工作有时每天要进行数次，如厕所的冲洗、大堂的保洁、烟灰缸的清洁、家具的复位等。

一、公共区域的范围

凡是酒店内公众共同享有的活动区域通称为公共区域。

酒店的公共区域可划分为室内部分和室外部分。室外公共区域是指酒店的外围区域，包括酒店的外墙、花园、前后大门等。室内公共区域又划为前台区域和后台区域两部分。其中，前台部分通常指专供宾客活动的场所，如大堂（Lobby）、总服务台（General Service Desk）、电梯（Elevator）、楼梯（Stair-way）、休息室（Lounge）、康乐中心（Entertainment Centre）、游泳池（Swimming Pool）、餐厅（不包括厨房）（Dining Room）、会议室（Meeting Room）、舞厅（Ball Room）、公共洗手间（WC）等。后台部分通常指为酒店员工设计的生活区域，如员工休息室、员工更衣室、员工餐厅、员工娱乐室、员工公寓等。

二、公共区域清洁卫生工作的特点

首先，由于公共区域涉及的范围相当广，因此，其清洁卫生的优劣对酒店影响非常大。

其次，公共区域的客流量非常大，客人活动频繁，这就给公共区域的清扫工作带来不便和困难。为了便于清洁，同时尽量减少对客人的干扰，公共区域的清洁卫生工作应尽量安排在没有客人或客人活动较少的时间段进行。

最后，公共区域的清洁工作烦琐复杂，工作时间不固定，人员分散，因此，造成其清洁卫生质量不易控制。这就要求公共区域服务员在日常工作中必须具有强烈的责任心，同时，管理人员要加强巡视和督促。

三、公共区域清洁保养的内容

（一）大堂的清洁

大堂是酒店客人来往最多的地方，是酒店的门面，往往会给客人留下第一印象。因此，这里的卫生工作显得非常重要。

大堂的清洁卫生工作主要在清晨或深夜进行，白天进行维护和保持。主要包括大堂地面的清洁、家具的清洁、扶梯及电梯的清洁、铜器上光等。

公共卫生员每天晚上应对大堂地面进行彻底清扫或抛光，并按计划定期打蜡。白天用油拖把循环迂回拖擦，维护地面清洁，保持光亮。操作过程中应根据实际情况，适当避开客人或客人聚集区，待客人散开后，再进行补拖。客人进出频繁的门口、楼梯口等容易脏的地面要重点拖擦，并适时增加拖擦次数，确保整个地面的清洁。

遇有雨雪天气，要在大堂入口处放置伞架和脚垫，并树立防滑告示牌，同时注意增加拖擦次数，以防客人滑倒。

对大堂扶梯、电梯的清洁保养主要在夜间进行，白天只对其进行清洁维护，保持干净整洁。夜间对大堂内扶梯和电梯进行彻底清洁，确保电梯内外光亮无指印、无污迹。另外，夜间应注意更换电梯内的星期地毯，并对地毯或梯内地面进行彻底清洁。

对大堂内所有家具、台面、烟具、灯具、标牌等的清洁也要在夜间进行，使之无尘、无污渍，保持光亮，并对公用电话进行消毒、擦净，使之无异味。

除了对大堂的上述区域和设施进行清洁以外，还应对大堂等公共区域的铜器进行上光保养。

（二）酒店门庭清洁

夜间对酒店大门口、庭院、停车场或地下停车场进行彻底清扫，并对门口的标牌、墙面、门窗及台阶进行全面清洁、擦洗，使其始终以光洁明亮的面貌迎接客人。白天对玻璃门窗的浮灰、指印和污渍进行抹擦，尤其是大门玻璃的清洁应经常进行。

（三）餐厅、酒吧、宴会厅的清洁

对餐厅、酒吧、宴会厅的清洁，主要进行以下工作：

（1）地毯吸尘。

（2）清扫板壁上的鞋印、指印及客人张贴的画和其他饰物。

（3）清扫大厅吊灯。

（4）每月一次的通风口除尘。

此外，餐厅、酒吧、宴会厅或其他饮食场所，常常会有苍蝇出现（尤其是在夏季），公卫服务员应随时或定期喷洒杀虫剂，防止蚊蝇滋生。

（四）公共洗手间的清洁

公共洗手间清洁的主要内容有：

（1）按顺序擦净面盆、水龙头、台面、镜面，并擦亮所有金属镀件。

（2）用清洁剂清洁马桶及便池。

（3）擦座厕内的门、窗、隔挡及瓷砖墙面。

（4）拖净地面，保持无水渍、无脏印。

（5）喷洒适量空气清新剂，保持室内清新、无异味。

（6）洗手台上摆放鲜花。

（7）按要求配备好卷筒纸、卫生袋、香皂、擦手纸、衣刷等用品。

（8）检查皂液器、自动烘手器等设备的完好状况。

（五）其他区域的清洁卫生

除了做好上述前台区域的清洁卫生工作以外，还应做好酒店后台区域的卫生工作，特别是员工食堂、服务通道等的卫生。这些场所的卫生状况对员工的思想和精神状况，进而对酒店的服务质量有重要影响。有些酒店把卫生工作的重点放在接待顾客的餐厅里，而对员工食堂的卫生情况、饭菜质量不予以重视，结果在寄生虫容易滋生的夏季，同时也是旅游旺季，食堂卫生不过关可能使很多员工病倒，这就导致酒店连正常的接待工作也难以进行，更不用说提高服务质量了，应当吸取这种教训。

员工通道的卫生也常常被忽视。酒店正门前客人进出的通道一般打扫得比较干净，而员工通道则是另一个天地。有的酒店通往酒店大楼的员工通道甚至连水泥地面都没铺，一遇到雨天，员工便不得不踩着泥泞的路，走向酒店的各个岗位，致使楼道地毯上沾满泥巴。这样不但影响卫生，而且会使地毯严重受损。

本章小结

■ 除了做好楼层客房的卫生工作以外，客房部还要负责整个酒店公共区域的卫生工作，包括酒店大堂的日常保洁，电梯、门窗的清洁，以及酒店外墙的清洁等，甚至还要负责餐厅、厨房的除污工作。

■ 客房部的卫生工作主要是按照酒店的要求和标准，做好楼层客房及卫生间的清洁整理工作，确保出租给客人的客房、床铺、卫生间保持干净、整洁的状态。

■ 房间清洁的具体卫生标准是：眼看到的地方无污迹；手摸到的地方无灰尘；设备用品无病毒；空气清新无异味；房间卫生达"十无"。

■ 为了确保楼层客房的卫生标准，除了做好日常清洁卫生工作以外，客房管理者还应组织和安排好客房的计划卫生工作，定期对一些卫生死角、难清洁的部位以及长住客人离开后的客房，进行彻底清洁。

■ 为了确保客房的卫生质量，必须建立严格的卫生检查制度。包括楼层领班的全面检查、主管及客房部经理的每日抽查以及酒店质管部门的不定期检查等。

思考题

1. 解释下列概念：（1）计划卫生；（2）做夜床。
2. 简述客房清洁剂的种类及使用范围。
3. 如何做好客房计划卫生的管理？
4. 怎样控制客房清洁质量？

案例分析

你所不知道的酒店卫生

拓展阅读

日本酒店如何杜绝"用毛巾擦马桶、杯子"现象？

即测即评

导入问题解惑

要睁一只眼，闭一只眼，还是要严格管理呢？

第十二章 客房服务管理

　　酒店客人大部分时间是在客房度过的，因此，客房服务质量在很大程度上反映了酒店的服务质量。服务质量管理是客房管理的是三大任务（服务、卫生、安全）之一。客房部应努力为客人提供热情、主动、高效、个性化的服务。

本章学习目标

➢ 了解客房服务项目及其服务规程。

➢ 掌握提高客房服务质量的途径。

➢ 了解客房个性化服务。

➢ 掌握客房部与酒店其他部门沟通的内容。

➢ 学会对客房服务和管理中常见问题的处理方法。

关键词

服务项目　服务质量　个性化服务　客房消费　遗留物品招领

Key Words：Services，Quality of Service，Personalized Service，Consumption，Lost & Found

导入问题

经理的困惑："一样的"个性化服务，怎么不见好评如潮？

　　某位酒店管理专业专家在某一天入住广州的一家酒店，房间里的一张手写小便签引起了他的注意，上面写着"尊敬的×××，我是本房间的服务员，如果您有什么需求的话可致电×××，祝您住店愉快！服务员小张"。专家觉得非常温馨，对这种个性化服务予以好评，多次在给酒店从业人员培训中讲到。我们听了这个案例后，觉得这是一个可以实施的优质个性化服务，因此马上就在客房内开展了。为此，我们设计了一张印有上述文字的卡片，取名"专职服务员联系卡"，还特意贴上了服务员照片，并进行了塑封，但却没有出现好评如潮的现象，我有些困惑。

第一节　客房服务项目、服务规范与流程

客房对客服务主要通过房务中心提供，具体服务内容与服务规范和流程如下。

一、客人住店期间的服务项目及服务规范

（一）客房小酒吧

为了方便客人，大部分酒店都在客房内安放了冰箱，一些高档酒店还在客房内设有小型吧台——客房小酒吧（Mini Bar），向客人提供酒水、饮料和一些简单的食品。

有些酒店设计一份有冰箱内（或吧台）食品、饮料的种类、数量和价格的清单，并要求客人将自己每天饮（食）用的食品、饮料如数填写。酒单一式三联，第一、二联交结账处作为发票和记账凭证，第三联作补充酒水食品的凭证。

客房服务员每天早晨对其进行盘点，把客人实际饮用的数目通知前台收款（Cashier）处，随后，对所缺食品或饮料予以补充。

提供客房"小酒吧"服务时，客房服务员应注意以下事项：

（1）如发现客人使用过"小酒吧"，应核对客人新填的酒水使用单。

（2）如客人填写有误，应注明检查时间，待客人回房时，主动向客人说明并更正；如客人没填写，应代客人补填并签名和注明时间。

（3）如客人结账后使用了"小酒吧"，应礼貌地向客人收取现金，并将酒水单的第一联作为发票交给客人，收取的现金连同酒水单的第二联记账凭证及时交给结账处。

（4）领取和补充"小酒吧"的酒水和食品时，要检查酒水的质量和饮料、食品的保质期。

有些高级酒店对客房内的冰箱采用自动售货机式管理，当客人从冰箱里取出一瓶饮料后，总服务台收款处的客人账单会自动增加。但这种装置也有缺点，譬如，客人取出一瓶啤酒后，发现商品不中意又放回原处，但这时计算机已经录入了这瓶啤酒的账单。

（二）房餐服务

房餐服务，指应客人的要求将客人所点之餐饮送至客房的一种餐饮服务。常见的房内用餐有早餐、夜宵等项目。

提供房餐服务的酒店要设计专门的房餐服务餐牌，摆放在床头柜或写字台上，并在上面标明房餐服务电话号码。另外，提供房餐服务，通常要收取20%～30%的服务费。

房餐服务通常由餐饮部负责，餐饮部设有房餐服务组，由专职人员负责提供房餐服务。

房内用餐可以用托盘提供，也可以用餐车送上，视所送餐食饮料的多少而定。如用餐车送餐，要小心谨慎，以免因地毯不平或松动而翻车。另外，送餐时，必须使用保温、保暖、保凉和保持清洁卫生的用具。

提供房餐服务时，要注意及时将客人用过的餐具和剩物撤出（一般在一小时后，征得客人同意后撤出），以免影响房内卫生。收拾东西时，要注意清点餐具并检查有无破损，还要注意更换烟灰缸、玻璃杯，擦净桌上的脏物，以保持房内清洁。

最后，用餐完毕，不要忘记请客人在账单上签名。

（三）洗衣服务

酒店一般都向客人提供洗衣服务（Laundry Service），且大型酒店一般都设有洗衣房。

酒店向客人提供的洗衣服务，从洗涤方式上讲，有三种类型：干洗（Dry-cleaning）、水洗（Laundry Service）和烫洗（Pressing）。从洗涤速度上，可以分为普通服务（Regular Service）和快洗服务（Express Service）两种，每种服务都要求在规定的时间内完成。普通服务一般在早上9点以前收取衣服，当天送回；快洗服务则要求在收到客衣后3~4小时内洗完送回。由于快洗服务会为洗衣房的工作带来不便，因此，一般要加收一倍的服务费。

无论是干洗、水洗还是烫洗，不论要求普通服务还是快洗服务，都要求客人预先填好洗衣登记表（见表12-1）。

表 12-1　洗衣登记表示例

Laundry　水洗　Dry-cleaning　干洗　Pressing　洗烫

For services please touch 3（洗衣请按内线3）			
Room No. 房号	Name 姓名		Signature 签名
	Date 日期	Time 时间	AM/PM 上午/下午
Special Instructions　特别指示			
□Same Day Service：Collected by 11：00 Delivered on Same Day	□Express Service（4 hours）：Latest collection by 14:00 Delivered on the Same Day.50% surcharge.	□Pressing Service（1 hour）：Pressing is available from 7:00 to 18:00	□Overnight Pressing Returned by 8:00
□普通服务：上午11点前收取的衣物即日可送回	□加快服务（4小时）：收取截止时间为下午2点，即日可送回，50%附加费	□熨衣服务（1小时）：早上7点至晚上6点提供服务	□隔夜熨衣于次日早上8点送回

Special Instructions 特别指示				
Guest Count 宾客点数	Hotel Count 酒店点数	Laundry Items 湿洗项目	Price RMB 价目 Laundry 水洗	Shirts Return 恤衫交回 ☐On Hanger 挂起 ☐Starch 上浆 ☐Folded 折叠
		Normal Shirt 普通恤衫	26	
		Blouse 女装恤衫	26	
		Sport/T-Shirt 运动衣/T恤	20	Plus 15% Surcharge 加15%附加费用
		Jacket 外套	38	
		Dress 连身裙	43	
		Skirt 短裙	26	
		Pants/Jeans 西裤/牛仔	32	
		Shorts 短裤	20	
		Pyjamas（2pcs） 睡衣裤（两件/套）	26	
		Night Gown 睡袍	26	
		Undershirt 内衣	12	
		Underpants 内裤	12	
		Socks/Stockings（Pair） 短/长袜（对）	8	
		Handkerchief 手帕	8	

Guest Count 宾客点数	Hotel Count 酒店点数	Dry-cleaning/Pressing Items 干洗/熨衣	Price RMB 价目	
			Dry Cleaning 干洗	Pressing 熨衣
		Suit（2 pieces）西装（两件/套）	78	42
		Jacket/coat 外套	48	26
		Slacks/pants 西裤	32	16
		Shirt/Blouse 恤衫	32	16
		Skirt 短裙	32	16

Guest Count 宾客点数	Hotel Count 酒店点数	Dry-cleaning/Pressing Items 干洗/熨衣	Price RMB 价目	
			Dry Cleaning 干洗	Pressing 熨衣
		Skirt（Full peated）有褶短裙	62	36
		Dress 连衣裙	68	36
		Dress（Evening）/Tuxedo 晚礼服	85	45
		Vest 背心	20	10
		Sweater 毛线衣/羊毛衫	38	16
		Tie/Scarf 领带/领巾	16	10
		Overcoat/Long coat 大衣	88	36

Remarks：

1. Should the list be omitted or not itemized，the Hotel count will be taken as correct.

2. All Laundry/Valet/Dry Cleaning，is accepted by the Hotel at the owner's risk. While the utmost care will be exercised by the Hotel，the liability of the Hotel is limited to TEN times the value of the Laundry/Valet/Dry Cleaning charges. The Hotel shall not be responsible for any further loss or damage howsoever arising.

3. Shirts will be folded and blouses will be on hanger unless otherwise requested.

说明：

1. 如客人未填写衣物数量，将以本酒店所计数量为准。

2. 本酒店在正确的洗涤操作下若造成衣物的任何损坏，最高赔偿额不超过衣物洗熨单价的10倍。衣物上的装饰品和衣兜里的物品损坏或遗失，酒店概不负责。

3. 送衣时，除有特殊要求，男装衬衫将以折叠方式送回，女装衬衫将以挂架送回。

表12-1可置于写字台上或与洗衣袋一起放在壁橱里，客人有洗衣要求时，要在上面注明自己的姓名、房号、日期、所需洗涤各类服装的件数，并标明要求提供普通服务还是快洗服务。服务员进房收取衣服时，要仔细核对表中所填需洗涤衣服的数目是否与客人放进洗衣袋的衣物相符，同时检查一下口袋内有无物件、纽扣，有无脱落、严重污损、褪色、布质软弱不堪洗涤等情况，发现问题应向客人指明，并在登记表上注明。

为了避免一些不必要的麻烦，酒店方面还应在印制的洗衣登记表上注明在洗涤过程中出现某些情况时的处理方法，如关于洗涤时缩水或褪色的责任问题以及如出现洗坏或丢失情况时的赔偿问题（赔偿费一般不超过该件洗衣费的10倍）。鉴于很多客人待洗衣服的价值远远超过洗涤费的10倍，如衣服损坏或丢失，按洗涤费的10倍进行赔偿时远远不能补偿客人的损失，酒店可考虑推出"保价洗

经典案例

由洗衣单引发的思考

涤收费方式"，即按客人对其所送洗衣物保价额的一定比例收取洗涤费。

送回洗烫干净平整的客衣时，应根据洗衣单存根联仔细核对清楚，比如衣物的件数、房号、客人姓名等。随后，将客衣送至客房，请客人查收，待客人检查清点后再离房。最后，在存根联上注明送衣日期、时间，并签上姓名。

（四）其他服务

1. 托婴服务

有些住店客人外出时，携带孩子有时会很不方便，为了解决这个问题，很多酒店都为住店客人提供托婴服务（Babysitting），客人外出或有商务应酬时，可以把孩子托给客房部，由客房部委派专人照管（或由客房女工兼管），并收取适量服务费。

照看婴儿（或小孩）时要注意按客人的要求进行，不要随便喂食，尤其要注意孩子的安全。

2. 擦鞋服务

高级酒店一般都为客人提供擦鞋、钉纽扣和缝补等服务，以此为客人提供方便，并提高服务质量。

客人需要擦鞋服务时，会将鞋放在壁橱内的鞋筐内（或打电话到宾客服务中心），服务员做房时，应将鞋筐里的鞋子收集起来，并在擦鞋服务单上写清房号。擦完后，要按房号将鞋子连同鞋筐放回客人房门口或壁橱内。

另外，遇雨雪天气，客人外出归来，鞋子上易沾泥水，此时，服务员应主动要求帮客人擦鞋。这样做会让客人满意，又可以避免弄脏酒店和客房内地毯。

3. 手机充电服务

当前，酒店为客人提供手机充电服务已经成为酒店必不可少的服务项目。酒店应该准备好常用手机的充电器或多功能充电器，以满足客人的需要。为客人提供手机充电服务以及免费 WiFi 服务，已经成为住店客人的基本需求。

二、客房消费与在住客人查询

（一）客房消费

客房消费项目单包括"小酒吧"、洗衣单、赔偿单等。参见图12-1。

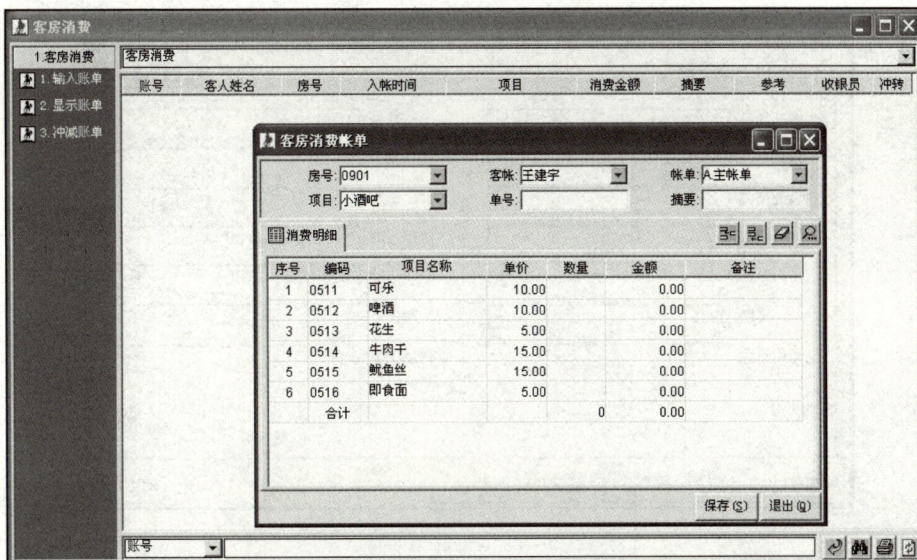

图 12-1 客房消费项目单示例

（二）在住客人查询

在客房管理的在住客人视图中，可以查询在住客人，并且可以查询详细的客单资料和客历档案。参见图12-2。

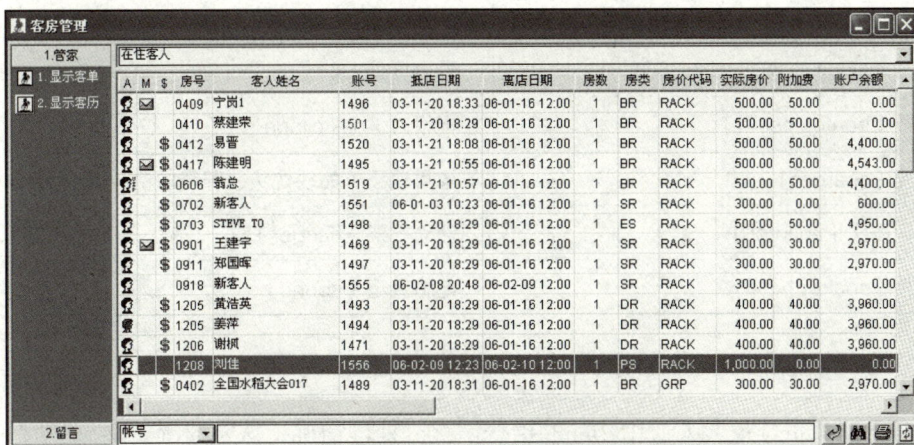

图 12-2 在住客人查询示例

三、租借物品与遗留物品管理

（一）租借物品管理

客房部要做好客人租借物品的管理工作，负责登记客人租借物品及归还情况。参见图12-3。

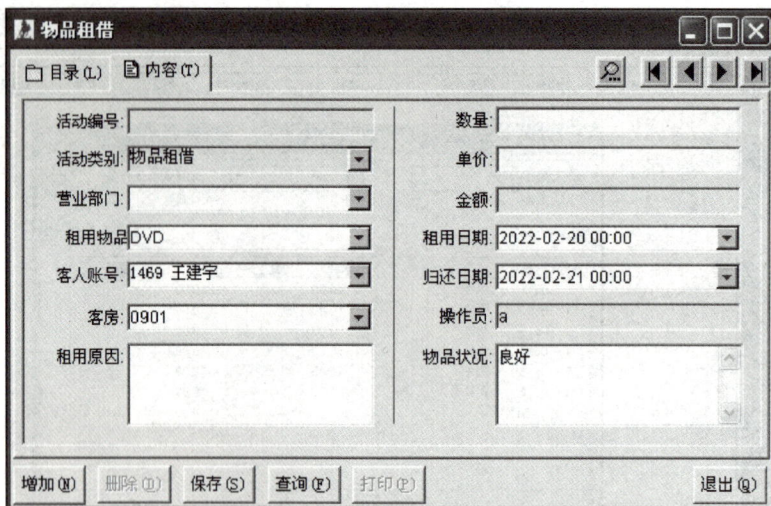

图 12-3　租借物品管理示例图

租借物品通常由房务中心统一管理，客房部为客人提供的租借物品通常包括如表 12-2 所示内容。

表 12-2　客房租借物品

客房租借物品	
茶具（tea set）	吹风机（hair dryer）
电熨斗（iron）	剪刀（scissors）
烫衣板（ironing board）	指甲刀（nail clippers）
充电器（charger）	各类枕头（如软枕头、荞麦皮枕头等）（pillow）
多功能插头（adaptor）	活动衣架（hanger）
插线板（socket）	电脑音箱（sound box）

（二）遗留物品管理

客房部要负责登记客人遗留物品的拾获情况、处理情况、认领情况。参见图 12-4。

客房员工在查房时，经常会发现客人的遗留物品。对于客人的遗留物品，酒店方面要通过相应的制度予以保障，加以妥善处理。

通常，客人遗留物品应该由客房部统一管理。酒店内客人遗留物品，通常主要来自客房，由客房部统一保管在操作上也比较方便。服务员在查房时若发现遗留物品，应在第一时间（争取在客人退房前）通知前台，以便客人及时领回物品。

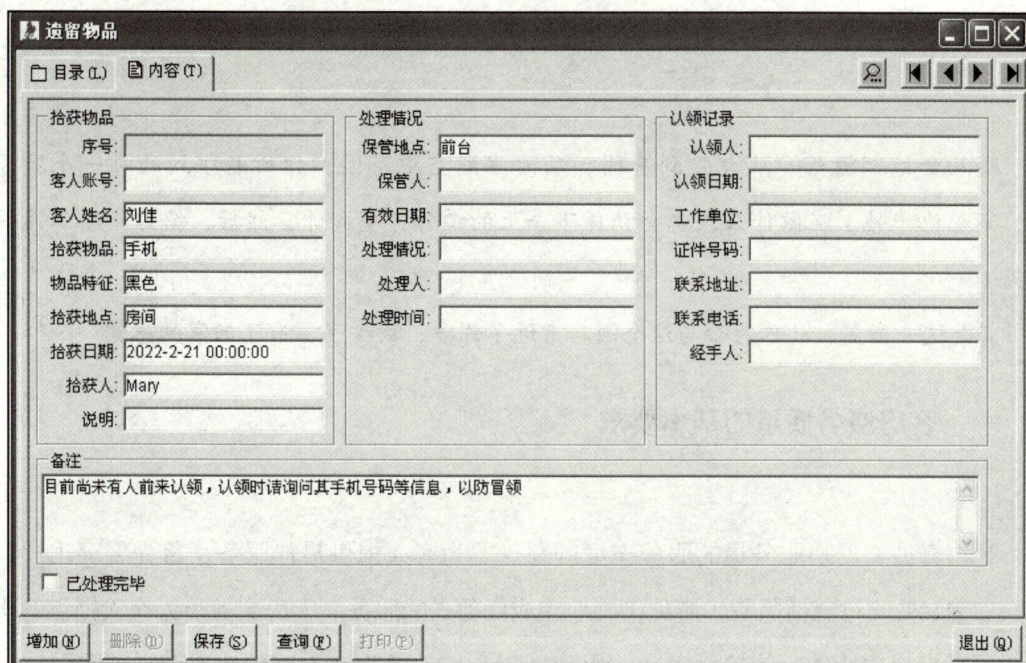

图 12-4　遗留物品管理示例图

对于客人遗留物品是否应主动送还客人，以洲际为代表的欧美酒店和以香格里拉为代表的亚洲酒店有不同的处理方法。欧美酒店鼓励将遗留物品主动迅速地送到客人手中。亚洲酒店通常等待客人自己主动索取，经核实后退送，其理由是回避客人之隐私或不悦。如果此遗留物对客人真的非常重要的话，客人会主动联系酒店的。而为送还遗留物擅自联系其家庭或公司的做法，极可能引起客人的不悦及不必要事情发生（许多客人不愿公开自己的行踪、行程等）。

当然，如果客人离开酒店不久，酒店就应主动联系客人，而非坐等客人回来找。这不仅能够尽量减少客人的损失，也可在很大程度上减少客房部人员的工作量。

对于不能及时归还给客人的物品保管问题，酒店通常分为食品、药品、普通物品以及贵重物品几大类，分别有不同的保管期限。如食品类通常为3天，统一放置于客房部的冰箱，无须入库；药品则为一周；部分酒水类归入贵重物品，通常6个月进行一次处理。

每年年末将所有已过领取期限而无人认领的遗留物品列出清单，重新盘查贵重物品并提交管理层审议，可捐献或发给拾获者，也可在员工活动中进行拍卖或抽奖。

经典案例

客人遗失了一包泥土

第二节　提高客房服务质量的途径

踏入金棕榈酒店，从大堂到房间、从泳池到空中花园，你所能碰到的每一个服务员，不管他（她）在做什么，都会稍停下手上的工作，望向你，然后，给你一个真诚的微笑……

正是这一微笑，让你的心与这个酒店亲近了许多，放松了，有了回家的感觉……[①]

一、客房服务质量的基本要求

（一）真诚

是否真诚，反映服务员的服务态度问题。要为客人提供最佳服务，首先要突出"真诚"二字，要实行感情服务，避免单纯地完成任务式的服务。客房服务员为客人提供的服务必须是发自内心的，热情、主动、周到、耐心、处处为客人着想，也就是"暖"字服务。许多酒店服务质量差，究其原因，都是由服务人员的态度不好造成的。服务态度不好，主要是缺乏真诚和热忱，如在实际工作中，对客人没有微笑，不使用敬语，甚至与客人争辩。甚至有一种心理，认为客人与自己是平等的，自己不需要服侍他，从而将人与人之间的关系和社会角色之间的关系混为一谈。客房部的每一个员工都要调整好自己的心态，把酒店的客人当成被邀请来的朋友，要以主人的"身份"来接待客人，替客人着想，这是提供优质服务的保证。

真诚服务，实际上也是感情服务，是在用"心"为客人提供服务，体现在细节之处和服务过程的各个环节之中。

经典案例

一只没有清洗的茶杯

（二）高效

效率服务就是快速而准确的服务。客房对客服务中的很多投诉都是由缺乏效率而引起的。因此，国际上著名的酒店集团都对客房各项服务有明确的时间限制。例如，希尔顿酒店集团对客房服务员的要求是：在25分钟内整理好一间符合酒店卫生标准的客房。

（三）礼貌

客房服务中的礼貌礼节，是客房服务质量的重要组成部分，也是对客房服务人员的基本要求之一。

[①] 摘自王健生、记三亚亚龙湾金棕榈度假酒店、中国旅游报，2005-09-26.

礼节是向他人表示敬意的某种仪式；礼貌是待人谦虚、恭敬的态度。礼貌礼节就是酒店员工通过一定的语言、行为和程式向客人表示欢迎、尊敬、感谢或道歉。

礼貌待客表现在外表上，就是客房服务员要讲究仪容仪表，注意发型、服饰的端庄、大方、整洁，挂牌服务，给客人一种乐意为其服务的形象；在语言上，要文明、清晰，讲究表达艺术，注意语气语调，服务中始终以从内心发出的微笑相迎；在举止姿态上，要文明、主动、彬彬有礼，坐、立、行和操作均有正确的姿势。礼貌服务＋真诚服务＝温馨服务，客房是住店宾客的主要休息场所，客房服务员要承担宾客大部分的日常生活服务，因此，做好客房个性化温馨服务作用重大。客房服务员必须在礼貌服务中切实做到热情迎宾送客。例如，接到住客通知后，应及时做好迎接准备，宾客一到楼层要致辞欢迎："您好！欢迎，欢迎！"再如，碰到节、假日迎宾时，应对每一位宾客特别问候："新年好""欢迎光临""圣诞快乐""欢迎你到来"等；对于老、幼、病、残的宾客，应及时搀扶，给予关心和帮助；对于重要宾客，应主动上前引领、帮助宾客提携行李物品，同时要多观察并予以必要的帮助。宾客离店时，要心怀感激之情告别："感谢光临""欢迎再来"，语调要亲切、柔和，感情要显得诚恳、真挚，目光柔和，面带微笑，真正感到"宾至如归"。

（四）微笑

微笑服务是客房部员工为客人提供真诚服务的具体体现，是服务工作所要求的基本礼貌礼节，是优质服务的基本要求。微笑不仅是热情友好的表示、真诚欢迎的象征，而且是宾客的感情需要，能带来宾至如归的亲切感和安全感。例如，在日本的酒店，虽然楼层很少能见到酒店员工，但有一点感受却很深，就是一旦有员工为你服务，肯定是始终面带微笑，彬彬有礼，让客人有一种很舒服的感觉。而且，无论你出现在酒店哪里，无论你遇到酒店里任何职位的员工，他们都会面带微笑，给你让道并驻足向你点头打招呼，总是很亲切。

二、提高客房服务质量的途径

（一）培养员工的服务意识

员工的服务意识是员工的基本素质之一，也是提高服务质量的基本保证。很多情况下，客房部服务质量上不去，服务员遭到客人的投诉，并不是因为服务员的服务技能或操作技能不熟练，而是因为缺乏作为服务员所必需的服务意识，不懂得"服务"的真正含义和服务工作对服务人员的要求，这正是很多酒店员工所欠缺的。客房部很多工作是有规律的，客房管理人员可以将这些有规律的东西制定为服务程序和操作规范来保证服务质量，但也有很多问题或事件是随机的，要正确处理这些问题，就应要求服务员必须具有服务意识，必须掌握服务工作的精髓。

（二）强化训练，掌握服务技能

客房服务员的服务技能和操作技能是提高客房服务质量和工作效率的重要保障，也是客房服务员必备的条件。客房管理者应通过加强训练、组织服务技能竞赛等手段，提高客房服务员的服务技能。

（三）为客人提供"微笑服务"

想要客房员工为客人提供微笑服务，必须让员工认识到以下几点：

（1）微笑服务是客房服务质量的重要组成部分，是客人对酒店服务的基本要求。

（2）微笑服务是对酒店员工的基本要求。

（3）笑脸常开，服务生辉。

（4）微笑服务反映一个人的礼貌礼节和整体素质。

（四）为日常服务确立时间标准

服务质量是与一定的服务效率相联系的，服务效率是衡量服务质量的重要标准之一，必须在最短的时间内提供客人所需要的服务，尤其是在时间观念极强的商务客人需要服务时。因此，为了提高服务质量，客房部必须为各项日常服务确立时间标准，并以此作为对服务员进行监督、考核的标准。

经典案例

金海湾大酒店客房服务"六快"

（五）搞好与酒店其他部门的合作与协调

要提高客房服务质量，还应做好与酒店其他部门的合作与协调，特别是与前厅部、工程部、餐饮部、保安部等部门。客房部与这些部门的联系密切，客房部的对客服务工作必须得到上述部门的理解和支持。同样，客房部也必须理解和支持上述部门的工作，同时，加强与这些部门的信息沟通。

（六）征求客人对服务质量的意见，重视与客人的沟通

客人是服务产品的消费者，对服务产品的质量最有发言权，最能发现客房服务中的薄弱环节，因此，要征求客人意见，要重视与客人的沟通，这是提高客房服务质量的重要途径。

1. 设置"表扬卡"

传统的征求客人意见方式是通过在客房放置客人意见表进行，但这种方式已逐渐被淘汰，原因一是管理人员对其不够重视，服务员只对客人的表扬意见感兴趣（可以据此领取奖金，获得上级管理者的表扬和认可），而对批评意见则置之不理，甚至会随手扔掉，从

而使客人意见表流于形式。二是这种方式效率较低，客人怕有麻烦，便很少选择以这种方式提意见或投诉，有问题时，还不如打电话直接找管理人员提意见或投诉，或者通过个人微博、微信表达自己的意见和心情。

目前，一种新的征求意见的方式是在客房放置"表扬卡"（Customer Delight Card），对于收到表扬卡，为客人提供了超值服务（a service that is truly above and beyond the guest's expectation）的员工，管理层应以某种特殊的方式给予表扬或奖励，成为其他员工学习的榜样。参见图12-5。

尊敬的客人：

您好！

感谢您下榻于大连香格里拉大酒店。我们很想知悉在您入住期间，是否得到了超前服务。如果您能抽出时间填写此表扬卡，以帮助我们认可及鼓励为您提供超前服务、令您喜出望外的员工，我们将不胜感激。这对于被您提名表扬的员工有着极其重要的意义，谢谢！

您得到的超前服务是＿＿＿＿＿＿＿＿＿＿＿＿＿＿＿＿＿＿＿＿＿＿＿＿＿＿

＿＿＿＿＿＿＿＿＿＿＿＿＿＿＿＿＿＿＿＿＿＿＿＿＿＿＿＿＿＿＿＿＿＿＿＿

为您提供该服务的员工是＿＿＿＿＿＿＿＿　提供该服务的日期是＿＿＿＿＿＿＿＿＿＿

您的名字是＿＿＿＿＿＿＿＿＿＿＿＿＿　房间号或联系电话＿＿＿＿＿＿＿＿＿＿＿

为您方便起见，您只需将此卡交给您下榻酒店的任何员工即可，他们会非常乐意为您将卡片投入指定的信箱。

图12-5　表扬卡

2. 拜访客人

客房部经理通过定期或不定期地拜访住店客人，可以及时发现客房服务中存在的问题，了解客人的需求，便于进一步制定和修改有关清洁保养的标准和计划。同时，这种拜访也会增进与客人的感情交流，是客房部改善宾客关系，提高客人满意度的重要途径。

3. 通过客房留言条，加强与客人的沟通

客房部还可以通过"客房留言条"，加强与客人的沟通。

客房服务的特点与餐厅服务员面对面的服务不同，客房服务员通常不接触客人（要求服务员在客人外出时进行客房清洁卫生工作），这就减少了与客人沟通的机会。实践证明，通过在客房放置"客房留言条"这种书面形式，加强与客人的沟通，是一个行之有效、能够从内心感动客人的情感沟通方法，对于提高客人可感知的服务质量、增强客人对酒店的好感、加深客人对酒店的良好印象，都具有重要的意义。很多酒店通过这种方法，鼓励客房服务员与客人沟通，都取得了良好的效果。心与心之间的沟通，拉近了客人与服务员之间的距离，使服务员的服务增加了感情色彩，也变得更加专注、用心和细微化。

（七）加强对员工在仪表仪容与礼貌礼节方面的培训

服务员的仪表仪容与礼貌礼节不仅体现员工的个人素质，而且反映酒店员工的精神面貌，是房务部对客服务质量的重要组成部分。管理人员必须加强对员工在这方面的培训。

（八）做好客人抵、离店时的服务工作

1.客人抵店时的服务工作

客人抵店时的服务主要针对重要客人，要在楼层做好接待服务工作，如端茶、送上热（冰）手巾等。体现对重要客人的重视和热情。

2.客人离开楼层前的准备工作

（1）确切了解客人离店的日期、时间和乘坐的交通工具。

（2）检查客人有无委托代办事项，有无办妥。总台的账款单是否已结清，以免错漏。

（3）如有清早离店的客人，要问清是否要准备早餐，是否需要叫醒。

（4）如客人要求代叫行李员搬送行李，应问清何时搬送以及行李件数，并立即通知前厅行李组做好准备。

3.客人离开楼层后的检查工作

客人离开楼层后，应迅速入房仔细检查。

（1）如发现客人离房前使用过"小酒吧"酒水，应立即告知结账处，并将酒水单送达前台。

（2）检查房间物品有无丢失，设施设备有无损坏，如有应立即报告大堂副理，以便及时妥善处理。

（3）如发现客人有遗留物品，应立即追送，如来不及，应按有关程序处理。

第三节　客房部个性化服务

为客人提供个性化服务，不仅是提高客房服务质量的重要途径，而且是未来酒店管理的发展趋势。

要使客人高兴而来，满意而归，光凭标准的、严格的、规范化的服务是不够的，只有在规范化的基础上，逐渐开发和提供个性化服务，才能给客人以惊喜，才能让客人感觉到

"宾至如归""流连忘返"。

规范化服务是保证客房服务质量的基本要求，但规范化服务只能满足客人的共性需求，而不能满足每位客人的特殊服务需求，因此，规范化服务只能维持客房部最基本的服务质量，要使客房服务质量上一个台阶，必须为客人提供个性化服务。

由此可见，个性化服务对于提高客人的满意程度具有十分重要的意义。为客人提供个性化服务，客房服务员必须在日常服务中注意观察客人的需求特点，还应充分利用客历档案（内容包括客人的姓名、性别、年龄、出生日期、婚姻状况以及通信地址、电话号码、公司名称、职务等基本资料；客人出行的目的、爱好、生活习惯；宗教信仰和禁忌；住店期间要求的额外服务等）。

一、个性化服务要点

个性化服务可以从以下方面着手：

（一）对客人以姓氏相称

称呼客人姓名也是为客人提供个性化服务的一个重要方面。英文中有一句谚语"A guest's name is music to his ears"（客人听到别人称呼他的姓名，就如同听到音乐一般美妙）。对客人以姓氏相称，是对客人的一种尊重，是承认客人的与众不同，表明酒店对客人的一种特殊关照。凡是服务质量好、受到客人称赞、给客人留下深刻印象的酒店，很多住店客人以姓名相称。如泰国曼谷东方酒店，其引以为荣的主要服务特色之一就是能够对每一位预订客人和住店客人以姓氏相称，以此增加了亲切感和客人对酒店的认同感和归属感。香格里拉大酒店也要求其员工对客人以姓氏相称。当客人办理完入住登记手续后，总台人员会迅速将客人的资料传递到有关接待部门，如行李服务处、客房楼层、宾客服务中心、电话总机处等，以便这些部门的员工在为客人提供服务时，能够对客人以姓名相称，增强人情味和个性化色彩，由此拉近酒店与客人之间的距离，增加亲切感。

（二）留言告知自己的姓名

为了增强个性化色彩和与客人之间的亲切感，客房部还可要求当天为客人提供客房服务的服务员将其姓名以某种方式告知本楼层客人。另外，服务员在服务过程中给客人的任何留言，都应签上自己的姓名（见图12-6）。

> **欢迎回家!**
>
> 尊敬的宾客，希望我为您整理的房间能使您在入住期间感到如在家般的舒适。为使您入住期间更加方便、愉快，欢迎您随时使用房间电话拨打"3"——酒店宾客服务中心，告诉我您对房间服务和清洁方面的个人要求。
>
> 再次感谢您选择入住大连香格里拉大酒店!
>
> 致您最美好的祝愿!
>
> 您今天的房间服务员_____

图12-6　留言告知自己的姓名

（三）给客人充满个性化的手工留言

广州从化碧水湾温泉度假村的客房里有客房服务员亲笔签名和书写的留言卡，而且是针对客房客人的不同特点和不同需求，"用心"手工书写的，这种个性化服务，也更能打动客人（见图12-7）。

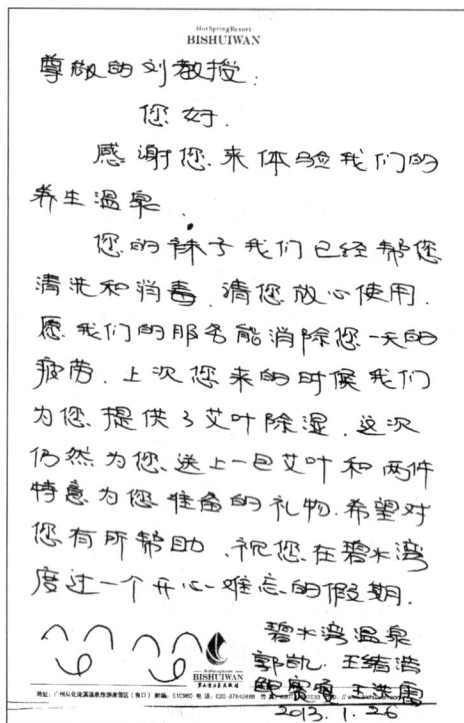

图12-7　广州从化碧水湾温泉度假村员工给客人的个性化留言

（碧水湾员工服务的目标不仅是满足客人的要求，还要超越客人的期望，给客人带来惊喜和感动）

（四）了解、识别和预测客人的需求

满足客人提出的需求，不足为奇，能捕捉到连客人自己都没想到的需求，才是服务的"真功夫"。了解、识别和预测客人的需求是为客人提供个性化服务的基础。客人想到了，服务员替客人做到，客人没想到的，服务员能替客人想到而且做到，这样的服务，能使客人感到意外的惊喜，更能体现个性化服务精神。比如，发现客人走向电梯，服务员上前一步，为客人按亮目的楼层的电梯按钮；客人在会议室开会，突然发现没有笔时，及时为其递上一支笔。

在酒店服务中，只要服务人员用心，就能发现客人的服务需求，进而能为客人提供更加细致、温馨的服务，使客人感受到酒店给他的特别温暖。

（五）为客人提供个性化枕头

客人在酒店入住时，最重要也是最基本的需求是要有良好的睡眠体验，以便第二天能有饱满的精神状态。因此，客人入住酒店时期望有良好的睡眠质量。调查表明，枕头是影响个人睡眠质量的一个非常重要的因素，而客人对枕头的要求可能又是不一样的，因此，酒店应努力为客人提供多样化的选择，以满足客人的个性化需求（例如酒店为客人提供个性化睡枕菜单：棉枕、羽绒枕、乳胶枕、荞麦枕等）。

（六）谨防将"个性化"变为"机械化"服务

提供个性化服务，还要注意与客人沟通，并根据实际情况进行调整。否则，不但打动不了客人，反而还有可能让客人不满，甚至出现服务笑话。

经典案例

虾酱玉米饼的故事

二、个性化服务的全面实施

要使个性化服务在酒店全面落实，并取得切实的成效，必须采取以下措施。

（一）完善一套激励机制

保持个性化服务的持续性依赖基层管理人员和员工高度的敬业精神和良好的职业习惯。而高度的敬业精神和良好的职业习惯需要酒店有一套行之有效的激励机制来保证。某酒店通过"用心做事报告会"的形式，让用心做事的员工把自己的个性化服务案例在报告会上宣讲，然后进行评比。通过宣讲，让其他员工从中学到个性化服务的方法。对于宣讲的员工，也是一种自我精神激励。然后通过评选，酒店颁发物质奖励进行肯定。这种激励机制保证了个性化服务的持续性。

（二）实现两个转化

1.偶然性向必然性的转化

通过对个性化服务案例的分析、推介，实现由个别员工出于"偶然性"的个性化服务，向全体员工有意识的"必然性"的个性化服务的转化。个性化服务案例为岗位员工提供了个性化服务的方法和学习的榜样。

2. 个性化向规范化的转变

对个性化服务案例进行全面分析，对其中反映客人普遍需求的服务，推动由"个性化"服务向"规范化"服务的转化。往往一些客人的个性需求也是客人的共性需求。客房管理人员应对个性化的服务案例进行认真分析，研究个性化服务是否客人的普遍需求，衡量其推广的难度和可行性。某酒店有一个客房部员工在清理房间时主动为客人脱落纽扣的衬衣缝补纽扣。客房部分析认为这是客人的共性需求，而且容易操作，随后作为规范化服务在部门中推广。个性化服务转化为规范性服务是服务质量的一个飞跃。

（三）提倡"三全"

提倡"三全"，即全员参与、全过程控制、全方位关注是做好个性化服务的必然要求。个性化服务不仅是对基层管理者和一线员工的要求，也是对酒店全体员工的要求。一线员工的对客个性化服务离不开二线员工甚至管理人员的帮助。没有部门与部门之间的合作、其他员工的参与，个性化服务也许只停留在员工的心里，很难实施。

（四）注重"三小"

"三小"，即生活小经验、宾客小动向和言谈小信息。生活小经验是提供个性化服务的依据和源泉，掌握更多的生活小经验才能采取正确有效的个性化服务。关注小消息，会为个性化服务提供指导。宾客小动向和言谈小信息是提供个性化服务的线索，客人的一举一动和客人的谈话能提供许多有价值的信息。

（五）强调"五个环节"

五个环节，即客历档案的建立和使用、宾客信息的快速反馈、创建优质的内部服务链、关注长住客人和续住客人的生活习惯、不断激励和培训并塑造员工良好的职业习惯。

第四节　客房部与酒店相关部门的沟通

一日，服务员王某正在打扫A房间，这时，行李员领着一位客人来到楼层，对王某说："你先打扫B房间吧，这位客人现在要住了。"其实，当时楼层有好几间已打扫好的其他空房，而总台却把没打扫的B房间出租了。王某只好停下手头工作，到B房间打扫。B房间的客人刚离店，房内很乱、很脏，行李员走后，客人的行李放进B房，而客人就在房里看着服务员收拾零乱的床和一堆垃圾……

由此可见，客房部要提供高质量的服务必须得到酒店其他部门的合作与支持，做好客房部与酒店其他部门的沟通与协调工作是提高客房部服务质量的重要保证。

一、与前厅部的沟通与协调

客房部与前厅部的联系最为密切，很多酒店的前厅部与客房部是合二为一的（Rooms Division）。正因如此，这两个部门之间的信息沟通最频繁，内容也最多。

（1）前厅部应将客人的入住信息及时、准确地通知客房部，以便客房服务员随时掌握房态，并对入住的客人能够做到"七知三了解"（知客人到店时间、人数、国籍、身份、接待单位、客人要求和收费办法；了解客人的宗教信仰和风俗习惯、生活特点和活动日程安排以及离店日期等），从而为客人提供针对性服务。

（2）前厅部应将客人的换房、离店等信息及时通知客房部，而客房服务员则应在客人离店时，及时检查房间，看看有无客人的遗留物品，客房内的设备、用品有无丢失和损坏现象，并将检查结果立即通知前台。

（3）客房部应将客房的实际使用状况通知总台，以便核对和控制房态。楼层领班应每日按时填写房态表，说明楼层每间客房的使用状态，并报总台。总台接待员据此核对电脑上所显示的房态。主要有两项核对内容：客房状态及各房间住客人数。如果电脑上的资料与楼层所报房态不相符，则有可能是总台服务员工作疏忽所致，但也有可能在客房管理中存在问题。例如，电脑上显示某一房间为住客房，而楼层所报房态却标明是"CO"房，即走客房间；电脑上显示空房，而楼层所报房态却是占用房；电脑上显示为一人占用，而楼层所报房态却注明二人使用……针对这些异常情况，必须立即调查处理。

对于下列几种状况的客房，客房部在查房时，应注意掌握并通知前台。

① 外宿房（Sleep out）。如果客人住店期间，在外过夜，前台接待员应在电脑上对该房做外宿未归标记，同时，将此信息通知大堂副理及客房部，大堂副理会双锁客人的房间，并做记录，客人返回时，大堂值班经理再为客人开启房门。

② 携少量行李的住客房（Occupied with Light Luggage）。为了防止发生逃账等情况，客房部应将此种客房状况通知总台。

③ 请勿打扰房（DND）。如客房的请勿打扰灯亮着，或门把手上挂有"请勿打扰"牌，则服务人员就不能进房为客人提供服务。请勿打扰房通常属于住客房，但也有可能是走客房或空房，所以，有必要对此种客房状况加以关注，到了酒店规定的时间，总台或客房部应打电话与住客联系，弄清情况后再进房打扫或检查。

④ 双锁房（Double Locked）。有时，住客为了不受干扰，在房内把门双锁，服务人员用普通钥匙无法开启房门。对双锁房也要加强观察，因为有可能在双锁房内发生了刑事案件或其他不测事件。

需要说明的是，房间状况是随着时间的变化而不断变化的，因此，领班应每天多次查房（以2~3次为宜），并将每次查房的确切时间填入表格。

（4）客房部应在最短的时间将走客房清洁完毕，并尽快向前台报告房态，以便提高酒店客房利用率。

（5）根据前厅部提供的客情预报，安排客房的维修和定期清洁计划，并做好人员的安排。

二、与工程部的沟通与协调

（一）客房部与工程部沟通与协调的主要内容

（1）客房部负责客房设施设备的日常保养工作，而工程部则主要负责客房设备的维修事宜。

（2）客房部要及时向维修部提供客房设备的维修信息，并为维修人员进入客房进行工作提供一切方便。

（3）向工程部提供客情预报，以便工程部对客房进行大修理。

（4）安排及时封闭房间以便进行保养修理。

（5）工程部维修时，做好各项配合工作。如维修后房间的清洁等。

（二）沟通的主要手段

客房与工程维修部的沟通主要是通过填写"维修通知单"（可以采用电子手段）的方式（见表12-3），这样做能够提高工作效率，易于落实责任，同时也便于考核。

表 12-3　维修通知单

安排 Ordered	Phone 电话		日期 Date	部门 Department
	Written 书面			
收到 Rec.Eng	日期 Date		时间 Time	文书 Clerk
批准 Approved	总经理 GM		成交商 Con.tr	工程师 Eng.
负责 Incharge	工程师 Eng.		组长 Supervisor	小组 Crew
Work Place/Eq No.：工作地点/设备编号				

Work Description：工作说明	例行维修 Routine
	紧急 Urgent
	停止 Shutdown
	预防性维修 P.R.Main
	房内有客 Guest in room

联系人：			
联系电话：			
Charge to account：负责计算（财务部）			
工作完成 Work completed	日期 Date	时间 Time	执行人 Done by
工作开始 Work started	日期 Date	时间 Time	执行人 Done by
工作检查 Work checked	组长 Supervisor	所用时间 Time used	发单日期 Date posted
工作接收 Work received	日期 Date	时间 Time	执行人 Received by
在背面列出所有使用的零件及材料 List all spare parts materials used on reverse side			

维修通知单是酒店工程部与其他部门在业务上进行沟通的主要手段。维修通知单一般包括日期、部门、维修地点、维修项目、报修时间及完成时间等内容。工程部接到维修通知单后应立即派人查修，并尽可能在短时间内完成维修任务。

维修通知单一般为一式三联，第一联留给客房部经理，第二联送交工程部，第三联交给修理技工。"小修"应立刻进行，花时间的"大修"则要封房几小时，甚至几天，修理工作结束后，要通知客房部经理检查验收，并在维修单上签字。如有必要，应立即派人重新打扫客房。

三、与餐饮部的沟通与协调

（1）客房部负责所有餐厅的地面清洁（厨房除外）、餐巾清洗、员工制服更换清洗及式样设计。如果客房公卫负责打扫餐厅，则餐厅人员可能会抱怨客房部员工，这时客房管理人员就必须与餐饮部管理人员进行协调，解决问题，处理好部门间的相互关系。

（2）协助餐饮部房餐服务组，收集房间内的饮食餐具及餐车。

（3）客房部每日清点房间迷你吧的酒水数量，由餐饮部食品仓库提供酒水。

（4）为重要客人提供水果篮和蛋糕等，由餐饮部负责送上楼层。

四、与洗衣部的沟通与协调

任何布草（床上用品、巾类）、员工制服和住客的衣物洗涤工作，均由洗衣部负责洗涤。在大部分酒店里，客人的待洗衣物由洗衣部员工上楼层收集和送回，楼层服务员应主动协助做好此类工作。在一些中小型酒店里，洗衣部是由客房部直接管理的。

此外，客房部还应与酒店人力资源部、采购部、保安部、公关销售部等做好协调与沟通工作。

总之，为了做好对客人的各项服务工作，客房部与其他部门进行的沟通与协调是非常重要的，而要做好协调工作，客房部与其他部门员工之间的互相理解则是十分重要的。为此，客房部员工应该多了解其他部门的工作，在工作中多理解对方，多支持对方。要明白客房部与其他部门之间是合作关系，而非竞争关系。

第五节　客房服务创新

在激烈的酒店竞争中，酒店的经营管理和服务必须进行全方位创新。客房服务创新不仅是提高服务质量的重要方法，也是提高酒店竞争力的重要手段。客房经营管理者必须发动客房部所有员工对客房服务理念以及服务的方式、方法、程序、内容等进行全面创新，从而给客人带来全新的住店体验。

本节将介绍几种客房服务创新的方法、思路和案例。

一、创新服务，注重细节

客房部可在客房内根据四季变换问候卡内容，如"愿您拥有夏日的浪漫与激情""尊敬的宾客，您一路辛苦了"等暖人心肠的问候与关爱。在遇到住客生日时，赠送玩具小熊猫、小松鼠等人见人爱的小动物玩具以替代常见的巧克力，可能会带给客人更多的惊喜。在VIP

客房的布置中，在客厅显眼处摆上一缸游弋于翠绿的珊瑚草间的小金鱼，又会给客人带来很多惊喜。又如在新婚房中摆放象征着纯洁爱情的玉兰花或百合花，定会带给客人更多的体贴与亲情，让客人实在地感受"家"的温馨（见图12-8）。

二、提供助眠音乐或耳塞

有些酒店别出心裁，会在床边放置迷你音响，可以帮助客人在美妙的音乐中进入梦乡，或提供静音耳塞有助于客人在几乎不受干扰的环境中入睡；耳塞可被带走，成了宣传酒店形象的小礼物。

三、要以方便客人为前提

不少酒店强调客房内电话机线应绕机一圈布置，以求美观，但客人在使用过程中极不方便，容易绊线，应予以调整。某酒店曾经要求做夜床时，服务员要将客房中的床头灯亮度调至微暗，以营造就寝气氛。但如果客人进房后还未打算入睡，昏暗的灯光通常会令客人不舒服，客人不得不自己动手重新调高亮度。很多酒店已将夜床服务规程加以修改，规定做夜床时须将床头灯亮度调至最高档，以营造明亮、舒适的居家气氛。

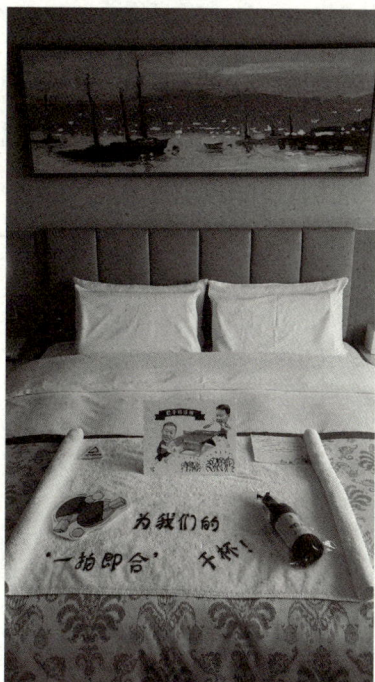

图12-8　创新服务示例

某酒店董事长与某入住重要客人都是乒乓球爱好者，于是，客房服务员在接待时便有了这样的创意（刘伟 摄）

四、提供"中式管家服务"

三亚亚龙湾五号度假别墅酒店推行了"中式管家服务"，并为此举办了新闻发布会。

亚龙湾五号度假别墅酒店推出的"中式管家服务"是一种综合服务发展和创新。该酒店充分吸收了中国古代宅院传统服务模式，在服务中加入了中国传统文化元素，最终提炼出一种独具特色的"中式管家服务"新模式。

"中式管家服务"目前主要包括私人管家、贴身保姆、高级家厨和专属司机四项服务内容。管家与贴身保姆、高级家厨、专属司机共同组成一个服务小组，管家主要负责安排及统筹其他三人的工作和各部门之间的协调，同时负责客人的行程安排、景点介绍、组织聚会与宴会、代购机票等其他委托服务；贴身保姆主要负责日常起居清洁、烹饪家常菜、洗衣（水洗）、擦鞋、看护婴儿、海边游览、租借物品、代收物品、叫醒等24小时个性化贴身服务；高级家厨负责别墅内家宴、聚会、烧烤等高档烹饪；专属司机每天免费提供10小时专车服务。另外，根据客人需求，酒店还在此基础上提供保安、清洁工、园丁、财务等公共服务。

本章小结

■ 客房服务的基本要求是：真诚、高效、礼貌、微笑。

■ 客房部要做好客房房态的控制、客人消费与在住客人查询、客人遗留物品与租借物品的管理。

■ 住店客人大部分时间是在客房度过的，因此客房服务质量是保障客人在酒店获得舒适、方便的住宿体验的重要因素，也是客房管理的主要任务之一。

■ 客房服务项目主要包括：迎送服务、客房小酒吧服务、房内用餐服务、洗衣服务、托婴服务、茶水服务、擦鞋以及其他委托代办服务，客房管理人员要为每项服务确立程序和标准。

■ 为了提高客房服务质量，必须加强对客房服务员的培训，确保员工具有良好的仪表仪容和礼貌礼节，同时，不断提高员工的服务意识和服务技能，为不同类型的客人提供针对性的个性化服务。另外，还要与前厅部、工程部、公关销售部等相关部门做好信息沟通。

■ 以客历档案为依据，努力为客人提供个性化服务是客房服务的发展趋势。

思考题

1. 解释概念：个性化服务、Room Service。

2. 如何提高客房对客服务质量？

3. 客房部与其他部门沟通与协调的主要内容有哪些？

4. 谈谈你创新客房服务的思路。

案例分析

"请勿打扰"的麻烦

拓展阅读

创新服务：雅禾国际大酒店的辉煌！

即测即评

导入问题解惑

"一样的"个性化服务，怎么不见好评如潮？

第十三章　客房成本控制与预算管理

　　客房成本控制是客房管理的主要任务之一。客房成本控制主要是在严格执行客房预算的基础上，做好客房设备及用品的采购、保养和管理工作。

　　客房各种设施设备及用品是为客人提供服务的物质基础。做好客房设备用品的管理，不仅能提高对客服务质量的保障，同时也是节约客房部经营成本的重要途径。

本章学习目标

➢ 了解和掌握客房物品与设备管理的任务和方法。
➢ 了解客房成本控制的主要途径和方法。
➢ 掌握客房设施设备清洁保养技术。
➢ 掌握对客用品进行控制的方法。
➢ 掌握客房预算编制方法。

关键词

客房设备　客房用品　客房预算

Key Words：Rooms Equipment，Room Supplies，Budget

导入问题

经理的困惑：聘用社会劳务公司做客房卫生工作靠谱吗？

　　近年来，酒店业竞争十分激烈，降低客房部人工费用无疑是酒店成本控制的重要途径。一些发达城市的酒店已经开始使用社会劳务公司进行客房清洁卫生工作，这样做能够保证高星级酒店的服务质量吗？这样做靠谱吗？

第一节 客房物品与设备管理

一、客房物品与设备内容

客房物品与设备主要包括以下内容：

（1）电器和机械设备。如空调、音响、电视机、电冰箱等。

（2）家具设备。如床、写字台、沙发、衣柜等。

（3）清洁设备。如吸尘器、吸水机、洗衣机、烘干机等。

（4）房内客用品。客房免费赠品、客房用品（包括床单等布草、衣架、茶具等）以及宾客租借用品（包括吹风机、熨斗、熨衣板等）等。

（5）建筑修饰品。如地毯、墙纸、地面材料等。

以上内容基本上可分为两大类：客房设备和清洁设备。加强对客房设施设备的管理工作，对提高客房服务质量，降低客房经营成本具有重要意义。

二、客房物品与设备管理的任务

客房物品与设备管理的任务主要包括：

（1）编制客房物品与设备采购计划。

（2）制定客房物品与设备管理制度。

（3）做好物品与设备日常管理和使用。

（4）对现有设备进行更新和改造。

三、客房物品与设备管理的方法

（一）编制客房物品与设备采购计划的方法

客房部要根据实际工作需要，及时做好增加物品与设备的计划，报酒店采购部门及时采购所需的各种物品与设备，以保证客房经营活动正常进行。

酒店客房设备及清洁设备一般在开业之初就已准备就绪，但作为客房管理人员，如果在酒店开业之初就参与管理，就要提出客房设备及清洁设备的采购计划。如果在酒店开业后才介入酒店客房管理工作，但当需要制定与实施客房更新改造计划之际，也必须参与其中。

下面介绍客房设备选择的基本原则和选择清洁设备时应考虑的因素。

1. 选择客房设备的基本原则

选择客房设备应遵循以下基本原则：

（1）协调性。设备的大小、造型、色彩、格调等必须与客房相协调，从而使客房显得轻松、柔和、舒适、美观。此外，要特别注意，在选择床单、床罩等床上用品时，一定要与床的大小相适应。很多酒店在采购上述物品时，采购部门与客房部沟通不够，结果采购回来的床上用品与床的大小不匹配，给服务员的做床工作带来很大困难，也影响了床铺的美观。

此外，客房设备的豪华程度还应与酒店的档次相匹配。

（2）实用性。应选择使用简便、不易损坏的设备。此外，还要考虑其清洁、保养和维修是否方便。

（3）安全性。如客房电器的自我保护装置，家具、饰物的防火阻燃性。

（4）经济性。既要考虑设备的价格，又要考虑其使用寿命，同时还要考虑售后服务的便利程度、价格以及零部件修配的可靠性。

2. 选择清洁设备时应考虑的因素

清洁设备在一定程度上决定着客房部清洁保养的工作能力和效果。选择清洁设备时除了应遵循以上基本原则以外，应特别注意以下要点：

（1）安全可靠（电压是否相符，绝缘性如何）。

（2）操作方便。

（3）易于保养。

（4）使用寿命长。

（5）噪音小。

（二）做好设施设备的审查、领用和登记编号工作

购买设施设备以后，客房管理人员必须严格审查。同时，设立物品与设备保管员，具体负责物品与设备的分配、领用和保管工作。保管员应建立设备登记簿，将领用的设备按进货时的发票编号分类注册，记下品种、规格、型号、数量、价值以及分配到哪个部门、班组。低值易耗品也要分类注册，凡来库房领取物品都要登记，每个使用单位一本账，以便控制物品的使用情况。

（三）客房物品与设备分级归口管理

客房物品与设备应实行分级归口管理，专人负责，将物品与设备管理同部门、班组的岗位职责结合起来，在确保服务质量和合理限度的情况下，实行增收节支有奖、浪费受罚的奖惩措施。

客房设备的日常管理和使用是由客房管理系统各部门、各班组共同完成的，各部门、班组既有使用这些设备的权力，也有管好、使用好这些物品与设备的责任。因此，必须实行分级归口管理。分级就是根据客房部门管理制度，分清这些设备是由部门、班组或个人中的哪一级负责管理。归口是按业务性质，将物品与设备归其使用部门管理。分级归口管理使客房设备的管理有专门的部门和个人负责，从而使客房设备的管理落到实处。

对客房设备分级归口管理的关键是：一要账面落实，各级部门管理的物品与设备数量、品种、价值量要一清二楚，有案可查；二要完善岗位责任制、维修保养制和完全技术操作制等规章制度；三是要和经济利益挂钩。

（四）做好客房物品与设备的日常保管和使用

客房物品与设备分级归口以后，班组和部门要设立物品与设备管理员，他们在客房部领导下，与服务员一起负责本班组或部门的物品与设备的日常管理和使用。班组管理员一般由班组长兼任，在物品与设备的使用过程中，班组管理员要定期与客房物品与设备保管员核对，发现问题，及时解决。

客房物品与设备在日常使用中，要特别注意严格遵守维修保养制度。

客房设备在使用中要努力防止事故发生。一旦发生事故，要立即通知工程部及时修理或采取措施，使设备尽快恢复其使用价值。事故的发生，如果是由于个别员工玩忽职守，要严肃处理。如果是由于客人的原因造成的，必要时，应要求客人赔偿。

（五）建立设备档案

设备档案主要有客房装修资料（记录客房家具、地毯、建筑装饰和卫生间材料等）和机器设备档案。内容包括设施设备的名称、购买日期、生产厂家、价格、维修记录（时间、项目、费用等）。这是对设施设备进行采购和管理的依据。

（六）及时做好客房物品与设备的补充和更新工作

酒店是高消费场所，客人对酒店及客房物品与设备的要求很高，不仅要干净卫生，而且要常变常新，从而使客房物品与设备具有折旧快、更新期短的特点。因此，要求客房管理者必须事先做好计划，根据物品与设备的品种、规格、质量等规定各种物品与设备的使用周期，并定期检查设备性能和使用效果，提出设备更新计划，报酒店批准，及时做好物品与设备的补充和更新工作。

客房设备的更新，依据其类型不同而具有不同的特点和要求。清洁设备的更新往往要根据其质量、使用和保养情况决定。通常，只要机器不出现明显问题，如老化、严重磨损、清洁效果不佳和维修费用过高等，就可以照常使用，而不实行强制性淘汰。而其他设施设备，特别是各类家具及装修设施则有所不同，为了酒店的规格、档次，保持并扩大对客源市场的吸引力，酒店一般都要对客房进行计划中的更新改造，并对一些设备用品实行强制性淘汰。这种更新按其更新周期不同，分为部分更新和全面更新两种情况（见表13-1）。

表 13-1 客房物品与设备的更新

更新类型	更新项目	使用年限
部分更新	地毯 墙纸 沙发布、靠垫等装饰品 窗帘 床罩	5年
全面更新	衣柜、写字台 床垫和床架 椅子、床头板 灯具、镜子、画框等装饰品 墙纸和油漆 卫生间设施设备（包括墙面和地面材料、灯具和水暖器件等）	10年

应根据各酒店的具体情况提前或到期进行以上更新计划，如果延期，则应警惕可能出现补漏洞式的跑马工程和酒店规格水准的下降或不稳定。

第二节　客用品的管理

客用品指客房各类客用低值易耗品。客用品的使用和消耗量伸缩性比较大，因此，做好对客用品的控制是客房成本控制的重要环节。

一、客用品的选择

由案例可见，酒店客用品的选择必须慎重，酒店要么不提供客用品（俗称"六小件"），要提供就必须保证客用品的质量。

客用品的选择应遵循以下五项基本原则：

（1）质量。酒店没有义务为客人免费提供"六小件"（国外的酒店大都不提供），但为了方便客人，也为了竞争的需要，如果选择提供，就要确保客用品的质量，以免给客人造成伤害，引起客人

经典案例

宾馆牙刷刺破客人牙龈

的投诉，甚至出现法律纠纷。

（2）实用。客用品是为方便客人的住店生活而提供的，因此，必须符合方便、实用的原则，所选购的客用品必须是客人真正需要的，同时，要便于使用。一些酒店提供给客人的洗发液、淋浴液等卫生用品装在玻璃瓶或硬质塑料瓶内，客人使用时，很长时间内倒不出来，也无法挤压，这不仅给客人造成极大的不便，也造成了很大的浪费。

（3）美观。客用品应该精致、美观，避免给客人以粗糙、廉价之感。

（4）适度。选择客用品的适度原则指客用品质量和种类必须与酒店的档次相适应。此外，客用品的量也应与客人的实际需要量相适应，避免造成不必要的浪费。

（5）价廉。客用品的选择除了要实用、美观、适度以外，还要考虑价格问题，这是客用品成本控制的关键因素之一。

考虑到以上原则，在选择客用品时，应注意以下要点：① 牙刷不应太硬，以免造成客人牙龈出血；② 香皂的重量一般应在20克以上，最好能在30克左右。此外，应选用质地细腻、无刺激性及不易受潮发软的香皂；③ 垃圾桶应选用拒水、阻燃材料制作的；④ 梳子不应过尖，以免刺伤客人头皮。

二、客用品的管理控制

（一）确定消耗定额

客房管理人员应按照客房总数、客房类型及年均开房率，确定各类客用品的年均消耗定额，并以此为依据，对各班组、个人的客用品控制情况进行考核。

由于团体客人和散客对客用品的消耗量不同，可以根据酒店每年接待的团体客人和散客的比例和数量，分别计算团客和散客的消耗定额，然后加总，即客房部客用品的总消耗定额。

（二）确定储备定额

这是实施客用品控制的基础之一。应将其列成书面材料，以供日常发放、检查及培训之用。

1. 中心库房储备定额

客房部应设立一个客房用品中心库房，其存量应能满足客房一个月以上的需求。

2. 楼层工作间储备定额

往往需要一周的用品储备量。储备量应列出明确的标准贴在工作间的门后或墙上，以供领料对照。

3. 工作车配备标准

工作车上的配备量往往以一个班次的耗用量为基准。

（三）做好客用品的日常管理工作

1. 客用品发放的控制

客用品的发放应根据楼层工作间的配备定额明确周期和时间。这不仅便于中心库房的工作，也是促使楼层日常工作有条理、少漏洞的一项有效措施。

在发放日期之前，楼层领班应将其所辖楼层的库存情况了解清楚，并填写领料单。凭领料单领取货物，以便统计（见表13-2）。

表 13-2　日常消耗品申领单

楼层：＿＿＿＿　日期：＿＿＿＿

物品名称	申领数	实发数	物品名称	申领数	实发数
便笺纸			卫生纸		
迷你酒吧酒水单			面巾纸		
圆珠笔			水杯		
服务指南			（下列为服务员用的清洁用品）		
房内用膳菜单			拖把		
洗衣单			什物		
洗衣袋			空气清洁器		
卫生袋			除虫器		
垃圾袋			鞋刷		
枕套			鞋油（黑）		
浴帽			鞋油（棕）		
浴液			鞋油（棕黄色）		
大香皂			鞋油（自然色）		
小香皂					

申领者＿＿＿＿　发放者＿＿＿＿

2. 做好客用品的统计分析工作

（1）每日统计。服务员在做房时，应填写手机移动端"客房服务员工作房务日报表"（见表13-3），系统会自动统计全酒店当日的客用品消耗情况。

表 13-3　客房服务员工作日报表

房号	状况	清扫时间 入	清扫时间 出	人数	补充用品 肥皂（大）	肥皂（小）	卷纸	浴帽	洗发液	沐浴液	牙具	梳子	剃须刀	指甲刀	卫生袋	圆珠笔	拖鞋	购物袋	火柴	针线包	擦鞋纸		备注
01																							
02																							
03																							
合计																							

（2）定期分析。一般情况下，客房部应每月对客房客用品的耗用情况做一次定期分析。其内容有：

① 根据每日耗量汇总表制定月度各楼层耗量汇总表（见表13-4）。

表 13-4　楼层日常消耗品月度用量汇总分析表

_____年____月　制表人_____　审核者_____

楼层	开房数（间天）	香皂 总耗量（块）	平均量（块/间·天）	卫生纸 总耗量（卷）	平均量（卷/间·天）	圆珠笔 总耗量（支）	平均量（支/间·天）	购物袋 总耗量（只）	平均量（只/间·天）	…… ……	……
总计											

② 结合住客率及上月情况，制作每月客用品及物资消耗分析对照表（见表13-5）。

表 13-5　每月物资消耗分析对照表

品名	单位	单价（元）	上月消耗	金额（元）	本月消耗	金额（元）	与上月相比（%） 增	减
圆珠笔	支							
夹纸笔	支							
开瓶扳手	个							
卫生袋	只							
针线包	个							

品名	单位	单价（元）	上月消耗	金额（元）	本月消耗	金额（元）	与上月相比（%）	
							增	减
擦鞋纸	张							
杯垫	张							
行李牌	张							
意见书	张							
维修单	张							
店卡	张							
塑料提包	个							
牙具	个							
服务指南	本							
洗发液	袋							
沐浴液	袋							
洗衣粉	袋							
洗衣单	本							
剃须刀	个							
擦铜油	瓶							
矿物油	瓶							
筷套	支							
菜单	本							
橡皮圈	个							
早餐卡	张							
奇妙	听							
家用蜡	听							
合计								

上月住客率	本月住客率	与上月相比		上月每间房消耗额	本月每间房消耗额
		增	减		

制表人_____ 时间_____

③ 制定每月客用品盘点及消耗报告。除了对客用品的消耗情况进行理论上的统计以外，还要在月末对客用品进行盘点，如两者不符，且差距较大，要分析原因，找出对策（见表13-6）。

表 13-6　客房部每月客用品盘点及消耗报告

ITEM 项目	单位	上月库存	本月领货	本月消耗	本月盘点	与统计结果差额	备注
TOILET ROLL 厕纸							
TISSUE 面纸							
SHOWER CAP 浴帽							
SHAMPOO 洗发液							
BATH FOAM 沐浴液							
SHOE SHINE PAPER 擦鞋纸							
SANITARY BAG 卫生袋							
SOAP 香皂							
LAUNDRY BAG 洗衣袋							
TEA-BAG 茶叶袋							
SLIPPER 拖鞋							
DOOR CARD 门卡							
FOLIO 文件夹							
PEN 圆珠笔							
LETTER HEAD（L）信纸							
MEMO PAD 记事纸							
SEWING KIT 针线包							
HANGER（L）衣架（女）							

④ 结合年初预算情况，制作月度预算执行情况对照表（见表13-7）。

表 13-7　月度预算执行情况对照表

部门_____　月份_____　年份_____

费用项目	编号	预算	支出总数	所占比例	上月支出	结余

（四）客用品的流失控制

客用品的"流失"是造成客用品失控的重要原因。有两种情况：一种情况是一些客人在服务员做房时从工作车上"顺手牵羊"，拿走部分客用品；第二种情况，也是更普遍、更严重的现象，则是服务员利用工作之便，经常且大量拿走客用品以自用或提供给他人使用，在管理不善的酒店，甚至常常被大量带出酒店，形成客用品流失的"无底洞"。针对上述情况，客房部可采取以下措施：

（1）要求服务员在做房间卫生时，将工作车紧靠在房门口停放，以便监督。

（2）加强对服务员的职业道德教育和纪律教育。

（3）要求服务员做好客用品的领取和使用记录，以便考核。

（4）与保安部配合，做好对员工上下班及员工更衣柜的检查工作。

（五）落实客用品的奖惩政策

年末要根据消耗定额、年初预算及其执行情况，落实奖惩政策。通过奖惩，严格管理制度，强化服务员对客用品的节约意识。

除上述客用品的控制方法以外，还应努力做好客用品的节约工作。一方面，对于住客房内客人没有用过的客用品，应继续使用，不应随手扔掉。另一方面，客房管理工作应紧随"绿色潮流"，尽量使用固定的罐装容器盛放的卫生用品，以减少不必要的浪费和对环境造成的污染。

第三节　客房部预算

预算是管理人员用来控制和指导经营活动（特别是采购设备、用品）的依据。制定房务预算是客房管理者的基本职责之一。通过制定房务预算，可以有效地控制客房部各项成本、费用，提高客房部经济效益。同时，也能使客房管理人员为今后一段时间的工作做好详细的规划。

对预算的制定应力求谨慎，预算是指导开支的纲领，是整个客房经营管理工作的基础。

一、制定预算的原则

（一）轻重缓急原则

制定预算时，对所有预算项目，必须分清轻重缓急，按以下次序排列：

第一优先：来年必须购置的项目。

第二优先：增加享乐程度和外观的新项目。

第三优先：未来两年内需添置的项目。

酒店在开业三年以后，有必要对某些设施进行更新、改造和重新装饰，这些更新项目往往占了预算开支的一大部分，但是如果能将过去所购物品的购买和使用时间记录在案，那就会给客房管理人员的年度资金预算计划提供方便。

（二）实事求是原则

预算必须是实事求是地按照客房部的实际状况和经营需要确定。如果客房管理人员为了得到预期的金额而在预算上报了两倍的金额，将来的实际开支就是实际预算的两倍。事实上，如果按轻重缓急序列制定预算，就没有必要做这种"预算外的预算"。

（三）充分沟通原则

在绝大多数酒店，客房部门要负责整个酒店的家具配备工作，因此，客房管理人员必须与其他部门负责人（特别是工程维修部）保持联系，以便协商确定客房部与这些部门预算有关的统一开支款项。

二、制定预算的依据

客房部制定预算的依据主要有以下几点：

（1）酒店在计划期内的经营预测。

（2）酒店经营的历史资料（见表13-8）。

（3）客房部设施设备及人员现状。

（4）计划期内物价及劳动力成本水平。

表 13–8　一家有 120 间客房的美国酒店的房务部（Rooms department）收支情况一览表

	金额（美元）	百分比（%）
客房销售收入（Room sales）	2 555 110	100.0
部门费用（Departmental expenses）		
工资	355 160	13.9
员工用餐	10 220	0.4
工资税与员工福利	76 653	3.0
洗涤费用	38 327	1.5
瓷器、杯具、银器、布草等	25 551	1.0
佣金	38 316	1.5
预订费	17 886	0.7
其他支出	84 312	3.3
房务部总支出（Total rooms expenses）	$646 425	25.3
房务部利润（Rooms-departmental income）	$1 908 685	74.7%

说明：以上费用项目中不包括：行政管理费用（administrative and general expense）、酒店营销费用（marketing and guest entertainment）、资产经营费用（property operation）、维修和能源费用（maintenance and energy costs）等酒店未分配之经营费用（undistributed operating expenses）以及折旧和摊提费用（depreciation and amortization）、利息（interest）等资本成本（capital costs）。

三、预算的编制

（一）客房部预算总表

客房部预算所包含的项目及预算表的格式如表13–9所示。

表 13–9　20××年客房部预算总表示例

单位：元

项目	上年实际	上年预算	本年预算	备注（原因）
第一优先项目				预计今年出租率上升9%，补齐缺编10名员工
工资	338 400	340 000	430 560	增加物价上涨因素（按15%计）
工作服	16 920	17 000	26 000	增加员工，今年需发皮鞋每人一双（70元/双）
医药费	25 560	23 560	27 960	240元/人/年×104人+3 000元重病超支保险费
床单			57 600	补充两套，30元/床，急需补，否则会影响周转
洗衣房洗涤剂	36 000	35 000	45 000	业务量增加，洗涤剂价格上调15%（已接到通知）

项目	上年实际	上年预算	本年预算	备注（原因）
客房、公共区域洗涤用品	15 000	18 000	9 600	部分改用国产产品替代合资、进口产品
客房易耗品	245 000	230 000	226 000	去年还有一部分。3.3元/间×240间×82%出租率×365天×95%消耗率
维修保养费	70 000	75 000	38 000	去年增加烘干机一台4万元
第二优先项目				
清扫工具等	9 000	15 000	11 000	考虑上涨因素
临时工工资	12 000	10 000	6 000	去年人手不足用得多，今年旺季用些临时工（5~10月）
差旅、培训费	4 800	5 000	4 500	去年批量实习，今年少数骨干学习培训
邮电通信费	2 100	2 000	2 100	
第三优先项目				
办公用品及印刷品	4 000	5 000	3 000	有些报表已够用
员工生日及生病等	2 700	3 000	2 800	每个员工生日及病假达三天者的探望
奖金	293 280	280 000	330 000	增加员工，业务增加，争取增长10%
劳保用品	16 920	18 000	18 720	101人×15元/人·月×12个月
		累计	1 238 840	

说明：第一优先中，床单须在旺季之前（3月底之前）解决；工作服中夏季服装及皮鞋在5月前解决，冬季服装在9月底前解决。

共需资金壹佰贰拾叁万捌仟捌佰肆拾元整，当否，请审批。

（二）预算总表的分解

为了做好预算的控制，还应对预算的有关项目按月进行分解。参见表13–10。

表13–10　月度预算表

项目	1月		2月		3月		……		12月	
	本年	去年	本年	去年	本年	去年	本年	去年	本年	去年
工资										
客房用品										
清洁用品										
……										

四、预算的执行与控制

客房部年度预算一经批准，客房管理人员应严格执行，将经营活动控制在预算范围之内。为此，客房管理人员必须对预算执行情况进行检查，一般每年检查不得少于两次，最好是每月检查一次，并填写预算执行情况控制表（见表13-11）

表 13-11　预算执行情况控制表

项目	本月实际		本年累计		
	本年	去年	本年	预算	去年
工资					
客房用品					
清洁用品					
……					
直接开支合计					

由于预测不可能准确无误，预算指标与实际业务运行发生较大误差是不足为奇的，可以通过修订预算进行弥补。

在预算与实际状况发生较大偏差时，客房部负责人应立即召集所有管理人员通报情况，寻找现实可行的办法来消除因开支过大造成的赤字；或是寻找利用剩余资金提高效益的其他途径。

本章小结

■ 客房成本控制是提高酒店经济效益的重要途径和客房管理的主要任务之一。客房成本控制的主要途径是做好客房预算及客房物品与设备的管理工作。做好客房物品与设备管理不仅可以降低客房经营成本，还可以保障客房服务质量。

■ 客房物品与设备管理的主要任务是：编制客房物品与设备采购计划；制定客房物品与设备管理制度；做好物品与设备日常管理和使用；对现有设备进行更新和改造；做好对酒店"六小件"等客用品的控制工作。酒店"六小件"的配备在为客人提供方便的同时，也造成了大量浪费和环境污染，同时为管理工作增加了难度。一些酒店为了节约成本，为客人配备的低质伪劣客用品还常常对客人造成伤害，引起客人投诉甚至法律纠纷。从发展的趋势来看，这种"中国式传统"做法将逐步被淘汰，取而代之的是不在客房摆放，而是在客人提出要求时，由宾客服务中心随时为客人提供。

■ 预算管理是客房管理人员应该掌握的一项技能。制定预算的原则是分清轻重缓急，讲究实事求是，进行充分沟通。

■ 客房部制定预算的依据是：酒店在计划期内的经营预测；酒店经营的历史资料；客房部设施设备及人员现状；计划期内物价及劳动力成本水平。预算一经批准，客房管理人员应严格执行，将经营活动控制在预算范围之内。为此，客房管理人员必须对预算执行情况进行检查，并填写预算执行情况控制表。

思考题

1. 试述客房物品与设备管理的任务和方法。
2. 怎样选择客用品？
3. 如何做好对客用品的控制工作？
4. 编制预算的依据有哪些？
5. 如何编制客房经营预算？

案例分析

客房成本管理不是简单的数学题

拓展阅读

节能降耗，分析费用

即测即评

导入问题解惑

聘用社会劳务公司做客房卫生工作靠谱吗？

第十四章　客房安全管理

安全是住宿业的大前提，也是客人对酒店的最基本要求。而客房是酒店建筑的主体，酒店的安全问题也主要发生在客房部，因此，安全管理是客房管理的主要任务之一，做好客房的安全管理对保护客人生命财产的安全及酒店财产的安全具有极其重要的意义。

本章学习目标

➤ 了解客房部主要安全问题及其防范措施。
➤ 掌握火灾预防、通报和扑救的方法。

关键词

安全　偷盗　火灾　疫情
Key Words：Safety，Burglary，Fire，Pandemic

导入问题

经理的困惑：有人冒充"房客"盗窃怎么办？

住在某酒店302房的刘某，见到隔壁304房间的客人衣着光鲜、穿戴时尚，遂起歹意。当她看到并确认该房客人离开房间、房内无人后，就佯装成304的客人，站在304门口给服务中心打电话，要求楼层服务员送一瓶水到304房。服务员很快将水送到304房，见刘某站在门口，就将水瓶递给她。刘某谎称，房卡忘带出来，请服务员开一下门。该服务员见状，立即为她微笑着打开304房间的房门，然后离去。刘某进房后，立即将房内客人携带的贵重物品拿走，并马上到总台办理了退房手续。304房的客人回来后，发现自己的贵重物品不见了，便打电话问服务中心，是否有人进他的房间。服务中心告知，曾有一位女士说304房需要一瓶水，304房的客人立即明白他的东西已经被偷走，严厉要求酒店承担责任。

面对这样的问题，我该如何处理？还有，作为客房部经理，我应该采取哪些措施，防止发生类似事件？

第一节　各类事故及传染病的防范

客人对酒店的要求是：提供热情周到的服务，舒适优雅、干净卫生的客房。但这些都是以安全为前提的，安全需要是客人的第一需要。一位日本酒店管理专家指出："酒店经营者应当记住：住宿业的大前提是旅客的生命、财产。安全第一，饭菜、服务、设施第二……如果一名旅客遇难，酒店就会受到致命的打击。"因此，安全管理是酒店管理，特别是客房管理的主要内容之一。

一、对各类事故的防范

客房部所发生的各类事故通常由客房设施设备安装或使用不当而引起，常见的事故包括：

（1）浴室冷、热水供应不正常，烫伤客人。

（2）设施设备因年久失修或发生故障而引起的各种伤害事故，如天花板等建筑材料掉落、倒塌，砸伤客人。

（3）由于地板太滑、楼梯地毯安置不当以及走廊、通道照明不良而导致的客人摔伤。

对于以上事故，酒店应给予足够的重视。要采取措施，确保浴室冷、热水供应正常；经常检查维修酒店的设施设备，消除隐患，如地板太滑可铺设地毯，照明不良可更换灯泡，地毯铺设不当经常绊倒客人就应考虑对其重新安置、调整。

此外，客房部员工在工作时，还要严格按照操作程序和操作规程，防止出现各种工伤事故。

二、对传染病的防范

传染病会危害客人和员工的健康，其产生和传播大都与酒店的卫生工作有关，主要是食品卫生和环境卫生。有些酒店食品卫生工作很差，经常发生食物中毒的现象，给酒店的财产和声誉都带来损失。

如果说食品卫生是餐饮部的责任的话，那么，环境卫生工作则主要是由客房部负责的。一般来说，客房部应该从以下几个方面着手做好环境卫生工作，以防止传染病的发生和传播。

（1）按预定的清扫频率，组织正常的清扫工作。如果酒店所在地气温较高就应注意潮湿问题，应对潮湿的角落经常检查，并定期或不定期地喷洒杀虫剂。另外，要避免灰尘的堆积，角落、家具的底部时间一长就会成为灰尘集聚的场所，因而要组织系统有效的行动来清除灰尘。

（2）布草的清洁。无论是客人使用的布草还是员工使用的布草都应保持清洁卫生。对于那些可能感染上病菌的布草应做好消毒工作。

（3）卫生间设施的特别清扫。浴缸、淋浴器、便器和洗脸池是客人身体直接接触的物体，病菌容易通过这些设施传染，因此做清洁卫生时应予以特别关注，尤其对于有传染病的客人使用过的客房，客人离店之后，要对其卫生间设施进行彻底消毒与清扫。

（4）消灭害虫。蟑螂、蚊子、苍蝇、老鼠、跳蚤等害虫，不但影响环境卫生，往往也是各种病毒的传播者，因此要进行控制，在害虫容易出没的地方投放或喷洒杀虫剂。同时更要做好客房的计划卫生。

此外，为了防止传染病的蔓延，保障住店客人的安全与健康，酒店方面也有权拒绝接待患有传染病的客人。

经典案例

长水痘的客人

第二节　偷盗及其他刑事案件的防范与处理

一、偷盗的类型

偷盗现象在酒店里时有发生，在管理不善的酒店更是如此。它是令酒店管理者非常头疼的一个问题。失窃物从一包香烟到一颗戒指、上万元巨款，五花八门。偷盗对象既有住店客人，又有店方本身。在一些酒店，成箱的名酒、成套的餐具、成包的卫生用品等经常不翼而飞。

从盗窃者的人员构成上看，发生在酒店的偷盗现象一般有以下三种类型：

（一）外部偷盗类型

外部偷盗即社会上的不法分子混进酒店进行盗窃。这些人往往装扮成客人蒙骗酒店，盗取住店客人及酒店的财物。要防止这种类型的盗窃行为发生，酒店更要加强管理，提高警惕性。

（二）内部偷盗类型

内部偷盗即酒店员工利用工作之便盗取客人及酒店的财物。这种类型的偷盗在整个偷盗事件中占很大比例，酒品、餐具和卫生用品的盗窃大都是由酒店内部员工所为，他们对酒店内部的管理情况、活动规律以及物品位置了如指掌，因此作案也最容易。一般来说，酒店如发生盗窃，应先从内部入手进行查找。

（三）内外勾结类型

内外勾结类型的盗窃，一般是由酒店内部的员工向社会上的同伙提供"情报"及各种方便，由其同伙作案、销赃。这种作案方式手段"高明"，容易成功，给酒店造成较大的威胁。

二、偷盗及其他刑事案件的防范

除偷盗案件以外，客房部有时还会发生以谋财害命为主要特征的抢劫、凶杀案件。有效地防止盗窃及其他刑事案件的发生，是客房安全管理的重要任务。

客房部盗窃及其他刑事案件的防范可从以下几方面入手：

（一）加强对员工的职业道德教育

针对内部偷盗现象，客房部首先应做好员工的思想工作，对员工进行职业道德教育。其次，还应采取各种有效的办法、手段（如合理排班、加强员工出入的管制检查以及设置检举箱等）堵住管理漏洞，严格管理制度，不给做案者以可乘之机。同时，一旦发现有员工进行偷窃，应予以严肃处理，轻则留店察看，重则开除，直至诉诸法律。

为了使酒店具有良好的店风、店纪，酒店在对外招工时也要注意了解应聘者的人品和素质。

（二）做好钥匙管理

酒店的钥匙通常有以下几种：

（1）住客用钥匙（Guest Key）。只能开启入住房间的房门，供客人使用。

（2）通用钥匙（Pass Key）。供客房服务员打扫房间使用，可开启十几个房门。

（3）楼层总钥匙（Floor Master Key）。供楼层领班使用，可开启某一楼层所有房间的房门。

（4）总钥匙（Housekeeper Master Key）。可开启各楼层及公共区所有房门，专供客房部及工程部经理使用。

（5）紧急万能钥匙（House Emergency Key，Great Grand Master Key）。只供总经理使用，也称酒店总钥匙。

（6）楼层储藏室钥匙（Floor Pantry Key）。供楼层服务员使用。

（7）公共区总钥匙（Cleaning Master Key）。供公共区领班使用。

酒店的钥匙是关系客人生命财产以及酒店本身安全的一个重要因素，钥匙管理是楼层安全管理的一个重要环节。一般应采取以下几个措施：① 做好钥匙的交接记录；② 因公使用钥匙时必须随身携带，不得随处摆放；③ 禁止随便为陌生人开启房门，其他部门员工如要进入房间工作（例如行李员收取行李、餐饮服务员收集餐具、工程部员工维修房间设施设备等），均须客房服务员开启房间。

（三）从来访客人和住店客人身上发现疑点

在日常工作中，应注意从来访客人和住店客人身上发现疑点（见表14-1）。

表 14-1　不法住客和访客常见疑点

从审查证件中注意	• 证件上照片与面貌不符 • 印章模糊不清或有涂改迹象 • 证件已过时失效
从言谈中注意	• 交谈中神态不正常，吞吞吐吐，含糊其词 • 谈话内容、方式与身份不相符合 • 口音与籍贯不一致 • 说话自相矛盾，或说东道西，夸夸其谈
从举止打扮中注意	• 进出频繁，神情异常，行动鬼祟 • 服装式样、质量与职业身份不符 • 用小恩小惠拉拢腐蚀服务员 • 经常走窜其他客人房间 • 打探酒店内其他客人情况 • 携带麻醉剂、凶器等危险品
从日常生活中注意	• 住宿旅客客房内有凶器或麻醉剂之类的物品 • 只登记一人住宿的房间住了两个人 • 住宿中的旅客没有行李或行李极少时 • 外来客人进出人数或次数过多的客房 • 在走廊或其他地方发现可疑的人或物（如行李）时 • 与不相识的人乱拉关系 • 用钱挥霍 • 作息起居不正常 • 终日闭门不出，神态不自然 • 匆匆离店，原因不明

遇有上述情况，服务员应向管理人员报告。但以上仅是可疑之点，客房服务及管理人员只能对有以上特征的人提高警惕，注意观察，而不能主观臆断，以此断定，却给坏人造成可乘之机，使酒店安全工作处于被动状态。

（四）抓好"三个重点、三个控制、五个落实"

除了在日常服务中对住店客人进行以上观察以外，客房保安管理和内部防范还要抓好三个重点（重点部位、重点时间、重点对象）、三个控制（楼面的控制、电梯的控制、通道的控制）、五个落实（开房验证；住宿登记；跟房——客人退房离去或来访者走后要入房进行安全检查；掌握客情；行李保管）。此外，还要加强对门卫及大堂保卫工作的管理。保卫人员应密切注意大堂内客人的动态，发现可疑的人或事应主动上前询问、处理，以及时消除隐患。

最后，酒店一旦发生不安全事件，作为客房员工，要在报告领导及保安部门的同时，注意保护好现场，不准无关人员无故进入现场，更不允许触动任何物件，这对调查分析、追踪破案极为重要。此外，案发后，在真相未明的情况下，不能向不相干的宾客等外人传播，如有宾客打听，应有礼貌地说："对不起，我不清楚。"

客房还可能发生的一种不安全事件，是某些客人对应客人要求进入客房的服务员进行非礼或性侵。对此，酒店管理者也要做好防范工作。比如，要求服务员为客人提供服务时，把房门开着；深夜应客人要求进入客人房间为客人提供服务时，最好安排两个人，其中一个人（最好为保安人员）在房外等候，以防不测。另外，还可采取其他防范措施。比如，一些大酒店为进入客房服务的服务员佩戴紧急报警按钮装置，以方便他们在遇到紧急状况时呼救。

三、发生偷盗现象时的处理程序

入住某酒店的两位客人找到大堂经理，满脸怒气地说："放在房间茶几上的300美元不见了，请立即查清或进行赔偿。"大堂经理向客人表示："此事酒店要先调查一下，进出客房的规定是两位服务员同进同出，并有时间记录。"同时委婉地提醒了客人再仔细查找一下或是否需要报案。

发生任何偷盗事件均需首先报告酒店保卫部。若发生在房间，则同时通知客房部的管理人员一同前往，并请保卫部通知监控室注意店内有关区域是否有可疑人员。查询被盗物品的客人是否有来访客人的有关资料，并做记录。最好由保卫人员询问专业问题，要视客人要求由客人决定是否向公安机关报案。

发生偷盗事件后，最好由保卫部与大堂经理同时出面与客人交涉。

基于酒店作业规则，若客人有物品遗失，酒店不应轻言赔偿，因为在酒店的住房手册及客人签字确认的登记卡上，都有明确说

经典案例

门外有"不明人士"敲门

明："请将您的贵重物品保存在房间或前台的保险箱内，否则遗失酒店恕不赔偿。"

第三节　火灾的预防、通报及扑救

火灾是客房部的头号安全问题。客房部员工应该具有火灾的防范意识，掌握火灾的预防、通报和扑救知识。

一、火灾的危害

目前，很多大酒店设备先进、设施豪华，投资额巨大，一场大火会使这些巨额财产顷刻间化为灰烬。无情的大火不但会烧毁酒店建筑物，还直接威胁着人们的生命。

某位酒店总经理曾经深有感触地说："我最为关心的，而且常常使我坐卧不宁的就是'防火'，客人的财物丢失，我可以经营利润照价赔偿，可是一旦发生火灾，建筑物付之一炬，客人可能被烧死，我就可能被关进监狱，酒店也将遭受巨大损失。"

二、火灾发生的原因

火灾发生的原因很多，其中，吸烟和电器事故不仅是引起客房部火灾的主要原因，也是整个酒店火灾事故的主要诱因。

火灾多发生在深夜到黎明这一段时间，其原因大多是一些客人在酒醉和疲劳时，深夜卧床吸烟，容易引燃被褥、床单等物，或者乱扔烟头、火柴，使地毯、纸篓等起火。

酒店在建设和大修时常发生火灾，这主要是由于使用电焊工具而引起的。个别酒店因客人热水器使用不当，也会引起重大火灾和伤亡事故。

发生火灾的原因虽然很多，但更多的是由于酒店经营者对消防工作重视不够，思想麻痹，存在侥幸心理，总认为火灾只是偶尔发生的，一般不会出现，即使出现，"倒霉"的也不会是自己的酒店，因而在日常经营和管理中，措施不力，结果导致"引火烧身"。

三、火灾的预防

火灾的预防可从以下几方面入手：

（一）在酒店的设计建设中，安装必要的防火设施与设备

为了防止火灾，在建设酒店时就应选用适当的建筑材料，设计安装必要的防火设施、设备，如自动喷水灭火装置及排烟设备等。太平门、安全通道在一般酒店都是必不可少的。需要强调的是，在紧要关头，设置在楼房外面的露天楼梯往往会起特别的作用。可以想象，酒店的封闭式楼梯在这种情况是起不了多大作用的，尤其是假如酒店的强制排烟设备失效，封闭式楼梯就更是无济于事。除安全通道以外，酒店还应在客房部安装急用电梯，并在客房内安装烟感报警器（Smoke Detector）。因为客房中被褥等物起火时，开始会产生大量浓烟，客人往往在熟睡中就中毒昏迷，这时，烟感报警器就会发挥作用。

针对电器设备起火这一现象，酒店在各种电路系统中应设保险装置，并安装防灾报警装置。

（二）做好员工培训，增强防火意识

在酒店建成开业后，要对全体员工进行安全培训，增强员工的防火意识，培训使用消防设施与设备，强调在火灾发生时员工的职责，同时，组织消防知识竞赛，还应利用淡季组织消防演习。

要做好安全工作，酒店经营者本身必须统一思想，提高认识，给防火工作足够的重视。

（三）在日常经营中采取必要的管理措施

（1）设立防灾中心，执行警戒任务。

（2）制定并贯彻执行消防安全制度、防火岗位责任制度。

（3）将专职消防和群众性消防组织相结合，对重点部位和隐患部位定期检查评比。

（4）经常检查、维修线路，防止因漏电而引起火灾。

（5）经常检查各种报警装置是否正常。

（6）定期检查消防设施是否良好，如消防用具、烟雾感应器等失效要及时更换。

（7）在床头柜上放置"请勿在床上吸烟"的卡片，提醒客人务必将未熄的火柴或烟头扔进烟灰缸。

（8）经常检查疑似酗酒或醉酒客人以及吸烟客人所住房间。

（9）注意观察客人所携带的行李物品，如发现有易燃易爆等危险品，要立即向上级或总服务台报告。

（10）服务员打扫房间时，注意不要把未熄灭的烟头扔进纸篓。

（11）夜间值班员应加强夜间巡逻。

（12）注意维修人员因工带进的喷灯、焊接灯、汽油以及作业产生的火花等，并对工作人员加以提醒。

（13）发现客人在房内使用电热器时，要及时向总服务台报告。

（14）太平门不能加锁，如发现太平门、急用电梯等处堆有障碍物，应及时排除。

以上是关于火灾的预防。为了把火灾所造成的伤亡减少到最低限度，客房部还应利用时机，通过适当的方式向客人宣传安全常识，并向他们指出在非常情况下紧急疏散的路线等（一般酒店都有印制好的紧急疏散图，见图14-1，有的贴在客房门内侧，有的则放在写字台上的文件夹内）。

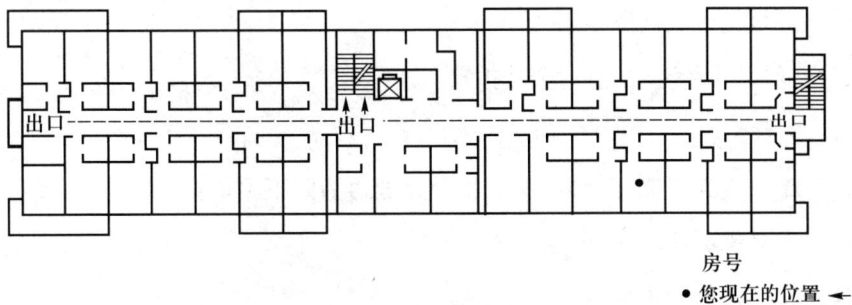

图14-1　紧急疏散图示例

紧急疏散方案

您的安全对我们是很重要的，请花一分钟时间读完下面的安全建议：

（1）请您一定要熟悉放置在写字台的《旅客须知》内的紧急疏散方案。

（2）熟悉您客房内的窗户。

（3）请将您的钥匙放置在您容易找到的位置，离开房间时要随身携带，因为烟火阻碍您的出口时，您可能需要用您的钥匙回到您的房间。

（4）当起火或有紧急情况时请按下面进行。

● 找到您房间的钥匙并随身携带。

● 在开门前试一试客房门是否烫手。

● 到达最近的可用的出口楼梯，并立即下到底楼。（注意：不要使用电梯）

● 如您不能平安到达出口楼梯口，应回到您的房间，立即拨"0"通知电话员。

● 在等待接助时，按您的最佳判断来操作窗户。

● 放置一块湿毛巾在客房门底部。

● 设法吸引楼房外面人们的注意。

四、火灾的通报

（一）酒店内部通报

发生火灾时，酒店有关部门（如防灾中心）应立即向消防部门报警，同时，要向客人发出通报，要求客人迅速撤离客房，但考虑到在这种情况下人们特殊的心理状态，因此通报应采用一定的艺术方法和步骤，以免因大恐慌而造成更多的伤亡。一般来说，火灾发生时，最好能够按以下步骤进行通报：

（1）一次通报。应由酒店保卫人员及服务员对各客房逐个通知。为了使疏散工作顺利进行，通报应按步骤进行：首先向起火层报警；再向其上一、二层报警；然后通报上面其他楼层；最后通报起火层以下各层。

（2）二次通报。鸣警铃，进行全楼报警。

（二）报警

如火情严重，应立即拨打119报警。报警时要讲清以下事项：

（1）酒店的名称、地址。

（2）什么东西着火。

（3）哪一层楼着火。

（4）报警人的姓名和电话号码。

报警后应派人到门口或路口等候并引导消防车。

五、火灾发生时客房员工的职责

火灾发生时，酒店员工的职责是：

（1）向酒店防灾中心报警（如火势大，应同时向消防部门报警）。

（2）按顺序向客人发出通报。

（3）提醒客人有关注意事项，包括：

① 要求客人保持镇定，防止火未烧身人已跳楼身亡，或由于恐慌、拥挤而造成其他意外伤亡事故。

② 提醒客人穿好衣服或睡袍，勿将身体直接暴露在火焰之中，以免烧伤。

③ 提醒客人随身携带房门钥匙，以便在无法从安全通道出去时返回房间，等待救援或采取其他措施。

④ 最好能用浸湿的布料、衣服当作"防毒面具"使用。

⑤ 如整个通道已被浓烟弥漫，可提醒客人匍匐前进。在火灾中，浓烟比烈火更危险，而浓烟较轻，一般先上升后下降，因而爬行有利逃生。

⑥ 提醒客人不要乘坐电梯，以免突然停电、电梯失控而被堵在电梯内。

（4）向客人指示安全通道，疏散客人，引导客人迅速撤离现场。

（5）协助消防人员灭火，力争将酒店财产损失减少到最低限度。

六、灭火的方法

（一）火灾的种类

依照国家标准，火灾分为四大类：

（1）普通物品火灾（A类）。由木材、纸张、棉布、塑胶等固体所引起的火灾。

（2）易燃液体火灾（B类）。由汽油、酒精等引起的火灾。

（3）可燃气体火灾（C类）。由液化石油气、煤气、乙炔等引起的火灾。

（4）金属火灾（D类）。由钾、钠、镁、锂等物质引起的火灾。

针对以上不同类型的火灾，应用不同类型的灭火方法和灭火器材。客房部的火灾通常属于A类，即普通物品火灾。

（二）常用的灭火方法

常用的灭火方法有以下四种：

（1）冷却法。即通过使用灭火剂吸收燃烧物的热量，使其降到燃点以下，以达到灭火的目的。常用的这类灭火剂是水和二氧化碳。

（2）窒息法。即通过阻止空气与可燃物接触，使燃烧因缺氧而窒息。常用的这类灭火剂有泡沫和二氧化碳等，也可采用石棉布、浸水棉被来覆盖燃烧物。

（3）化学法。即通过使灭火剂参与燃烧过程而起到灭火的作用。这类灭火剂有易安龙灭火剂、惰性气体灭火剂等。

（4）隔离法。即将火源附近的可燃物隔离或移开，以此中断燃烧。

灭火的方法很多，但具体采用的哪种方法，要视当时的实际情况、条件而定。

（三）灭火器种类及使用方法

常用灭火器种类及使用方法如表14-2所示。

表 14-2　常用灭火器种类及使用方法

类别	适用范围	使用方法
酸碱灭火器	扑灭一般固体物质火灾	（1）将灭火器倒置 （2）将水与气喷向燃物
泡沫灭火器	用于油类和一般固体物质及可燃液体火灾（注意：不适用于C类火灾。另外，由于容易造成污染，现已逐步淘汰）	（1）将灭火器倒置 （2）将泡沫液体喷向火源
二氧化碳灭火器	用于低压电气火灾和贵重物品（精密设备、重要文件）；易燃液体和可燃气体（注意：不适用于A类火灾）	（1）拔去保险锁或铝封 （2）压手柄或开阀门 （3）对准燃烧物由外圈向中间喷射
干粉灭火器	与二氧化碳灭火器适用范围相同，但不宜用于贵重物品的灭火	（1）拔去保险锁 （2）按下手柄 （3）将干粉喷向燃烧物

（四）火灾现场的急救

灭火时，如身上衣服着火，要立即躺倒打滚，使火熄灭，不可惊慌奔跑。如有人受烟熏窒息，或发生头昏、恶心、呕吐、失去知觉等症，应立即将其抬到空气新鲜的地方，解开上衣，对胸前和脸上稍喷冷水，如仍不清醒，应做人工呼吸，或急送医院抢救。

本章小结

■ 客房部的安全问题主要涉及因客房设施设备的安装和使用而引起的各类工伤事故和对客人造成的伤害；各类传染病；偷盗及其他刑事案件；火灾等。

■ 客房员工要有安全意识，针对不同的安全问题，采取不同的防范措施。客房管理人员不仅要要求员工洁身自好，还要防止店外犯罪分子入室盗窃和伺机作案。要要求员工做好客房钥匙的保管和管理工作，制定客房安全管理制度，并要求员工严格执行。对重点区域重点防范，对可疑人员严格询问、检查和重点关注，不给其造成可乘之机。

■ 火灾是酒店最严重的安全问题，直接危及客人的生命和财产，因而也是客房管理人员最需要重视的。客房员工不仅要在平时做好火灾的防范工作，而且要在火灾的消防方面训练有素，一旦火灾发生，能够正确履行职责，协助迅速灭火。

思考题

1. 解释下列概念：（1）C类火灾；（2）窒息灭火法。

2. 客房部主要安全问题有哪些？如何防范？

3. 酒店火灾发生的原因有哪些？如何防范？

 **案例分析**

服务员，开门!

 **拓展阅读**

如何做好"安全服务"

 **即测即评**

 **导入问题解惑**

有人冒充"房客"盗窃怎么办?

第十五章　客房人力资源管理

　　要提高服务质量首先要提高员工的素质，包括服务意识的培养、职业道德的教育、企业文化的熏陶、管理制度的灌输、专业知识以及技能技巧的培训等。

　　除了介绍员工培训以外，本章还讲述员工的评估问题。评估是激励员工的重要手段，是对员工工作全面的总结和评价，同时，也是酒店和部门奖金发放的依据。

　　激励员工也是客房人力资源管理的重要内容。做好员工激励工作能够提高员工的积极性，发挥员工的潜能，改善员工的工作态度，增强员工的工作热情，提高员工的工作数量和工作质量。

本章学习目标

➢ 学会制定培训计划。
➢ 学会对新员工进行入职指导。
➢ 掌握培训的方法和艺术，成为合格的培训者。
➢ 掌握对员工工作进行评估的依据、内容、程序和方法。
➢ 掌握员工激励的方法。

关键词

培训　考核　工作评估　激励

Key Words：Training，Routine Checks，Performance Evaluation，Motivation

导入问题

经理的困惑：酒店管理者如何有效地与年轻员工沟通？

　　现在的年轻人因其成长时代背景不同，颇具特性，而酒店作为服务行业不可避免地需要年轻人作为其聘用的主力员工。对于酒店管理者，应该如何有效地和年轻员工沟通，如何进行科学的管理呢？

第一节　客房员工的素质要求

一、客房员工的基本素质

客房部员工需具备以下素质，在针对客房部员工的招聘和培训时，应加以考察和培养以下内容：

经典案例

"毛毯"和"白兰地"

（1）身体健康，没有腰部疾病。客房部的卫生工作属于体力活，因此，员工必须具有健康的体魄，特别是不能有腰部疾病。

（2）不怕脏，不怕累，能吃苦耐劳。客房部的工作主要是清洁卫生，包括客房卫生、公共卫生以及洗衣房客衣、布草的洗涤等，因此，要求在客房部工作的员工必须具有不怕脏、不怕累、能吃苦耐劳的精神。

（3）有较强的卫生意识和服务意识。要做好客房部的工作，服务员必须具有强烈的卫生意识和服务意识。否则，就不可能做好。

（4）有良好的职业道德和思想品质。因工作需要，客房部服务员，特别是楼层服务员每天都要进出客房，有机会接触客人的行李物品，特别是贵重物品和钱物等，因此，客房部服务员必须具有良好的职业道德和思想品质，以免发生利用工作之便偷盗客人钱物等事件。

（5）掌握基本的设施设备维修保养知识。酒店客房内有很多设施设备，如各种灯具、空调、电视、音响、窗帘、地毯、写字台等，这些设施设备的维修通常由酒店的工程人员负责，但对其保养则由客房部负责，客房服务员要利用每天进房做清洁卫生的机会，做好对这些设施设备的保养工作。另外，一些小项目的"维修"也应该由客房部负责，因此，客房部服务员必须有基本的设施设备的维修常识。

（6）有一定的外语水平。客房部的员工有时也需面对面为外宾提供服务，因此，涉外星级酒店的客房服务员也必须有一定的英语水平，能够用英语为客人提供服务，否则，不仅会影响服务质量，还可能闹出很多笑话。

二、客房员工服务准则

除具备以上素质以外，客房管理人员还要规定和提醒客房员工在工作中注意以下事项：

（1）上下班及工作时，只能乘员工专用电梯，不得乘客用电梯。

（2）注意服务的礼貌、礼节，遇客要微笑致意。客房管理人员要使服务员认识到服务的礼貌、礼节是客房服务质量的重要组成部分，为客人提供礼貌的服务属于自己的本职工作，而非分外之事。

（3）走路要靠边。遇到客人，要为客人让路。

（4）接听电话时，先报"这里是客房服务，可以帮您吗？"与客人通话时，要注意措辞、语气。如有要事，应适当记录，并复述一遍。

（5）因工作需要进入客房时，必须先敲门，得到许可后方可进入。敲门时，还应先报自己是客房服务员，如果三次以后仍没有回答，方可用钥匙轻轻地打开房门。

（6）退出房间时，要站在门边向客人微笑点头致意，出房后轻轻把门关上。

（7）尊重客人的隐私权。与客人私生活有关的事情（包括客人的姓名），不得向外人透露，尤其是不能泄露男、女演员，财、政界要人等易于成为评论对象的客人的秘密。另外，不得随意打听客人的年龄、职务、工资等私事，也不要轻易询问宾客所带物品，如服装及金银饰品的价格、产地等，以免引起误会。

（8）要与客人保持应有的距离，不可过分随便。不得与客人开过分的玩笑，打逗，不要表示过分亲热，严格掌握好分寸，尤其是对于常住客人，绝不能因为熟悉而过分亲热、随便。

（9）在客房内，即使客人让坐也不能坐下。

（10）应保持楼层的绝对安静。不可在楼层或其他工作场所大声喧哗，聚众开玩笑，哼歌曲。应客人招呼时不要高声回答，如距离较远，可点头或打手势示意领会意思。

（11）在岗位工作时，不准吃口香糖，也不允许因工作劳累而靠墙休息。

（12）注意保管好客房钥匙卡。客房钥匙卡要随身携带，切勿随处摆放，领取或交钥匙卡时要做好交接记录。

（13）掌握说"不"的艺术。在客房服务工作中，很多情况下，需对客人说"不"，但客房服务员不能简单地对客人说"不"，不能生硬地将客人回绝，而应根据实际情况，用委婉的语言进行表达，必要时要向客人解释，取得客人的谅解。

（14）在工作中不能失态。要有涵养，有耐心，善于控制自己，决不能随客人情绪的波动而波动，不能与客人争吵。

三、客房员工在服务中的常见问题

（一）礼貌礼节方面的问题

1. 称呼礼节问题

称呼客人时不使用"先生""太太""女士"等敬语，而用"男的""女的""老头""老太太"等词语。

2. 接待礼节问题

（1）客人抵达时，不热情、不主动地问候客人。

（2）遇到客人不主动问候或不向客人微笑点头致意。

（3）接待客人时，不全神贯注，常用粗鲁和漠不关心的态度待客；不与客人保持目光接触，而将眼光注视着别的目标，甚至与其他服务员闲聊。

（4）和一位客人谈话太久，而忽略了其他需要服务的客人。

（5）歧视客人。对外国人热情接待，而对国内客人则态度冷淡。

（二）言谈举止方面的问题

1. 站立时的问题

（1）无精打采，倚靠门窗、家具，或单腿站立。

（2）单手或双手插在衣兜或裤兜内。

（3）双臂抱于胸前或交叉于身后。

（4）脚在地上划来划去，大腿、小腿晃来晃去。

（5）站立姿势难看，不规范，未能做到肩平、头正、两眼平视前方，也未能挺胸、收腹。

（6）向客人指示方向时，手势不够规范，用手指或笔杆指点。谈话时手势过多，幅度过大。

2. 行走时的问题

（1）走得过慢或过快。

（2）摆臂过大，或双臂僵直。

（3）抱臂行走。

（4）低头或昂首行走。

（5）行走时不够轻稳，晃肩摇头，上体左右摇摆。

3. 说话时的问题

（1）为客人提供服务或与客人交谈时，缺乏微笑。

（2）在客用区域内与同事扎堆聊天。

（3）与客人谈论自己的私事。

（4）与客人或同事争吵。

（5）随意打断客人的谈话，不等客人把话讲完就做应答。

（6）与客人谈话时左顾右盼，将头低下或玩弄手指，或捏搓

知识链接

酒店员工应树立的
12种观念

衣服。

（7）与同事议论客人的短处或讥笑客人不慎的事情（如跌倒、打碎物件等）。

（8）与客人谈话时，流露出厌烦、冷淡、愤怒、僵硬的表情。

第二节　客房员工的培训

对员工进行培训，不仅是管理人员实现管理目标的重要手段，还是帮助员工获得发展的重要途径，是管理者应尽的义务。客房部管理人员不仅要配合酒店人力资源部做好客房部员工的培训工作，而且要善于发现问题，发现各种培训需求，针对部门中存在的各种服务和管理问题，及时提供各种针对性培训。

"培训首先要选对人，也就是要聘用态度好的员工，给予技术的培训，这样培训才是有意义的，否则就极有可能是对牛弹琴。一个视酒店服务为'低三下四伺候人的工作'的人，你再和他讲'我们为绅士和淑女服务'，都是徒劳。

一、客房员工培训的意义与原则

（一）客房员工培训的重要性

一个新员工的入职培训，应该花3天还是10天？在丽思卡尔顿酒店，这个过程是21天，他们有一个特定的称谓，叫"D21"。在最初的几天，都是培训酒店的服务哲学——服务黄金准则，以及如何成为"为绅士和女士服务的绅士和淑女"。不过，"D21"并非全部，一位新员工在丽思卡尔顿工作的第一年，通常接受的培训不会少于250个小时。

要想让员工的工作达到既定的规格、水准，严格的培训是一种必要而有效的手段。培训的意义表现在以下几个方面：

1. 提高员工的个人素质

培训是员工获得发展的重要途径，通过培训，可以使员工增强服务意识，提高外语水平，获得专业知识，掌握服务技能和技巧，从而使员工的个人素质得到全面提高。

2. 提高服务质量，减少出错率

酒店员工，尤其是新员工，在工作中经常出错，这就是缺乏培训的表现。没人告诉员工该怎么做，服务质量的标准是什么，遇到一些特殊情况应该怎样处理，因而"错误"百出，客人投诉不断。

3. 提高工作效率

培训中所讲授或示范的工作方法和要领，都是经过多次实践总结出来的，通过培训，让员工掌握服务的技能技巧和科学的工作程序，不但能够提高服务质量，还可以节省时间和体力，提高工作效率，起到事半功倍的作用。

4. 降低营业成本

员工掌握正确的工作方法，能够减少用品的浪费，降低物件磨损，从而降低营业费用和成本支出。

5. 提供安全保障

培训可以提高员工的安全意识，让员工掌握正确的操作方法，从而减少各种工伤等安全事故。

6. 减少管理人员的工作量

如果员工素质低下，工作中将不断出错，管理人员将被迫"四处灭火"，永无宁日。通过培训，将使员工素质得以提高，使客房部的工作有条不紊地进行，从而可以大大减少管理人员的工作量，也使管理者的管理工作变得轻松、愉快。

7. 改善人际关系

通过培训，使员工和管理层之间能够相互了解，建立起良好的人际关系。

8. 使酒店管理工作走向正规化

一家酒店设不设培训部，或一个部门是否组织培训工作，在很大程度上反映了该酒店或部门的管理工作是否正规。通过培训，可以使房务部的工作走向正规化、规范化，也可以增强房务部员工的服务质量意识。

值得说明的是，培训的作用是潜移默化的，它对员工和酒店的影响是长期的，可谓"润物细无声"，那种鼠目寸光、急功近利，要求培训取得立竿见影的效果的思想是不对的，也是不现实的。对此，房务部管理人员应该有清醒的认识。

（二）客房员工培训的原则

房务部的员工培训工作应坚持以下原则：

1. 长期性

酒店业员工的流动性比较大，再加上酒店业在不断发展，客人对酒店的要求越来越高，科学技术在酒店的应用也层出不穷，因此，对员工的培训不是一朝一夕的事，必须长期坚持。

2. 系统性

培训工作的系统性表现在以下三个方面：

（1）培训组织的系统性。对员工的培训，不仅是人事培训部的事，也是各个部门的重要工作。系统思想就是根据酒店的管理目标，把酒店的统一培训和部门自行培训结合起来，形成一个相互联系、相互促进的培训网络。部门培训与酒店人事培训部培训的内容和侧重点有所不同，房务部应该加强与酒店培训部的沟通、合作与协调。

（2）培训参加者的全员性。即客房部员工，下至服务员，上至部门经理都必须参加培训，只是培训内容不同而已。

（3）培训内容的系统性。客房部每次培训活动应该是酒店及部门长、中、短期整体培训计划的一个组成部分，培训的内容应该与前一次及下次培训的内容相互衔接，避免培训工作的盲目性、随意性，以及培训内容上的相互冲突和不必要的重复。因此，前厅及客房管理人员应该建立培训档案，做好培训记录。

3. 层次性

虽然客房部所有员工都必须参加培训，但由于岗位不同、级别不同、工作内容和要求不同，因此，培训工作要分层次进行，比如服务员培训、督导人员培训、经理培训等，以便取得良好的培训效果。

4. 实效性

培训工作是提高员工素质和服务质量的重要保障，酒店为此需投入可观的人力、物力、财力，因此，培训工作不能走形式，必须注重培训效果。房务部管理者必须认真组织，严格训练，严格考核。对于考核不合格的员工不允许上岗，不达要求决不放行。培训的内容要针对部门服务和管理中存在的问题和薄弱环节加以确定，以达到缺啥补啥的目的。

5. 科学性

要按照制定的岗位责任书的内容，利用科学的方法、手段进行培训，不能图省事，只采取"师傅带徒弟"的简单、陈旧的方式。

二、客房员工培训的内容与类型

（一）培训的内容

客房部员工的培训通常包括以下内容：

（1）酒店及部门规章制度。

（2）服务意识。

（3）职业道德。

（4）仪表仪容与礼貌礼节。

（5）服务程序、规范与技能技巧。

（6）客房销售艺术。

（7）英语。

（8）安全知识。

（9）管理人员的管理技能。

拓展视频

广州从化碧水湾
温泉度假村员工
的礼仪培训

（二）培训的类型

1. 岗前培训

岗前培训包括对新员工的入职指导和岗位工作所需要的操作程序、服务规范以及基本的服务技能技巧的训练。客房部必须贯彻"先培训，后上岗"的原则。

2. 日常训练

即针对工作中发现的问题随时进行培训。它可以在不影响日常工作的情况下，穿插进行一些个别指导或训示，也可利用各种机会对一定范围内的员工进行提示和研讨。其目的在于逐步强化员工良好的工作习惯，提高其工作水准，使部门工作趋向规范化和协调化。客房部的日常训练是一项长期的、无休止的工作，班前班后的会议、部门例会和工作检查等都应与此联系起来。

3. 下岗培训

对于上岗后，在业务、技术、职业道德等方面不称职的员工，要撤下岗位进行培训，直至经严格考核合格后方能上岗。对于经二次下岗培训后，考核达不到要求的，则应考虑将其调离岗位。

4. 专题培训

专题培训是对员工就某个专项课题进行的培训。随着工作要求逐步提高，有必要对员工进行有计划的单项训练，以扩大员工的知识面，进一步提高员工的专业素质。

专题培训的方式和内容可以是灵活多样的，包括：

（1）业务竞赛。可以是知识性的，也可以是操作性的。业务竞赛是激发员工自觉学习、训练和交流的好方法。

（2）专题讲座。可根据工作需要，选一个主题，由本部门员工或聘请其他专业人员来讲授或示范，如接听电话的技巧、处理客人投诉的方法、督导人员管理技巧等。

（3）系列教程。如通过举办初、中、高级英语学习班，来满足不同员工学习英语的需求，提高员工的外语水平。

5. 管理培训

管理培训又称晋升培训或发展培训，是一种针对有潜力的服务员和管理人员在晋升高一级的管理职位之前所设计的培训项目，以便使其能够有机会了解其他部门或岗位的工作内容、性质、特点，掌握必要的管理技能、技巧，以适应未来管理工作的需要。因此，管理培训实际上是员工在晋升前的"准备工作"。

（三）发现培训工作的实施培训需求

客房管理人员通过分析工作中带有普遍性的问题和根据酒店或部门制定的工作目标与现状之间的差距来确定是否需要培训、何时实施培训和怎样进行培训。

在下列情况下通常需要培训：

（1）酒店开业时。

（2）新的设备、工作程序和管理制度投入使用时。

（3）当员工从事一项新工作时（无论是新员工，还是老员工改变工作）。

（4）当管理者想帮助员工在事业上得到发展时。

（5）工作效率降低。

（6）工作中不断出现差错。

（7）各岗位之间经常产生摩擦；

（8）客人投诉较多，或员工工作不符合酒店的质量和数量要求时。在这种情况下，可能需要培训，因为有些问题并不是因为缺乏培训引起的。比如，对某个员工的工作安排不当或设备出现故障等都可能导致员工工作不符合酒店的质量标准和数量要求。

（9）酒店或部门制定的工作目标与现状之间有较大的差距。

（四）制定培训计划

确定培训需求以后，就要制定培训计划。一个完整的培训计划应该包括以下内容。

1. 培训目标

即通过培训，受训者应该达到的要求。培训的目标要着眼于提高员工的实际工作能力。目标不能是笼统的，应该有具体、明确的要求，规定经过培训必须学会做哪些工作和达到什么要求。

2. 培训时间

培训的时间应尽量安排在淡季，以不影响或少影响工作为原则。在培训计划中，应明确说明培训的开始日期、结束日期及每日培训的准确时间，以便部门或班组据此安排好工作。

3. 培训地点

培训地点可以在店外，也可以在店内；可以在培训课室，也可以在受训者的实际工作岗位。但一定要在不受人或物干扰的场所进行。

4. 培训内容

培训内容应根据前台及客房部工作的实际需要、酒店的要求和员工的自身特点、能力确定。

5. 接受培训者及对受训者的要求

说明接受培训的对象（Trainee）及对受训者在受训期间的要求，以确保培训工作取得良好的效果。

6. 培训者

根据培训的对象、培训的内容等实际情况，培训者可以由本部门或本酒店的优秀员工担任，也可聘请店外专业人士担任。

选择合适的人员来担任培训者，是保证培训效果和质量的关键环节之一。并非所有有能力、有技术专长的人都能担当此任。作为培训者，除了要具有自己熟知的所要传授的知识和技能外，还应具有培训他人的特殊素质和才能，具有一定的教学方法和技巧，明确对接受培训者的要求，善于发现受训者存在的问题，并进行及时分析，有计划、有准备，循序渐进地进行指导。此外，作为酒店的培训者，除了专业知识和高超的工作技能以外，还必须对部门和酒店的工作有一股热情，是员工学习的榜样。

7. 培训方式

培训的方式通常有以下几种：

（1）部门（酒店）内部培训或委托培训。

（2）"请进来"或"送出去"培训。

（3）岗位培训或脱产培训。

（4）课堂讲授或操作示范。

8. 培训所需要的设备、器材

根据培训的内容，培训工作可能需要投影仪、录像机、打印机、计算机等设备和白板、马克笔等教学器材以及书、笔记本等教学资料。这些均需在培训计划中一一列明，以便做好培训的准备工作。

9. 培训组织

说明负责实施培训计划的机构和人员。

三、增强培训客房部效果

培训计划制定好以后，就要按计划的内容和要求，用选定的培训方式来组织实施。

培训计划的实施关键是要增强培训效果。培训工作能否取得成效，取决于酒店领导及有关方面和人员的大力支持，取决于培训组织者的精心策划，取决于培训者的业务水平和培训艺术，同时也取决于受训者的合作。要使培训工作卓有成效，必须做到以下几点：

（一）有关人员能够正确认识培训的重要意义

要搞好培训，有关人员（包括部门管理人员、酒店领导及接受培训的员工）必须对培训的重要性和重要意义有充分的认识。这是做好培训工作的思想基础。

（二）部门及酒店领导重视培训，并能给予大力支持

部门及酒店领导不但要认识到培训的重要性，而且必须在人、财、物、时间、道义等方面给予大力支持。这是培训工作得以顺利进行的前提条件和物质保障。在很多情况下，需要部门及酒店领导亲自负责与指导培训。

（三）培训要有层次性

酒店场面越大、参与人数越多的培训，往往越没有实用价值，因为没有针对性。有些酒店请来了一个著名教授或行业专家，支付了讲课费，为了让钱花得更值，就举行"大课"，只要酒店不上班的员工和管理人员，都要求来听。就像把小学生、初中生和高中生集中在一起，听一位老师讲授古典文学或几何学一样，这样的培训是起不到很好作用的。

（四）要使培训工作长期化、制度化

培训工作要长期化、制度化，长年坚持不懈，将其作为酒店发展战略之一。不能随心所欲，想培训就培训，不想培训就不培训，否则就会造成员工对培训工作的偏见，使培训的组织更难，培训也达不到应有的效果。

（五）要做好本部门的年度、季度和月度培训计划

各部门要做好培训的计划、组织和管理工作。要根据本部门的工作内容、工作特点，员工的实际情况，配合酒店人力资源部，制定本部门的年度、季度和月度培训工作计划。培训的组织和管理者要切实负起责任，认真制定培训计划，选择不受干扰的地点、最佳的培训时间，挑选高素质的、合格的培训者，确定适当的培训方式和能够满足实际需要的培训内容。这是使培训取得实效的有力保证。

（六）运用培训的艺术

要使培训取得良好的效果，培训者必须具有较高的专业素质和培训技能。除了认真准

备和讲授以外，还要讲究培训的艺术性。

（1）频繁而短暂的授课，要比偶尔的、为时甚长的授课效果好。

（2）所选用的学习材料的数量和类型都要适合受训者的需要和水平。

（3）尽量使用有助于教学的教具。人的各种感官在学习时能起到的作用是不同的。当人的感官功能充分运用时，学习的效果就会好得多。因此，培训者在任何时候均应尽可能多地使用足以调动学员感官作用的教学用具来辅助他的教学，以提高学员的兴趣，加深学员的印象，增强学习效果。

（4）注意培养学员的学习兴趣。培训者必须了解学员的学习动机和内心想法，强调培训对于学员工作及个人发展的重要性。另外，对于学员在培训中的良好表现，要不断给予正面表扬和支持。这不仅可以激发受训者的学习兴趣，而且有助于他们记住所学的东西，并鼓励他们在工作中加以运用。

（5）增强学员的信心。学员的知识背景及工作经验不同，掌握培训内容的难易程度也不同。在有些学员遇到困难时，培训导师应给予理解和帮助，帮助学员树立信心。批评和失去耐心只能降低学员的信心，延缓其学习速度，甚至使其失去学习的兴趣。

（6）掌握授课的技巧。做好讲课的开场白，以激发学员的学习兴趣。比如，讲一个笑话；援引一个有关的事件；援引（或编造）一个令人感兴趣的"亲身经历"的事件；向受训者提问；操作示范或展示有关物品；讲清培训的必要性；阐明授课的主题；说明授课的范围；讲清培训的目标等。

在开始授课之前，先复述一下听课者已经学过的内容。每一小节教学内容应该是"三明治"式的，即：一部分激励学员学习兴趣的材料，一部分激励学员运用已学知识的材料，中间夹一层知识或技能的精华。

善于运用提问技巧。适时、适当的提问，对于增强培训效果具有重要作用。提问不仅要求学员回答"是"或"否"，而且要求回答"何故""何处""何时""何物""何人""如何做"。提问的重点应该放在所培训内容的"关键点"和"难点"上。

有幽默感，善于运用幽默、生动的语言进行培训。幽默的授课语言对提高学员的学习兴趣和培训效果会起到意想不到的好作用。

——列举或复述所有关键点，使学员得到再次巩固已学知识或技能的机会。

（七）尽量增加实践课程，鼓励学员自己动手

为了增强培训效果，要尽量增加实践课程，鼓励学员自己动手，自己体验。研究表明：① 通过阅读，可记住大约10%；② 通过听课，可记住大约20%；③ 又看又听，可记住大约

50%；④ 自己复述一遍，可记住大约80%；⑤ 一面复述，一面动手做，可记住大约90%。

通过体验式培训，既可以提高学员的学习兴趣，又可以使学员体会深刻，起到很好的培训效果。

经典案例

法国雅高集团的体验式培训

（八）做好培训的考核和评估

培训结束后，还应通过笔试、口试或实际操作测试等方式对学员进行考核，以确定是否达到了培训的目标，同时征求学员的意见，收集他们对培训的看法，并从培训的内容、方式、组织管理和培训效果等方面进行评估，总结经验和教训。参见表15-1。

表 15-1　培训课程评估表

请您对这期培训作一评估，您诚恳的意见将会帮助我们改进今后的培训工作，谢谢！

1. 目标：课程是否达到了目标

　　达到□　　　部分达到□　　　未达到□

2. 教材：教材是否适用

　　适用□　　一般□　　　　不适用□

3. 教学方式：教学方法是否满意

　　满意□　　比较满意□　　　不满意□

4. 培训内容：培训内容是否于工作有利

　　是□　　　一般□　　　　否□

5. 评论：

（1）您感兴趣的内容

（2）您不感兴趣的内容

（3）其他

（九）做好培训的激励

为了增强培训效果，还应做好培训的激励工作：

（1）做好培训的考勤工作。对于出勤情况好、听课认真的员工予以表扬，而对于迟到、早退，甚至无故不参加培训者，予以批评或惩罚。

经典案例

客房部的班前会——凯宾斯基一道亮丽的风景

（2）将培训同使用相结合。根据每个员工的具体条件、个人愿望和工作需要，实行定向培养、定向使用，并把培训成绩作为使用的依据之一。

（3）将培训同晋升相结合。对于积极参加培训，且培训成绩优异的员工，在晋升时，优先予以考虑。

第三节 客房部员工激励

酒店有些员工具有较高的文化水平和外语水平，掌握了较高的服务技能和技巧，但在工作中却不表现出来，工作中缺乏积极性、主动性，服从性、合作性差，工作质量低。这就是缺少激励的表现。为了充分发挥员工的潜能，调动员工的积极性，客房管理人员必须学会激励员工，掌握有效激励员工的方法。

经典案例

认可卡

一、客房部员工激励的方法

（一）计件工资制

即按照楼层服务员每日打扫的客房数量计发工资。客房产品比较单一，适宜采用计件工资制计发工资。如果客房部员工缺乏工作积极性，可以按照多劳多得的分配原则，采用这一激励方案。

经典案例

做好激励平衡

（二）实行等级工资制度

打破工资一成不变的状况，启用等级工资制度，将员工按工作技能、知识及工作表现分为初、中、高级，通过考核拉开员工工资差距，从而激励员工不断进步。

（三）对客房部优秀员工实行免检制度和高质奖励方案

1.免检制度

这是一种角色激励法。即通过给予表现较好的员工及具有一定资质的员工自做、自查、自检、自报完成一间客房的清洁、查房的权利，来达到节约人力成本、激励员工的目的。该制度首先可由符合条件的员工自己申报，部门进行审核，完成提名工作，同时给予被提名的人员进行为期一周的系统培训，培训后安排在特定的楼层独立上岗。对于一个月内抽查结果优良的，部门申请奖励。实施这一制度，由于事先需给员工进行系统的培训，因此员工的进步较大，同时由于给予员工充分的信任，员工得到一定程度的尊重，积极性被充分调动起来。

2.高质奖励方案

具体做法如下：通过领班每天查房，当场视员工所清洁的房间状况，根据评定标准评出A/优、B/良、C/中、D/差，登录在黑板上以直观的形式告知员工当天的工作情况；

当月统计，与员工的出勤天数和每天平均的做房量相结合，在当月住房不低于80%的基础上对于符合做房总量在前10位、优良率在85%以上，平均每天做房在10间以上的员工，分别给予一定的奖励，对于当月做房效率最低的给予处罚。为了避免领班在评估时出现偏差，可制定一系列保障措施。例如，各班组一个月内有三次评估出入太大的，则取消本班组员工的评定资格，同时给予领班甲类过失处罚；与此同时，主管、助理、经理不定期抽查，酒店质检人员每日抽查等有效地促进领班的工作。由于激励范围的扩大、保障制度的完善，可以有效地调动楼层服务员的工作积极性，确保楼层工作效率和卫生质量。

经典案例

某酒店的"留言条制度"

3. 优质服务奖励制度

除了针对客房部员工的清洁卫生质量和工作量进行奖励以外，还针对员工的对客服务质量进行奖励，以鼓励客房员工为客人提供优质的个性化服务。

（四）评选"先进班组"

评选"先进班组"是一种集体激励方案。通过对班组的出勤率、仪容仪表、卫生质量、服务质量、纪律、成本控制、培训学习等内容的评定，员工当月的表现及班组的整体表现既作为评选先进班组唯一条件，又作为对员工及领班半年的评定参考条件。这样将各区域的员工与领班有效捆绑起来，荣辱与共，共同品尝成功的喜悦、失败的苦恼。

（五）实施"好人好事举荐制度"

一些著名酒店实施好人好事举荐制度，对于被举荐者和举荐者本人都不失为一种很好的激励手段和制度。参见表15-2。

表15-2

香格里拉饭店 Shangri-La Hotel
"GOOD THINGS I HEAR" NOMINATION FORM "我听说的好事推荐表"
NAME OF NOMINEE 被推荐人的姓名： DEPARTMENT 部门： DATE OF EVENT/INCIDENT 事情发生时间：

GOOD THINGS THAT I HEAR 我听说的好事   IF YOU NEED ASSISTANCE IN COMPLETING THIS FORM, PLEASE CONTACT HUMANCE RESOURCES DEPARTMENT 如果您需要帮助，请联系人力资源部 YOUR NAME 您的姓名： DEPARTMENT 部门：

（六）竞争激励

竞争激励实际上也是荣誉激励。得到他人的承认、荣誉感、成就感、别人的尊重，是马斯洛需求层次中的高级需求。客房部服务人员中主要是青年人，他们争强好胜，上进心强，对荣誉有强烈的需求，这是开展竞赛活动的心理基础。根据客房部的特点，可以开展一些英语口语竞赛、服务知识竞赛、服务态度竞赛和服务技能技巧竞赛等。通过组织这些竞赛，不仅可以调动员工的积极性，而且可以提高员工的素质。

（七）情感激励

在一个部门里，如果大家情投意合，互相关心，互相爱护，互相帮助，就一定会形成一个强有力的战斗集体，从而为客人提供良好的服务。因此，前厅和客房管理人员必须重视"感情投资"。

在运用情感激励这一规律时，管理人员要注意做好以下两方面的工作：

（1）注意启发和诱导职工创造一个互相团结、互相帮助的环境。

（2）以身作则，对员工热情关怀、信任、体贴。对他们做出的成绩，要及时给予肯定；对他们的缺点，诚恳地帮助改正；对他们工作中遇到的困难，要尽力帮助解决。特别是当员工家庭或个人生活遇到什么不幸或困难时，要给予同情、关怀，以至于在经济上予以支持和帮助，员工对此会铭记在心，感恩戴德，从而起到极大的激励作用。在关键时刻，对员工伸出同情与援助之手，比平时说上一千句、一万句激励的话要管用得多！

（八）晋升与调职激励

人人都有上进心，利用人们的上进心理，给予员工职位的晋升，无疑是一种极为有效的激励方法。

除了对工作表现好的员工晋升以外，还可以通过在部门内部调换员工的工作岗位来激励员工。通常有两种情况：一是个别管理者与职工之间由于偏见、性格差异或意外事故的发生而引起尖锐的矛盾，如通过协调或其他方式仍无法解决，可将该职工调离本班组（岗位），以调动矛盾双方的工作积极性；二是员工与管理者之间虽然不存在矛盾，但目前的工作岗位不适合他本人，不能充分发挥其个人专长和才干，通过调换工作岗位，不仅可以充分利用人力资源，还可以激励员工，极大地调动员工的工作积极性。

（九）示范激励

"没有良将就没有精兵"，客房部管理人员要以身作则，以自己的工作热情、干劲去影响和激励下属员工。

"榜样的作用是无穷的"，一个组织的士气和精神面貌很大程度上取决于其领导成员。有什么样的管理者，就有什么样的下属员工。没有一流的管理人员，就不可能有一流的酒店和一流的服务员，因此要造就一流的员工，客房管理人员首先应该从各方面严格要求和提高自己，把自己塑造成为一流的管理者。

（十）客人"打赏"激励

酒店可以引入先进的酒店客房管理软件，鼓励住店客人扫描客户端，并通过客户端提出服务需求，同时对表现好的、为客人提供了个性化服务、令客人满意的客房服务员，通过手机直接表扬，并可进行"打赏"（见图15-1）。这是现代酒店管理中一种新的员工激励方法。

图15-1　由广州"蓝豆"公司开发的"蓝豆"酒店管理系统中针对客房服务员的"打赏"功能

二、员工激励应注意的问题

在员工激励中，客房部各级管理人员要特别注意以下问题。

（一）要尊重、理解和关心职工

对员工在工作上要严格要求，但在生活上则要关心员工、尊重员工，以"情"动人。尊重员工就是要尊重员工在酒店的主人翁地位；理解员工就是要理解职工的精神追求和物质追求；关心员工，就是要心系员工，尽可能解决员工的实际困难。只有员工真正意识到自己得到了尊重，真正是酒店的主人，他们才会以主人翁的精神积极工作。

经典案例

营造家的氛围

（二）要经常为职工"理气"，使职工"气顺"

有些员工之所以缺乏工作热情，主要是因为"气不顺"。一怨分配不公；二怨有些管理者搞特殊化；三怨官僚主义令干群关系疏远。对此，管理者应根据实际情况，认真分析，采取改进措施，为职工"理气"。

（三）多一些培训、指导与实干，少一些指责、惩罚与埋怨

常常听到一些客房管理者埋怨服务员没有清理好房间，引起客人的投诉；埋怨设备维修差，以致经常出现问题；埋怨某处卫生差，从而影响了酒店形象；埋怨服务员素质不高，从而使酒店软件管理跟不上。如此种种，好像我们的管理人员有许多理由"横挑鼻子竖挑眼"。于是，埋怨、指责与惩罚便成了家常便饭。殊不知"苦口"并非都是良药，埋怨、指责与惩罚只能在管理者与员工之间竖起一道墙壁。正如一位酒店员工所言：

"试想，我们背井离乡、千里南下，以极大的热情投身酒店行业，哪一个不想将工作干得出色、圆满？哪一个不想得到领导和宾客的认可与赞扬？又有哪一个不想让自己的青春年华闪耀光芒？出现问题、客人投诉，服务人员本已在自责愧疚之中，若我们的管理人员不问青红皂白，劈头盖脸地埋怨、指责，岂不使其增加精神包袱，产生逆反心理？"

因此，工作中出现问题，客房部管理者首先应进行自查、自纠，对自己的管理工作进行反省，问问自己到底给予员工多少培训、多少指导？管理中还有哪些失误，哪些漏洞？而不是一味地去埋怨、指责与惩罚员工。

虽说惩罚是一种"负强化"激励手段，在一定条件下能够起到一定的积极作用，但管

理者要记住：惩罚只是一种手段，而非目的，不能滥用；否则，不仅起不到激励作用，反而会引起对抗情绪，不利于团队精神的形成。有些客房管理人员工作方法简单粗暴，不分青红皂白，动不动就使用手中"惩罚"的大棒，结果使部门（班组）内怨声载道。因此，管理者在管理实践中应该遵循的原则是：在正强化能解决问题的情况下，尽量少用或不用惩罚手段。

（四）激励要遵循公平性原则

房务部管理人员在对员工进行物质激励时，一定要注意公平原则；否则，不但起不到激励作用，反而会挫伤员工的积极性，甚至造成矛盾，影响团结。事实证明，下属对领导者的能力和工作水平低大都可以原谅，而对领导者不能一视同仁，处理问题不公平，则往往表现出不能容忍的态度。

（五）激励要有针对性

员工激励要有针对性，即针对不同的情况，采取不用的激励方法。例如，有些员工原本有认真努力去工作的想法，但由于工作在一种松散的环境氛围之中，久而久之养成了懒散的工作习惯，管理者一旦发现这种趋势，就必须加强劳动纪律，严格工作制度。又如，有的员工原本工作热情很高，但因承受不了同事的冷眼与讥笑，工作热情渐渐冷却。这时，管理者就要考虑通过各种方法，营造良好的、积极向上的企业文化氛围。

经典案例

朋友一瘸一拐地把经理送到电梯口

（六）要注意激励的语言艺术

进行员工激励时要注意运用语言艺术。

三、客房部员工的过失行为与纪律处分

针对员工工作中的过失，给予一定的纪律处分，也是员工激励的方法和组成部分。一方面，客房部员工应该按照酒店的规定，严格要求自己，避免工作中出现过失。另一方面，客房部管理人员也可以运用酒店赋予的管理权限，根据酒店的规定，给予过失员工一定的纪律处分，对员工进行"负激励"，以消除或减少工作中的各种过失。

客房部（前台）员工在工作中的过失，根据其严重程度不同和所造成的危害大小，分为轻微过失、严重过失和极端过失，可分别给予口头警告、书面警告、辞退或开除等不同的纪律处分。

客房部员工列入轻微过失、严重过失和极端过失的过失行为可参见表15-3。

表 15-3　客房部（前台）员工的过失行为与纪律处分

轻微过失： 口头警告	■ 当班时，不保持仪表的整洁及制服整齐 ■ 当班期间聚众聊天、打闹、高声喧哗或发出不必要之声 ■ 工作时间吸烟 ■ 在员工食堂以外进餐 ■ 不使用酒店指定之员工通道 ■ 搭乘客用电梯 ■ 下班后，无故在酒店内逗留 ■ 不遵守更衣室或值班宿舍的规定 ■ 当班时吃东西 ■ 工作散漫，粗心大意 ■ 当班时，办理私人事务，打私人电话 ■ 随地吐痰或乱丢杂物 ■ 对客人无礼（视严重程度可列为严重过失） ■ 迟到或早退 ■ 未按规定佩戴员工证 ■ 上下班不打卡 ■ 违反规定携带私人物品上岗 ■ 偷带酒店物品出店 ■ 拒绝酒店授权之有关人员检查手袋等 ■ 在酒店范围内粗言秽语 ■ 因疏忽或过失损坏酒店财物程度较轻 ■ 违反酒店有关制服管理的规定，穿酒店制服上街或回家 ■ 出现挑拨打架事件且情节较轻 ■ 提供假情报、假资料或隐瞒事实，情节较轻 ■ 擅自标贴、涂改酒店各类通告及指示 ■ 未经许可，擅自将酒店物品搬往别处 ■ 酒后当班，带有醉态 ■ 散布虚假或诽谤言论，影响酒店、客人或其他员工声誉 ■ 擅取酒店物品自用
严重过失： 书面警告	■ 旷工 ■ 擅自脱岗 ■ 当班时打瞌睡 ■ 对上司不礼貌，违背或不服从主管或上司合理的工作安排或指令 ■ 因疏忽搞坏酒店或客人财物，罚款1~10倍 ■ 擅自使用专供客人使用的设备及物品 ■ 对客人粗暴或不礼貌，与客人争辩 ■ 向客人索取小费或其他报酬 ■ 偷食酒店及客人之食物 ■ 委托他人或代他人打钟卡 ■ 拾遗不报 ■ 在酒店内赌博或变相赌博

极端过失：即时辞退或开除	■ 贪污、盗窃、索贿、受贿、行贿
	■ 侮辱、谩骂、恐吓、威胁他人，与客人吵架
	■ 私换外汇
	■ 利用或参加黑社会组织
	■ 组织、参加或煽动罢工、斗殴、聚众闹事
	■ 使用毒品、麻醉剂或兴奋剂
	■ 蓄意损坏酒店及客人财物
	■ 玩忽职守，违反操作规程，造成严重损失
	■ 经常违反酒店规定，屡教不改
	■ 连续旷工三天或一个月内累计旷工二次
	■ 触犯国家法律，造成刑事责任

对于犯有轻微过失的员工，可给予口头警告。员工若第二次出现轻微过失，则应由部门主管或领班向过失员工签发"过失单"，并记录在案。

对于犯有严重过失者，可由客房部经理向过失员工签发"警告通知书"，如再次出现严重过失，则向其发出"最后警告"。对于犯有严重过失的员工（三次以上的轻微过失，将被视作严重过失），可视情节轻重分别给予临时停职、降职、降薪、记过、留店察看、劝退或辞退处理。客房部员工的严重过失由部门经理签批后，报酒店人事部备案。

客房部员工如犯有极端过失，将被酒店立即辞退或开除。另外，如员工被"最后警告"后，再次出现严重过失，也将视为极端过失。对员工的辞退、除名由酒店人事部签批后，报总经理批准；开除则由总经理批准后报职代会通过。

第四节　客房员工的考核与工作评估

为了提高服务质量和工作质量，必须实施并加强对员工的日常考核和定期评估工作。否则，将会出现有令不行，工作涣散，服务质量恶化的状况。

一、日常考核

客房部各级管理人员平时应做好对属下员工工作表现的观察与考核记录。这不仅是提高服务质量和工作质量的重要手段和途径，同时也是对员工进行客观、公正的评估的基础。考核应该逐级进行，涉及部门内包括管理人员在内的每一位员工。领班对服务员进行考核，主管对领班进行考核，而部门经理则对主管进行考核。如果服务员工作质量出现问题，领班没有发现，或没有处理，或没有在考评表中予以反映，就是领班的失职，主管发现后就要对领班进行扣分，而如果主管没有发现，或没有处理，则部门经理发现后，要对主管扣分和处理，其结果除了对当事人进行批评教育以外，还将在每月业绩奖中予以体现。当然，管理者任何时候都应明白，考核、评估只是手段而已，提高服务质量和工作质量才是最终目的！

考核的内容可以因考核对象不同而不同，对服务员的考核包括员工的出勤情况、仪容仪表、服务态度、客人投诉情况、工作差错情况、违反店规店纪情况、与其他员工的合作程度、对管理人员的服从性以及工作的责任心与自觉性等。而对管理人员的考核则还应增加现场督导和管理情况、财产管理情况及考评工作执行情况等。

为了增强考核工作的客观、公正性，考评员还应在考评表的背面注明扣分的理由和出现的问题，使被考评者心服口服，而且，也是日后对员工工作进行评估的客观依据。

二、工作评估

对员工的工作评估，就是按照一定的程序和方法，根据管理者预先确定的内容和标准，对员工的德、才表现和工作业绩进行的考察和评价。房务部员工的工作评估可以定期进行，也可以不定期进行。

（一）评估的作用

1. 能够激励员工更好地工作

通过工作表现评估，能充分肯定员工的工作成绩及良好表现，这是对员工所做工作的肯定，能够激发员工的进取心。

2. 有助于发现员工工作中的缺点和不足，以便采取相应的管理措施

如果属于员工工作态度不端正、努力程度不够，应分析原因，解决问题，帮助员工端正，改进工作。如属于缺乏专业知识或技能技巧不熟练的问题，则应确定进一步培训的需要，并纳入下一步的培训计划。

3. 为今后员工的使用安排提供了依据

评估可发现各方面表现突出并有发展潜力的员工。可对这类员工制定发展计划，提出更高的要求，为今后提升其职务或让其从事更重要岗位的工作打好基础。通过评估，也可发现不称职、不合格的员工，为保证工作质量和服务质量，应调动或解聘其工作或职务。

4. 有助于改善员工和管理人员的关系

评估能够加强员工与管理者之间的双向沟通，促进他们的相互了解。认真、客观、公

正的评估，能够对员工起到激励作用。但上级管理人员对下属带有偏见的、不够客观公正的评估，也会恶化员工和其上级管理者之间的关系，对于日后工作的开展造成不利的影响。

（二）评估的依据和内容

对员工评估的依据是酒店"岗位责任制"或"工作说明书"中对该岗位员工的基本要求（包括工作职责、标准、任务等）以及员工对岗位职责的履行情况。

评估的内容包括被评估者的基本素质、工作业绩、工作态度等（见表15-4）。

表15-4　客房部员工评估的内容

基本素质	工作业绩	工作态度
专业知识 理解能力 语言能力 礼节礼貌 仪容仪表 与上司的关系 与同事的关系 个人品德 工作能力	工作数量 工作质量	进取精神 责任感 服务态度（有无微笑服务） 考勤及守时 合作性 服从性 工作的自觉性

对于表15-4中的内容，在考核时，可以根据其重要性，给予不同的权数，进行打分，以全面、客观地反映该员工的整体素质。

（三）评估的程序和方法

1. 填写评估表

对员工的评估通常为每年一次，评估的表格一般由酒店统一设计和印制（见表15-5）。为了为年度评估提供依据，使年度评估更为准确，同时也为了进一步激励员工努力工作，客房部也可以对员工进行月度评估，月度评估的形式和内容以简单为宜。

表15-5　员工工作表现评估表
EMPLOYEE PERFORMANCE EVALUATION REPORT
员工表现评估报告

To be completed two months after the employee's starting date，transfer date or promotion date.
由部门经理在员工上任、调转或升职两个月后完成
Name of Employee 员工姓名：　　　　　　Employee Number 员工号：
Position 职位：　　　　　　　　　　Department 部门：
Hire Date（New Employee）聘用日期（新员工）：
Promotion/Transfer Date 提升/调转日期：

1. INDUCTION AND TRAINING 入职培训		
1.1 Outline the efforts which have been made to induct and train the employee in this new position.	简述对新员工入职所做的引导及培训	
1.2 Outline the employee's response to the training given.	简述员工对所做培训的反应	
2. WORK PERFORMANCE 工作表现		
2.1 Job Knowledge Does this employee understand and recognize the specific duties	业务知识 该员工是否懂得工作的具体任务和责任?	
2.2 Job Interests How much enthusiasm has this employee shown in the job?	工作兴趣 该员工对工作表现出多少热情?	
2.3 Job Performance Is the quality and quantity of work up to the standard expected	工作表现 该员工的工作质量和数量是否达到所期望的标准?	
2.4 Job Attitude Is this employee responsive to suggestions and instructions? Does he/she cooperate willingly and work well with others as a team?	工作态度 该员工对建议和指示是否做出反应?是否愿意同别人在工作中合作?	
2.5 Ability To Learn How fast does this employee understand and follow instructions within a given time period?	学习能力 在指定的时间里,该员工理解和执行指示有多快?	
2.6 Adaptability Is this employee able to meet changed conditions with ease and accept them willingly?	适应能力 该员工是否能轻松地适应变化了的情况并愿意接受变动?	
2.7 Personal Grooming/Appearance	仪容和仪表	
2.8 Attendance & Punctuality	考勤及守时	
2.9 Conduct	品行	

为了使评估更加客观、准确,可以采用定性和定量相结合的方法。比如,可对上述评估表中的每个项目确定权重,对A、B、C、D、E不同档次,确定不同的分值,最后加总,就可得到该员工的整体评估分。再按照总评分的多少划分为不同的档次,作为月度或年度奖励的依据。

2. 评估面谈

评估表填写好以后，评估者（部门经理或主管）要与被评估者见面，就评分表上的各个项目及评分情况逐条向被评估的员工解释说明。被评估者可以在面谈时对他的评估意见提出不同的看法，并与评估者进行深入的讨论。如不能取得一致意见时，可由人力资源部约见该员工，听取其意见，并做适当的处理。

另外，为了取得良好的面谈效果，评估者应当掌握一些面谈的方法和技巧：

（1）批评应注意对事不对人，切不可进行人身攻击。

（2）尽量不要涉及其他员工，尤其不要在面谈的员工面前批评其他员工，以免人为地制造矛盾和员工之间的不团结。

（3）面谈时要集中思想，注意聆听职工的谈话，以便建立起双方相互信任的沟通渠道。面谈时心不在焉会使员工对评估者的诚意产生怀疑，继而失去信任。

（4）谈话的用词要合适，尤其是在对职工进行批评时，必须注意选用恰当的词汇。切忌在被评估者情绪激动时，对其提出对抗性的指责，以免双方情绪对立而使面谈无法进行。

（5）评估应该实事求是，当被评估者对评估结果感到不满意时，应向职工解释清楚。如属必要，可以修改评估结论并再作讨论。

（6）面谈过程中，要强调职工的长处，即使是表现欠佳的职工在结束面谈时也应该用积极的话语加以鼓励。但是，对于职工的不足之处，也应该严肃地指出。

（7）评估者应该极力创造轻松和谐的面谈气氛，以利于双方的自由沟通。

（四）评估注意事项

1. 评估必须客观、公正

评估者对评估工作必须严肃认真、客观公正，以日常考核和员工的工作表现为依据，决不能主观臆断，凭印象或个人好恶进行。

2. 与被评估者面谈的地点要安静

与被评估者进行面谈时，选择的地点要安静，不受其他人或各种噪音的干扰。

3. 鼓励对话

评估过程本身就是为酒店经营管理活动提供反馈信息的途径和上、下级之间的沟通渠道。单向性的评估容易引起职工的不满，最终使员工的工作情绪与评估的宗旨背道而驰。因此，与被评估者面谈时，应当鼓励被评估者提不同意见或看法，而不能压制。

4. 不能有报复思想

评估的目的是向被评估者实事求是地指出缺点，提出改进的方法和努力的方向，热情地肯定优点，提出发展要求和希望。切忌将评估当成整人的"秋后算账"。有些管理者平时对员工工作中出现的缺点和毛病，不及时指出和提出善意的批评，而是积累起来，在评估时进行"秋后算总账"，这样做是极其错误的，难以实现评估的目的，无法对员工起激励作用。

（五）对客房部经理的绩效考核

除了对员工进行考核与评估以外，酒店还要对房务部经理进行绩效考核，考核的主要指标包括：

（1）销售收入定额完成率。

（2）部门GOP值。

（3）部门GOP完成率。

（4）部门管理费用。

（5）客房服务用品成本率。

（6）对客服务主要设施完好率。

（7）顾客满意度。

（8）人均劳动生产率。

（9）员工满意度。

本章小结

■ 培训是提高客房部员工素质的根本途径，进而也是提高客房服务质量的主要方法之一。

■ 客房部员工培训的意义表现在：能够提高员工的个人素质；提高服务质量，减少出错率；提高工作效率；降低营业成本；提供安全保障；减少管理人员的工作量；使酒店管理工作走向正规化。客房部员工培训的内容包括：员工的服务意识；职业道德；仪表仪容与礼貌礼节；服务程序、规范与技能技巧；英语；安全知识；管理人员的管理技能以及酒店和部门规章制度等。

■ 为了使培训工作取得成效，客房部培训工作应该坚持长期性、系统性、层次性、实效性和科学性的原则，同时要做好培训的考核和评估工作。客房部管理人员还应特别重视并做好新员工的入职培训工作。入职培训通常包括两方面的内容，即：酒店介绍和具体工作指导。

■ 为了提高服务质量和工作质量，客房部管理人员还必须实施并加强对员工的日常考核和定期评估工作。否则，将会出现有令不行、工作涣散、服务质量恶化的状况。

■ 员工激励是提高客房工作数量和工作质量的重要手段。客房员工的激励与其他部门员工的激励有共性，也有其特殊性，客房管理人员应该探索有效的客房员工的激励方法。

■ 客房管理人员应该清楚，计件工资制有利有弊，在实施计件工资制时，努力将其优点发挥到最大，同时，通过各种管理方法，克服和降低计件工资制带来的各种弊端。

思考题

1. 对客房部员工进行培训的意义表现在哪些方面？

2. 简述对客房部员工进行培训的内容与类型。

3. 如何制定培训计划？

4. 客房部员工工作评估的依据和内容有哪些？

5. 试述客房部员工工作评估的程序和方法。

6. 如何对客房员工进行激励？

7. 如何克服计件工资制的弊端？

案例分析

这是谁的责任？

拓展阅读

客房服务员计件提成的利与弊

即测即评

导入问题解惑

酒店管理者如何有效地与年轻员工沟通？

第十六章　酒店房务经营管理的发展趋势

　　随着社会的发展和科学技术的进步，酒店前厅和客房的设计装修及经营管理和服务将发生一系列重大变化，及时准确地预测和把握这些变化趋势，对指导并搞好酒店前厅部与客房部的经营管理工作具有重要意义。

本章学习目标

➢ 了解酒店客房及卫生间设计与装修的发展趋势。

➢ 把握酒店前厅经营管理的发展趋势。

➢ 把握客房经营管理的发展趋势。

➢ 认识酒店智能化与数字化管理趋势。

关键词

发展趋势　绿色管理　数字化管理

Key Words：Development Trends，Green Management，Digitalization

导入问题

经理的困惑：客房"六小件"到底撤不撤？

　　近年来，为了实现旅游业的绿色可持续发展，很多地方政府、旅游协会和旅游主管部门纷纷要求酒店取消为住店客人提供"六小件"，要与国际接轨的口号。可当一些酒店取消后，又收到很多人投诉，认为酒店这样做是"偷工减料"，也给客人带来不便。我们真不知道如何是好？要不要撤掉"六小件"，我们陷入了两难。

第一节　酒店客房设计与装修的发展趋势

目前，酒店的竞争已从低层次的价格竞争逐渐转向高层次的文化和品牌竞争。有文化品位、有鲜明的个性和特色的酒店将受到顾客的青睐，因此，酒店客房在设计装修、布置和服务方面，将注重文化、艺术品位，追求个性和特色，与此相适应，客房的结构、家具的设计和摆设、色彩和灯光的运用等将突破传统，更为大胆。那种千篇一律的、毫无个性和特色的酒店客房将被市场所抛弃。

一、卧室设计与装修的发展趋势

目前，客房设计与装修将更加体现"以人为本"的理念，出现以下发展趋势。

（1）对单人房的需求将大幅增加。

（2）窗台下落，落地窗将更加普遍。

（3）去除移动式小型集中控制器，床上只设床头灯的控制及总掣开关，房内其他灯具就地控制（见图16-1）。

图16-1　床头控制开关由中央控制面板（移动式小型集中控制器），改为只设床头灯的控制及总掣开关（刘伟 摄）

（4）去除节电牌，改为红外线与空调一体化的控制器，房间、卫生间无人时，灯就自动熄灭，有人时就保持正常的照明状况。

（5）房内灯光向顶灯、槽灯方向发展，摇臂灯及台灯越来越少用。

（6）吧台改顶射灯为背后照明，台面石材化，吧台配电热水壶，有电源插座。

（7）电源插座同时具备中国标准和欧盟标准，减少提供接线板的麻烦。

（8）房门外有光源不强的局部照明射灯，看房门号及插锁孔更方便。门锁除电子门锁外，还会出现指纹锁、视网膜锁等。

（9）客房地面改变满铺地毯的传统，常在小过道和窗前用硬地面。

（10）墙面有涂料的趋势。

（11）窗帘逐步电动化。

（12）客房色彩多元化。

（13）对床本身的关注与改造也是一种趋势。很多酒店开始使用能够改善客人睡眠，具有各种功能的保健床。

二、卫生间设计与装修的发展趋势

客房卫生间是体现酒店整体硬件标准的最重要特征之一，客房卫生间的设计原则除了完整的功能和方便、卫生、安全的因素之外，还要考虑格局的创新空间的变化、视觉的丰富和照明光效的专业化标准等。

卫生间设计装修将体现以下理念：

（一）健康理念

健康理念将是未来高档酒店卫生间重要的设计与装修理念。

1. 在卫生间放置磅秤

出于对身体健康和对美的追求，减肥的客人将越来越多，为了满足这部分客人的需求，中高端酒店将在客房卫生间放置磅秤。

2. 在普通客房内，浴缸将被逐渐淘汰

考虑到健康问题以及对酒店浴缸卫生的关注，很多客人住酒店已不选择使用浴缸（特别是经常出差的商务客人），使得酒店浴缸形同虚设，为了节约成本费用，未来酒店装修中，除了少数奢华酒店以外，浴缸将越来越少。取而代之以独立淋浴间。例如，万豪酒店集团就"建议新建的酒店中75%的客房提供淋浴，25%提供浴缸"。

3. 马桶具有健康医疗作用

健康养生是未来的发展趋势，酒店的马桶将被设计成具有医疗作用，可以使客人体验到疗养功效。增强客人的体验感。

（二）温馨与浪漫

1. 卫生间的"开放化"

迄今为止，酒店客房的卫生间基本上都是一个"小黑箱"，而今后的设计将更趋向于有连通外部空间的窗户和回归自然的气氛，特别是在度假酒店中的单人房内更应倡导这种客、卧室相通（可以

经典案例

上海金茂君悦大酒店——所有客房的浴室都不设窗帘

用玻璃隔开，也可以在卫生间内加PVC卷帘），使客人通过落地窗欣赏户外景观的设计风格和理念。

2. 化妆台面扩大

在卫生间的诸多功能中，化妆功能将得到进一步强化。台面上可供客人摆放各种梳洗、化妆用品。为此，要求台面要宽阔。此外，一些酒店化妆台除正面使用大面积的镜子外，侧面还设有供化妆、剃须用的放大圆镜，豪华酒店的卫生间镜面后还装有加热导线，以提高温度，消除镜面雾气。

3. 卫生间灯光设计浪漫、艺术

在卫生间灯光的设计上，通过明暗、射灯、色温等元素的应用，创造温馨浪漫的效果，用灯光的局部照明营造艺术氛围。

4. 增加艺术品摆件

卫生间将力图为客人创造温馨、浪漫、富有美感的情调和氛围。高档、豪华酒店将在洗面台、镜面、浴缸等位置陈设或安装一些特别的工艺品、装饰画、插花等，同时，为每一件陈设品安装相应的射灯（见图16-2）。

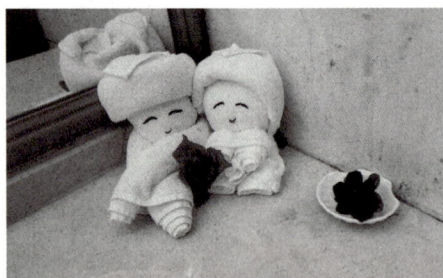

图16-2　广州从化碧水湾温泉度假村：员工用毛巾折叠成的艺术品摆放在卫生间洗手台（刘伟 摄）

5. 卫生间墙面的艺术化

浪漫温馨的卫生间，还将通过设施设备的造型、功能、空间的布局、墙面的艺术装饰绘画等加以实现。

（三）休闲与放松

1. 淋浴装置与浴缸分开，卫生间将更加宽敞

为了体现休闲放松的理念，总的趋势是卫生间面积越来越大。我国酒店星级评定将卫生间的面积定为4~6平方米，这与国际上三件套（洗盆、浴缸、马桶）设施卫生间的面积相同，但对5件套设施（增加净身盆和箱式淋浴器）的卫生间来说，需约8~10平方米。豪华卫生间的经典之作是香港丽景酒店的海景套间，其卫生间面积达36平方米，拥有豪华

的按摩浴缸及独立的桑拿浴室，卫生间三面采用大面积镜子，将迷人的维多利亚港湾风景采用借景的手段尽收眼底，沐浴在按摩浴缸之中，仿佛置身于蔚蓝的大海，令人心旷神怡。

与此同时，越来越多的酒店将把淋浴间与浴缸分开，在其客房卫生间设独立的箱式淋浴间，浴缸部位也不再安装淋浴帘。这一趋势将从很多豪华酒店及套间发展到普通酒店的普通房间。在一些热带国家和地区，还可能出现用这种独立的淋浴装置替代传统的浴缸的趋势。

2. 卫生间设双人洗漱盆

随着卫生间空间的扩大，越来越多的豪华酒店卫生间将设双人洗漱盆。

3. 卫生间将安装按摩浴缸和自动化坐便器

现代化的卫生间设施设备将为客人提供更加方便、舒适的享受：

（1）具有保健功能的按摩浴缸。很多高档酒店在豪华套间设置冲浪式浴缸，以显示档次，其四周与下部设有喷头，喷射水流冲击人体肌肉，起按摩作用，以使客人消除疲劳，恢复体力。

（2）自动化马桶的使用将更加普遍。客人如厕时，可根据需要调节坐盖的温度、自动冲洗下身，并使用自动烘干装置。

（3）卫生间将安装隐形电视和音响。为了使客人在使用卫生间（如在浴缸沐浴时）时得到彻底的放松和享受，越来越多的酒店除了在卧室内安装音响以外，还将在客房卫生间安装音响设施，以便为客人提供更加舒适的享受和高标准的服务。除了音响以外，豪华酒店还将在卫生间内安装隐形防水电视，方便客人随时收看重要新闻、球赛和各种娱乐节目。

（四）绿色环保理念

为了节约经营成本，建设绿色环保型酒店，各种节能型卫生洁具及卫生用品将在卫生间普遍采用。沐浴液、洗发液等将改为可多次重复使用的大瓶装。

知识链接

新概念客房

第二节　酒店前厅经营管理的发展趋势

进入21世纪以来，酒店前厅部的经营管理发生了以下变化。

一、精简机构，节流挖潜

为了节约成本、费用，前厅部将采取各种措施，提高管理和服务的效率，节流挖潜。主要做法有：

（一）精简机构，合理定编

前厅部的组织机构将化繁为简。在人力上讲求最大限度地节约，不会雇用一个多余的人。酒店会根据来年预计的营业情况，重新定编。同时，充分利用社会上的专业公司为酒店服务，如将酒店外围的保安工作（正门、停车场等）交由专业的保安公司承包，将商务中心出租等，使酒店的组织机构虚拟化。

（二）一职多能，人尽其才

一职多能既可以精简机构，也可以培养人才。就前厅部而言，根据客人的活动规律，上午是客人退房较为集中的时段，收银员的工作较为繁忙，接待员则没有多少事干，而下午入住客人较多，办理住宿登记的前台接待人员较为繁忙，而办理结账退房手续的收银员则较为清闲。考虑到这一特点，大部分酒店的前台都会将接待与收银的工作合并，前台每一位职员都可为客人提供登记、问讯和结账服务。此外，总机话务员也将承担起多项职能。按下酒店房间电话机上宾客服务中心的功能键，你会发现接听电话的是总机话务员，她会将接收到的信息及时传递给相关部门跟办。

对员工进行一职多能的培训，可让他们掌握更全面的业务技能，成为出色的服务从业员，为客人提供全方位的服务。能拥有这样的员工队伍，不仅为酒店节约了人力成本，更可提高酒店的整体服务水平。

二、服务优化、细化

（一）一步到位服务

一步到位服务（One-stop Service）是指前厅部任何一位员工都必须为有需要的客人提供服务及帮助，不会由于部门不同而怠慢客人，客人只需要将其问题向一位员工提出就可得到解决，不会遇到将同一个问题向不同的员工复述或被推过来推过去的现象。

（二）"一条龙"服务

越来越多的酒店将为客人提供一条龙服务：酒店代表在机场接到客人后会致电有关部门，接待组就会准备客人的入住资料、钥匙等，司机在快到达酒店时会再致电酒店，金钥匙或行李员会在门口迎候客人，客人一下车会称呼其姓名并带客人往接待处登记，取钥匙，整个过程一气呵成。为客人提供一条龙服务，要求部门和岗位之间有良好的沟通和衔接。

三、酒店的定价策略灵活化

（一）前台接待人员将拥有更大的定价权

前台接待人员将得到更大的授权，根据客人及酒店的实际情况，灵活定价。为了提高前台销售人员工作的积极性，最大程度地提高酒店的经济效益，酒店会将接待人员的奖金与其每月的销售效果挂钩。

（二）酒店将根据当天的开房率来定价

越来越多的酒店将没有固定的房价，而是根据当天的开房率来定价，以创造最大的利润。与此同时，也有些酒店为了维持其档次及其在消费者中的信誉，会保持其相对固定的价格水平，不会轻易降低价格或提高价格。

四、总台接待将发生一些重大变化

1. 度假型酒店总台接待由站式改为坐式

传统的酒店是由客人站立办理住宿登记手续。进入 21 世纪，将有越来越多的酒店，特别是度假式酒店，将改站式接待为坐式接待。主要基于以下几方面的原因。

（1）能够使经过长途旅行的客人彻底放松。客人经过旅途劳顿，到达酒店后，都比较疲劳，改坐式后，可以使客人彻底放松，不必站立登记。

（2）增加酒店的亲和力。坐式登记能够拉近酒店与客人之间的距离，使客人有回到家里的感觉。

2. 入住登记自助化，传统的总台接待流程将发生革命性变化

谁愿意排队等着登记入住呢？随着电子信息技术的发展，未来入住酒店的客人可能不再需要在总台排队等候办理入住登记手续，取而代之的是"自助式"服务或"直通式"入住模式。

很多国际连锁酒店集团开始采用自助入住登记模式。客人到达酒店时，不需去前台办理入住手续，而是到类似机场值机柜的一个信息处理终端机上去输入个人信息（主要是身份证和信用卡），就可直接选择客房及所需要的服务，然后取出房卡，就可乘电梯直接去自己选定的客房。

总台另一个发展趋势是"直通式"服务。例如，喜达屋的雅乐轩酒店经常为优先顾客计划会员提供"智能登记"。会员收到使用无线电频识别技术的验证码，然后在计划入住

的当天，客人会收到一条短信告知其房间号。到达之后，客人直接找到房间，输入验证码房门就被打开了。

五、酒店商务中心职能将淡化，直至消失

商务中心是酒店一个正在"退化"的部门，许多传统的服务项目，如长途电话服务、打字、电传、传真等已经被取代，转化为客人的自助服务。

客人通过自己的手机和笔记本电脑在客房内也可以直接订票，发送、接收电子邮件，因而客人对酒店商务中心的依赖程度将大大降低，使得商务中心的生意清淡。正如一些经营者自嘲式感叹："我们商务中心设备齐全，唯一缺少的就是顾客！"因此，未来酒店商务中心职能将淡化或异化，商务中心在很多酒店（特别是中小型酒店和非商务酒店）将消失。

六、越来越多的酒店将实施"收益管理"

收益管理能够使酒店的客房等资源得到最有效的利用，使酒店管理从经验管理上升为科学管理，从而较大程度地提高酒店的经济效益。因此，越来越多的酒店及酒店集团将日益重视并实施收益管理。

从发展的现状和趋势而言，收益管理已经从一种管理思想转化为一种先进的计算机管理系统，酒店计算机管理系统逐渐加入收益管理的内容。

第三节　酒店客房经营管理的发展趋势

进入21世纪以来，酒店客房的经营管理和服务发生了如下变化。

一、客房卫生社会化

越来越多的酒店客房清洁卫生工作将由社会上的专业清洁公司或家政公司承担，以提高工作效率，降低成本。

二、客房服务将更加突出人情味和个性化

服务产品是无形的，服务质量最终是由客人评价的，客人评价酒店服务质量优劣的标

准是能否满足客人的需求。而客人的需求又是千差万别的，既有共性的部分又有个性化的部分，因此要使服务质量上一个台阶，必须满足客人的个性化需求，为客人提供个性化服务。与此相适应，酒店客房服务模式将从"标准化"走向"定制化"。

标准化的特征是：酒店生产什么，客人消费什么，以一种模式面对所有客人。而定制化的特征是根据每个客人的不同情况和需求，生产不同的产品，强调：你需要什么，我就做什么。因此，定制化服务实质上就是以标准化为基础的个性化服务，包括针对服务、灵活服务、超常服务、心理服务等基本内容。

如果说服务的标准化、规范化是保障酒店服务质量的基础，那么，个性化服务就是服务质量的灵魂，要提高客房服务质量，必须为客人提供更加富有人情味的、突破标准与规范的个性化服务，这是服务质量的最高境界，是酒店服务的发展趋势（见图16-3）。

图16-3 广州碧水湾温泉度假村客房开机画面：对VIP客人的个性化欢迎方式（刘伟 摄）

（员工创新性地将度假村董事长的头像与VIP客人的头像放在一起并做"诗"一首）

三、客房服务和管理中将更加注重客人的人身安全和健康问题

在21世纪，客人将更加注重自身的安全与健康，因此，客房服务和管理中将充分考虑客人的这一需求，采取各种有效的措施和手段，防止恐怖活动、各类犯罪分子、传染病等对客人的影响，以确保客人在酒店住宿期间的安全与健康。

为了加强对客房的安全管理，越来越多的酒店将在其大堂通往客房楼层的电梯中安装房卡感应装置，无房卡人士上不了楼层，从而为客房楼层增加一道安全保护屏障。

四、客房"绿色管理"成趋势

"可持续发展"是未来人类所追求的自然、社会、经济、文化等的发展模式和发展目标。当今社会符合可持续发展思想的绿色酒店、绿色客房将受到酒店经营者及顾客的普遍推崇和欢迎。

绿色管理主要体现在以下几个方面：

（1）选择同意将其产品废弃物减少到最小程度的供应商，或者坚持生产厂商将非必要的包装减少到最少或重复利用。

（2）注意回收旧报纸、易拉罐和玻璃瓶等，并将有机物垃圾专门堆放在一起。

（3）合理安装各种设施设备，减少能源浪费。

（4）在客房中注意使用各种节能设施设备及节能新技术。如节能灯以及各种自动化控制的节能设施和技术。

（5）节约用水。严格控制客房淋浴喷头、洗脸盆龙头以及马桶抽水每分钟的出水量。在酒店建设、客房装修和改造时，注意选用节水型卫生洁具。

（6）鼓励住宿超过一天的客人，继续使用原有的毛巾，或不更换床单，以减少清洗所需的水和洗涤剂用量。

（7）减少客房整理次数。一些酒店为了体现档次和"服务质量"，盲目地要求服务员每日多次进房进行无谓的整理，结果不仅增加了服务成本，造成资源的浪费，还常常引起客人投诉（妨碍和影响了客人的工作和休息）。其实，对普通酒店而言，每天整理一次客房，就足够了。

有些酒店只在客人招呼整理时，服务员才进房整理。这些酒店或在床头柜上明显处立牌告示，或在服务指南中予以说明。大致内容是：为了不打扰您的休息，我们尽量减少服务人员的进房次数，您需要我们派服务人员整理房间时请将门后"请进房整理"的牌子挂在门外的门把手上（或电话通知或请按床头柜控制板上的呼叫键）。

（8）减少使用一次性客房用品。传统酒店的卫生间每天都要为客人配备肥皂、罐装浴液、洗发液等卫生清洁用品，凡客人用剩的都要扔掉，既浪费了资源，又污染了环境。未来酒店应将客房内惯用的肥皂和沐浴液小罐子，改为可添加的固定容器，既可减少浪费，也能避免丢弃用剩的肥皂，以减少资源浪费。

（9）改变客用品配备方式。不少客人住几天时间，不仅床单、枕套以及卫生间浴巾等不必天天更换，香皂、牙具、梳子等用品也根本没有必要天天丢弃换新。

（10）减少使用含氯漂白剂和漂白过的布草。

（11）尽可能使用有利于环境保护的产品和可再生利用的产品。如将客房放置的洗衣袋从塑料制品改为纸制品，或用可多次使用的竹篮或布袋代替。

五、客房市场细分化，服务更加具有针对性

目前，客人对酒店服务的要求将越来越高，这将迫使酒店市场细分化，以最大程度地满足不同类型客人的不同需求。传统的一家酒店以一种模式接待所有客人的时代将一去不复返，酒店市场将被分割为商务酒店、旅游观光酒店、度假酒店、青年旅馆、经济型酒店、豪华酒店、精品酒店、特色酒店等多种类型。不仅如此，同一家酒店和客房还会被划分为行政楼层、女性楼层以及儿童客房、长者客房等。不仅客房的硬件会发生变化，而且服务的内容和方式也会发生重大变化。

第四节　酒店房务管理智能化与数字化

随着互联网技术的飞速发展，酒店房务经营管理和服务将发生重大变化，数字化、智能化将成为显著的发展趋势。

一、"数字客房"大行其道

进入21世纪，高科技在酒店客房服务与管理中将得到广泛的应用。客人在客房内可以无线上网，所需要的一切服务只要在手机或电视屏幕上按键选择即可（如点播电影、查询留言、账单等），更可坐在屏幕前与异地商家进行可视的面对面会议或洽谈，从而可真正使客人"运筹帷幄之中，决胜千里之外"；房内拥有电动按摩椅，使客人真正体会到方便和舒适。客房内的设施设备也将完全由手机控制：客人在客房内可以随心所欲地变换四季景色，也可以将"窗户"按照自己的意愿通过遥控器转变为美丽的沙滩，或是绿色的草原；客房叫醒钟将由叫醒光代替；甚至连席梦思床都可以由客人遥控弹性和硬度。客房空调将由总台控制，当客人办好入住手续后，总台可通过电子遥控开启客房内的空调，以方便客人入住，为客人带来舒适的入住体验。

根据世界最负盛名的旅游院校之一，美国休斯敦大学酒店和餐饮管理学院的专家们的研究成果，"21世纪的酒店客房"具有如下特征：

（1）无匙门锁系统。客房将以指纹或视网膜鉴定客人身份。

（2）虚拟现实的窗户。提供由客人自己选择的窗外风景：他看到的将不再是千篇一律的停车场或是没有任何特色的城市街道，而可能是自家的小院、森林草地、绿色的田野、

迷人的沙滩或其他任何能够使他感到宁静舒适、赏心悦目的风景。

（3）自动感应系统。光线、声音和温度都可以根据每个客人的喜好来自动调节。

（4）客人可选择能使自己感到最舒服的背景音响。

（5）客房内虚拟娱乐中心。客人可在房间内参加高尔夫球、篮球等任何自己喜爱的娱乐活动。

（6）客房内健身设备。供喜爱单独锻炼的客人使用。

（7）电子控制的床垫。客人可根据自己的喜好随意调整床垫的硬度。

二、服务和管理智能化

随着科学技术不断提高，各种现代化、智能化设施设备管理技术越来越多地应用在酒店的经营中，为酒店开展人性化、个性化的服务提供了可靠、先进的技术支持。新建酒店或老酒店改造时，要注意以下智能技术在酒店中的应用。

（一）智能门锁系统

如果客人未关好房门，门锁会自动报警提示，同时智能门锁可与酒店管理系统接口使用，以实现酒店信息资源统一化、网络化管理。现在酒店内常用的智能门锁主要有 IC/ 磁卡门锁、TM 卡门锁和射频门锁，同时智能门锁卡还可以一卡多用，可以开门锁、开保险箱、取电、付费、乘电梯，具备安全、方便、易管理的特点。

经典案例

"会说话"的门锁

（二）智能保险箱

智能保险箱将智能卡技术、微电子技术、电磁技术和机械制造技术有机地融为一体，是高科技的结晶。有密码、IC卡、TM卡、液晶显示等多种规格，其钥匙都采用与开门卡统一的智能卡，安全性高、管理方便，而且可以与房间智能控制器、门锁一起联网到中央监控系统，一旦遭到非法侵犯会自动报警。客人退房时，前台甚至可以看到保险箱开关状态，提醒客人以免造成遗漏，真正体现"影子"服务。

（三）智能客房中心

智能客房中心由智能门锁、智能卡、智能身份识别器、门磁开关、联网组件（网络控制器、转接器等）、智能管理软件系统组成（包括能源管理系统、服务管理系统、安全管理系统和互动平台等）。通过智能客房中心，酒店可以提升服务细节品质，提供"贴身侍从"般的服务。例如，客人到前台登记入住时，前台员工可以通过远程控制系统，打开房间灯光和空调；打开电视，带有客人姓氏的问候语映入眼帘，使客人有宾至如归之感；当客人不在房间时，检测系统会及时提醒中心控制人员，及时通知服务人员进行清洁；退房预告功能可以将客人下楼结款的时间减到最短；特别是当白天房间无人时，如果房门一直处于打开状态或客人晚上入住后门未锁好，智能客房中心会自动提醒服务人员对该房间进行检查，大大提高了安全性能。由于管理系统控制中心界面上包括了正在维修、清洁请求、呼叫请求、V/D房、V/R房、维修房、正在清洁、房门打开/关闭、保险箱开/关、客史档案自动弹出、温度显示等二十多项状态显示并可实时查看，使得对客人的多种需求的关注程度大大提高，真正体现以客人为中心的关注焦点。

📄 **经典案例**

洲际推出人机智能对话，睡觉前有专"人"为你关灯

三、服务质量评价网络化

网上预订酒店逐渐成为潮流，越来越多的客人习惯参考网上的酒店点评信息来选择酒店。根据携程网进行的调查，网络订房在酒店订房量中所占比例越来越高，有近八成的客人表示在预订酒店前会参考酒店点评信息。事实上，对于网络订房者而言，其他住客的体验评价将成为他们是否入住的重要参考。房间大不大、是否通风、是否整洁、有没有特色，服务质量好与坏，看一下网络上大多数人的评价便一目了然。而且，同成熟的网购点评（网评）一样，客人在选择酒店时就如同网上购物一样，不仅单单参考一家网站的点评。

目前，旅游网络在线平台日渐成熟，网评已悄然成为继价格、位置之后，当今人们选择酒店的又一重要参考因素。再加上相对于传统的在酒店客房放置"征求客人意见表"的方式而言，网评的影响更为广泛，其内容也更为客观（点评无论好坏，只要已经发表，网站一般不作删除，以维护酒店网络点评的真实性和客观性），正因如此，酒店管理者对于网评这一新的服务质量评价形式更为重视，不敢怠慢（尽管在不良的信用环境下，网络环境也绝非一方净土，一些网站也可能因与酒店有一些利益关系，而使其评价体系变得更多为利益所操控），越来越多的酒店将其作为提高服务质量和改善经营管理的抓手。

当然，一则点评，往往说明不了问题，但多则点评，尤其是某个时间段内多家网站的多则点评，则能揭示酒店服务质量的真实面貌。面对各种各样的网评信息，酒店管理人员既不能只是抱怨，也不能麻木不仁，而是要积极地、理性地进行分析和反思，找出服务质量的差距所在。

由于网评信息能较实在地反映酒店服务质量的症结所在，酒店一线部门负责人应定期召集各班组管理人员和员工共同讨论每期网评中具有代表性的宾客意见，并把网评信息作为日常培训的教材。例如，可以每月或每季度让专人收集网评信息资料，统计整理后公布，并将网络点评案例作为培训教材，做到有的放矢地培训，让所有员工切实了解客人的真实评价，并解决好存在的问题。酒店管理人员充分重视网评信息，利用网评作为检查自己酒店服务质量的一面镜子，这无疑是当今加强酒店前厅与客房服务质量管理的重要举措之一。

本章小结

■ 为了增加客人的满意度，保持酒店的竞争力，酒店客房设计与装修应该遵循一定的原则。就客房本身而言，要保持其安全性、健康性、舒适感、实用性和美观性；就卫生间设计而言，则要注意宽敞、明亮、舒适、保健、方便、实用、安全、通风。进入新的世纪，酒店客房和卫生间的设计和装修呈现出一些新的特点。就卫生间而言，宽敞、开放、以淋浴代替浴缸，以及卫生间功能上的多元化、设施的现代化等将成为未来的发展趋势。另外，各种智能技术将在未来客房设计和装修中得到广泛应用。

■ 前厅部经营管理的发展趋势是：服务将更加优化和细化；商务中心的职能退化；酒店的定价策略将更加灵活。

■ 客房经营管理的发展趋势是：服务和管理智能化和高科技化；客房服务个性化；客房装修和布置将更加突出特色，注重文化品位；与可持续发展和节约型社会相适应的"绿色客房"将大受欢迎。

■ 酒店前厅与客房的数字化、智能化管理将成为新趋势。

思考题

1. 酒店客房绿色管理的基本内容有哪些？

2. 简述客房卫生间的发展趋势。

3. 论酒店前厅部及客房经营管理的发展趋势。

案例分析

蓝豆云酒店客房智
慧管理系统实现了
酒店客房管理模式
的革命

拓展资源

未来酒店的数字化
客房（视频）

即测即评

导入问题解惑

客房"六小件"
到底撤不撤？

附　录

参考文献

读者意见反馈

为收集对教材的意见建议，进一步完善教材编写并做好服务工作，读者可将对本教材的意见建议通过如下渠道反馈至我社。

咨询电话　400-810-0598
反馈邮箱　gjdzfwb@pub.hep.cn
通信地址　北京市朝阳区惠新东街4号富盛大厦1座
　　　　　　高等教育出版社总编辑办公室
邮政编码　100029

02